내 영혼을 깨우는
77人의 기도 훈련 체험담

내 영혼을 깨우는 77人의 기도 훈련 체험담

발행일   2021년 10월 20일

지은이   크리스천 영성학교   엮은이   신상래
펴낸이   손형국
펴낸곳   (주)북랩
편집인   선일영   편집   정두철, 배진용, 김현아, 박준, 장하영
디자인   이현수, 한수희, 김윤주, 허지혜, 안유경   제작   박기성, 황동현, 구성우, 권태련
마케팅   김회란, 박진관
출판등록 2004. 12. 1(제2012-000051호)
주소   서울특별시 금천구 가산디지털 1로 168, 우림라이온스밸리 B동 B113~114호, C동 B101호
홈페이지   www.book.co.kr
전화번호   (02)2026-5777   팩스   (02)2026-5747

ISBN   979-11-6836-000-6 03230 (종이책)   979-11-6836-001-3 05230 (전자책)

내 영혼을 깨우는
77人의 기도 훈련 체험담

엮은이 신상래

그동안 크리스천 영성학교에서 기도 훈련을 해오며
어떤 일들이 일어났는지
훈련생들이 직접 고백한 생생한 체험담

북랩 book Lab

들어가며

성령께서 인도하셔서 충주의 한적한 시골에 영성학교 문을 연 지도 벌써 7년여의 세월이 흘렀다. 양들을 떼로 보내주시겠다는 약속의 말씀대로 그동안 수천 명의 사람들이 영성학교를 찾았으며 기도 훈련을 시작한 사람도 수백 명이 넘었다. 기도 훈련을 하면서 수많은 기적과 이적을 통해 정신질환과 고질병이 치유되고 깨진 가정이 회복되며 지난한 삶의 문제들이 해결되자, 영성학교를 교회 공동체로 삼은 이들도 아이들을 합하여 이백여 명에 이르고 있다. 작년 초에 시작된 코로나 팬데믹으로 인해 수많은 교회가 무너지고 양들의 믿음이 식어지고 교회를 떠나 유리, 방황하며 울부짖고 있다. 예전에 성령께서 유리하고 방황하는 양들을 보내주시겠다고 약속하셨는데, 코로나 팬데믹이 터지기 전에는 유리하고 방황하는 양들이 찾아온 것이 아니라 교회를 잘 다니고 있지만 정신질환과 고질병, 지난한 삶의 문제로 인해 갈급한 마음을 가진 이들이 영성학교를 찾아왔었다. 그러나 코로나 팬데믹이 시작되자 교회 건물에 밀집해 모여 예배의식을 드리고 봉사하며 친교하면서 자신들의 믿음을 확인하던 현대교회의 신앙방식이 깨지기 시작했다. 교회에 모이지 못하자 그간 갖고 있던 믿음이 와르르 무너지고 있는 셈이다. 하나님은 그동안 형식적인 예배의식과 희생적인 신앙행위

내 영혼을 깨우는 77人의 기도 훈련 체험담

가 아니라 전심으로 하나님을 찾고 부르며 하나님의 뜻에 순종하는 백성들을 기뻐하셨지만, 미혹의 영에 속은 현대교회의 신학자들과 목회자들은 종교적인 신자들을 양육하고 있을 뿐이었다. 그래서 하나님은 코로나바이러스를 이 땅에 보내서서 현대교회가 전가의 보도처럼 여기는 교회건물에서의 예배의식을 아예 못하게 하시고, 고난을 통해 골방에 들어가서 하나님을 찾게 만드셨던 것이다. 그래서 지금은 교회를 떠나 유리하고 방황하는 양들이 거리에 넘쳐나기 시작하고 있다.

아시다시피, 영성학교는 성령이 내주하는 기도 훈련 사역을 하는 곳이다. 그러나 현대교회는 3분짜리 영접기도에 '아멘' 하기만 하면 성령이 자동으로 들어오신다고 가르치고 있다. 영접하는 자에게 하나님의 자녀가 되는 권세를 주셨다는 말씀을 자의적으로 해석해서 앞세우면서 말이다. 그러나 영접기도를 하는 것과 평생 전인격적으로 영접하는 삶을 사는 것은 별개이지 않겠는가? 백번 양보해서, 그렇게 해서 성령이 안에 계시다면 성령이 계시는 증거와 변화, 능력과 열매로 증명해야 하지 않겠는가? 그래서 평생 교회에 다녀도 하나님을 모르는 세상 사람과 진배없이 건조하고 냉랭한 영혼과 무능하고 무기력한 믿음으로 고단하고 팍팍하게 살고 있으니 기가 막힌 일이다. 그러나 영성학교는 아니다. 영성학교에서 하고 있는, 성령이 내주하는 기도 훈련을 하면 성령의 능력으로 기적과 이적이 일어나 귀신이 쫓겨나고 정신질환과 고질병이 치유되고 갖가지 삶의 문제가 해결된다. 이와 같은 성령의 증거와 열매로 증명해야 한다. 아니, 이는 영성학교가 아니더라도 하나님이 함께 하시는 교회라면 당연히 그래야 하지 않겠는가? 그러나 안타깝게도 현대교회는 자신들이 숭배하는 신학자들의 주장에 따라 성령의 은사는 이미 초대교회에서 끝났다는 비성경적인 주장을 하고 있으니 기가 막힌 일이다. 하나님은 지금도 살아 계셔서 불꽃같은 눈동자로 자신을 애타게 찾는 백성들을 찾고 계시는데, 그럴 생각은 하지 않고 미혹의 영에 속은 신학자들과 목사들이 맹인지도자가 되어 교인들을 맹인으로 만들어서 지옥의 불로 끌고 가고 있으니 안타깝기 그지없는 일이다.

그래서 영성학교는 미혹의 영에 속아 영적 잠을 자고 있는 교회를 향해서, 골방에 들어가서 하나님을 찾아 만나라고 소리를 지르고 있는 중이다. 그러나 귀신들은 영성학교의 사역을 방해하려고 거짓선전과 중상모략을 일삼으며 진실을 감추려고 혈안이 되어 있다. 그래서 포털사이트의 블로그나 카페에는 영성학교와 필자를 비난하는 이들이 적지 않다. 그들의 주장은 죄다 교묘한 거짓말로 꾸며져 있지만, 그들이 영성학교에 가봤다거나 기도 훈련에 참여했다고 주장하고 있기 때문에 진실을 모르는 사람들은 이들의 말에 귀가 솔깃할 수밖에 없다. 사실 이렇게 말하는 이들은 영성학교를 전혀 모르는 사람들이 아니라, 영성학교에 찾아온 적도 있고 기도 훈련에 참석한 것도 사실이다. 그러나 어떤 이는 하루도 안 되어서 도망치듯 사라진 이도 있다. 그 이유는 귀신들이 무섭게 하여 기도 시간에 두려움에 휩싸여서 내뺀 것이다. 또 어떤 이는 방학을 이용하여 일본에서 자녀들을 데리고 온 자매도 있었다. 그러나 이 자매는 영성학교의 기도 훈련에 불성실하게 임하여서 여러 번 경고를

내 영혼을 깨우는 77人의 기도 훈련 체험담

하였지만 귓등으로 듣기 일쑤였다. 그러다가 자녀들의 방학이 끝나가서 일본으로 돌아갈 때, 다시는 영성학교에 오지 말라고 돌멩이를 던졌다. 그렇게 말하는 필자의 속내는 여기서도 열심히 하지 않았기에 일본에 돌아가면 흐트러질까봐 매몰차게 말한 것인데, 필자의 의도를 알지 못한 그 자매는 일본에 돌아가자 인터넷 포털사이트의 여러 카페와 블로그에 들어가서 교묘한 거짓말을 섞어서 영성학교를 비난하는 글로 도배를 하였다. 그래서 영성학교를 제대로 알고 싶어 하는 사람들이 인터넷에 실려 있는 이분들의 글을 읽고 영성학교를 오해하는 일도 비일비재하게 일어나고 있는 것도 사실이다. 이제까지 필자는 미혹의 영의 사주를 받는 사람들이 악의적으로 영성학교를 헐뜯더라도 상관하지 않고 지나쳐버렸다. 그러나 코로나 팬데믹 시대가 되어 비대면 사역이 필수가 되면서 인터넷이 주요한 사역의 통로가 되어버렸다. 그래서 이제는 영성학교에서 실행하는 기도 훈련의 진면목을 보여드려서 진실을 왜곡하는 이들의 말에 속지 않도록 해야겠다고 생각하기에 이르렀다.

  그것은 그동안 영성학교에서 기도 훈련을 해왔던 훈련생들에게 어떤 일들이 일어났는지를 그들이 직접 고백한 체험담을 책으로 펴내어서, 영성학교의 기도 훈련에 관심이 있는 사람들로 하여금 무엇이 진실인지 알 수 있도록 해주는 것이다. 몸으로 체험했던 기록보다 더 실제적인 것이 없기 때문이다. 그래서 길면 7년, 짧으면 1년 동안 기도 훈련을 해온 우리 영성학교 훈련생 식구들이 직접 눈으로 보고 체험한 이야기들을 이번 기회에 진솔하게 알려드리고 싶다. 그래서 이 책을 통해 하나님을 만나는 기도로, 모든 하나님의 백성들이 성령과 동행하는 삶을 살아가게 된다면 좋겠다. 예전에 성령께서 우리나라에서도 기도의 불길이 꺼져간다는 것을 알고, 너희가 성령의 불씨가 되어 다시 불길을 일으키라고 명령하셨기 때문이다. 또한 종말이 연기되는 이유도 기도를 쉬는 자들에게 기회를 주기 위함이라고 말씀하셨다. 그래서 그동안 기도의 끈을 놓고 갈급하고 답답한 마음으로 종교적인 신앙생활을 하던 자녀들에게 하나님을 만나는 기회가 된다면 더없이 좋겠다. 끝으로, 부끄럽고 밝히고 싶지 않은 치부까지 드러내며 고백해주신 이들에게 감사를 드린다. 이들의 어렵고 힘든 고백을 통해 하나님의 백성들을 옳은 데로 돌아오게 한다면 하나님의 마음이 얼마나 시원하실까 생각하면서 말이다.

2021년 가을, 충주의 한적한 시골에서
'쉰목사' 신상래

차 / 례

들어가며 *4*

✤ 01 ✤
내 인생의 정답

_ 십자가지기

　저는 모태신앙인으로서 신앙과 구원에 대한 어떠한 고민과 의심도 없이, 정말 아무 생각 없이 살았습니다. 아버지가 장로님, 어머니가 권사님이고 친척들이 다 믿는 분들이고 저 또한 교회 열심히 다니니까 당연히 천국은 따놓은 당상이라 생각하고 살았습니다. 뭐가 죄인지도 모른 채 세상 사람들과 똑같이(술은 가끔 마셨고 담배는 하지 않았지만) 살아가면서 학창 시절엔 중고등부 회장, 청년회 회장, 교사, 성가대, 찬양대, 선교부 등등 교회 생활을 참 열심히 했습니다.

　어느 날 아내가 신 목사님 얘기를 꺼냈습니다. 워낙 유튜브나 다른 인터넷 사이트를 돌아다니면서 말씀이나 찬양, 이런저런 동영상을 많이 듣고 보고 하는 사람이라 별로 대수롭지 않게 생각하고 얘기를 들었습니다. 아내 얘기도 들어 보고 칼럼도 몇 번 보고 하니 신 목사님 말씀이 기존의 교회 목사님 말씀과 조금 달리 들어오긴 했습니다. 아내는 종종 제 안에 성령님이 계시냐고 물어보곤 했는데 그럴 때마다 안 계신 것 같다는 생각을 하긴 했지만 천국 가는 것은 당연하다고 생각하고 있었기에 대수롭지 않게 생각하고 넘어갔습니다. 영성학교에 다니기 전에 가정예배를 드리고 있었기에 평소처럼 가족이 모여서 찬양하고 기도목록을 정해놓고 어떠한 간절함도 없이 그렇게 기도하며 시간을 보내고 있었습니다. 그러던 어느 날 아내가 영성학교에 가겠다 하였습니다. 갑자기 머리에서 욕이 생각난다고 하더니 계속 생각난다고 했습니다. 솔직히 저는 학교 다닐 때 욕을 많이 한 편이라 아내의 말을 그렇게 심각하게 받아들이지 않았습니다. 그런데 아내에게는 욕이 생각나는 것이 심각하게 다가왔나 봅니다. 저는 아내가 하는 일을 못 하게 하는 스타일이 아니어서 그럼 갔다 와보라고 했습니다. 갔다 와서 하는 말이, 축출기도라는 것을 하는데 헛구역질이 나왔다고 하더군요. 그것이 귀신이 나가는 증상이라 말하면서 말이죠. 제가 다니던 교회에서 부흥회를 많이 했었는데, 부흥회 중에 부흥강사가 비슷한 행위를 하는 것이 있어서 아내의 말을 듣고 조금 반감이 생겼습니다. 혹시 영성학교도 이단 비스무리한 곳이 아닌가 해서요. 그래도 아내한텐 그런 내색은 하지 않았습니다. 아내는 영성학교에 다녀오면서부터 저한테 이렇게 기도해 보라고 권유했습니다. 지금까지 했던 기도는 하지 말고 아랫배에 힘을 주고 전심으로 하나님을 부르라고! 저는 '뭐 별다른 거 있겠어?' 하고 저녁 가족예배 시간에 배에 힘을 주고 아내에게 배운 대로 하나님을 부르는 기도를 시작했습니다. 그런데 이 기도를 시작한 지 2~3일 뒤부터 이상하게 헛구역질이 나오기 시작했습니다. 제가 하고자 해서 나오는 게 아니라 정말 저절로 헛구역질이 나왔습니다. 하나님을 부르지 않으면 헛구역질이 멈췄다가 하나님을 다시 부르는 순간 헛구역질이 나오는 것입니다. '이게 뭐지?' 하는 생각이 들더군요. 그래도 가정예배를 드리면서 주여, 주여 소리치면서 기도한다고 했지만 그때는 어떠한 증상도 없었는데 그저 아내 따라서 배에 힘 주고 전심으로 하나님만 부른 것뿐인데 갑자기 헛구역질이 웬 말입니까? 솔직히 처음에는 몸도 피곤하고 해서 나오는 거라 생각했었지만 기도하면 할수록 헛구역질은 그렇게 몇 주 동안 계속 나왔습니다. 며칠 지나서 아내에게 요즘 기도 중에 헛구역질이 나온다고 말했더니 아내가 얼마나 좋아하던지… 제 안에 귀신이 잔뜩 들어 있다고 좋아하네요. 이제 영성학교 가서 축출기도 하면서 기도 훈련해야 한다고 했습니다. 저는 망설였습니다. 못 가겠더라고요. 그냥 아내에게 배우면서 집에서 기도하겠다고 했습니다. 매주 충주까지 가는 것도 만만치 않았지만 아침저녁으로 1시간 이상 방해받지 않는 시간에 기도한다는 것이 부담으로 다가왔습니다. 영성학교를 꼭 가서 기도 훈련 받아야겠다는 절박함보다는 온통 이 기도 훈련을 할 수 없는, 하기 싫은 핑계만 대며 시간을 보냈지만 그래도 기도하면 할수록 헛구역질 증상이 나타나서 마음을 바꾸고 영성학교에 가게 되었습니다.

기도하면서 증상은 이랬습니다. 처음 기도할 때는 거의 매일 헛구역질이 나왔습니다. 그리고 시간이 지나면서 조금 강도가 세지는 증상이 나타났습니다. "하나님" 하고 부르기 시작하면 몸이 뒤틀리는 증상이 있었습니다. 오금이 저린다고나 할까요? 몸이 저절로 꼬이는 것입니다. 가만히 기도를 못 하는 것이지요. 그리고 또 한 가지 증상은 "하나님" 하고 부르기 시작하면 가슴이 찌르듯이 아픈 중상이었습니다. 하나님을 부르지 않으면 아무 이상이 없다가, 하나님을 부르기 시작하면 가슴이 얼마나 아픈지 "하~" 하다가 멈출 정도로 아팠습니다. 이런저런 크지 않은 중상들이 있었지만 짧게 적어봤습니다. 기도하면서 변화된 저의 모습은, 저는 욱하는 성격이 많았고 특히나 운전할 때 예민하고 날카로웠습니다. 오죽하면 운전하다 시비가 붙어서 경찰서에 몇 번 갔으니 말입니다. 지금은 경찰서 갈 일은 없지만요. 지금도 운전대를 잡으면 예수 피 기도를 합니다. 그리고 이기적이고, 불평불만이 많았고 근심걱정에, 특히 돈에 대해서 민감한 편이었고 어떤 일에 꽂히면 그것이 해결될 때까지 예민해지고 신경을 쓰고… 조급함에 그랬습니다. 아버지와의 관계에서도 너무 안 좋았습니다. 아버지랑 통화하면 화내고 성질내고 끊는 것이 다반사였고 어떨 때는 진짜 인연을 끊고 살고 싶을 정도로 관계가 나빴습니다. 지금도 아버지의 성격은 변하지 않았지만 제가 바뀌고 나니 아버지의 그런 모습이 불쌍히 여겨집니다. 지금은 아내가 많이 변했다고, 착해졌다고 칭찬해줍니다. 또한 어떻게 이 모든 죄들과 싸워야 하는지를 알기에 매일 이기려고 기도하고 있습니다. 올해 들어서는 아들에게 사춘기가 조금 심하게 오면서 어려움이 있었습니다. 이 기도를 하지 않았다면 감정적으로 대응했을 거고 세상적인 방법으로 해결하려고 했겠지만, 내 생각은 내려놓고 하나님께 아이를 어떻게 다루어야 할지 지혜를 구하는 기도와 매일 아내와 축출기도를 하는 가운데 아들과의 관계가 좋아졌습니다. 그러면서 아들을 통해 보게 된 것은 저의 모습들이었고 그렇게 제가 놓치고 있었던 죄들을 보고 회개하며 싸울 수 있었습니다. 영성학교를 통해 성경 그대로 가르쳐주고,

쉬지 않고 하나님을 부르는 기도와, 죄와 싸우며 자기부인하며 하나님과 동행하는 삶을 훈련하게 해주신 하나님께 감사드리고 또한 이 길을 먼저 가서서 모범이 되어주신 목사님, 사모님, 그리고 그 뒤를 따라가신 수석코치님들께 감사드립니다. 영성학교 모든 식구들과 함께 정예용사로 훈련되어서 영혼 구원의 도구로 쓰이길 갈망하며 오늘도 기도의 자리로 나아갑니다. 오답투성이었던 내 인생에서 이 기도 훈련을 통해 비로소 정답을 찾았습니다.

❖ 02 ❖
화목해진 가정의 비결,
자녀가 바라본 기도 훈련

_ 보배함

　자녀의 입장에서 기도 훈련을 받은 과정도 궁금하시리라 생각되어 짧게나마 적어봅니다. 저희 가족은 부모님과 저, 네 살 어린 여동생이 있습니다. 목회자이셨던 아빠 밑에서 어릴 적부터 교회는 제 삶의 환경이었습니다. 많은 분들이 현재 저희 가족 모습을 보시고 화목한 가정이라 생각해주시지만 처음부터 이런 모습은 아니었습니다.

　한창 바쁜 학교생활을 하던 고1 여름, 아빠가 짧은 문자메시지를 보여주셨습니다. 최근 엄마 몰래 기도 훈련을 받고 있으시다면서 말이죠. 기도 코칭 내용은 매우 간략했습니다. '혹독하게 기도하세요.' 그리고 제게 아침과 밤마다 1시간씩 기도를 해보라고 하셨습니다. 그저 하나님만 부르면 된다고 하셨어요. 당시 학교 공부와 토플, 바쁜 교회생활을 병행하며 하루에 3~5시간밖에 못 자던 제게 방 베란다에 작은 기도방을 만들어주셨습니다. 시키시니 마지못해 기도방에 들어가 무릎 꿇고 잠만 잤던 기억이 나네요. 제

17

대로 된 기도는 한 번도 하지 못하고 다리만 저리던 시절이었습니다. 그러던 중, 고등학생이던 제게 당시로서는 꽤 힘든 일이 있었어요. 중간고사와 1년 넘게 준비하던 토플시험, 매일 밤 12시까지 연습해야 하는 교회행사가 같은 날짜로 겹치게 된 것입니다. 몸이 두 개라도 부족한데 어느 하나 포기할 수 없어 마음이 괴로웠습니다. 아빠에게 상담했고 이번 상황을 기회로 간절하게 기도해보라고 하셨습니다. 주말 교회에서 혼자 있을 시간이 잠깐 나서 아빠 말을 떠올리며 작은 사무실 방에 들어갔습니다. 기도하러 무릎 꿇고 앉았지만 다시 잠이 들었고 항상 잠만 자는 제 자신이 너무 답답했습니다. 눈을 뜨고 간절한 마음으로 하나님을 몇 번 더 불렀던 것 같아요. 15분 정도 정신없이 하나님을 불렀습니다. 그러자 저의 마음을 누르던 모든 일들이 별 것 아닌 것처럼 느껴지고 평안한 마음이 가득 찼습니다. 제가 처음으로 기도로 하나님을 경험한 사건이었습니다. 그리고 어느 날 아빠가 가정예배를 드리자고 하셨습니다. 어렸을 때부터 종종 갖던 모임이지만 하나님의 필요성을 느끼지 못하는 제게 일방적으로 아빠가 말씀해주시는 것이 주었기에 큰 감흥은 없었습니다. 그러나 그날의 가족모임은 사뭇 달랐습니다. 함께 찬양 몇 곡을 부르고 나서 아빠가 서로에게 꼭 하고 싶은 말을 하자 하셨습니다. 사실 저와 엄마 사이에는 아주 어릴 때부터 쌓여온 원망과 불신, 서운함이 있었습니다. 아빠와 비슷한 성향을 가진 저와 달리 동생은 엄마와 비슷한 성향을 가졌기에 엄마는 항상 동생만을 예뻐한다고 생각해왔습니다. 워낙 표현이 풍부하신 분이라 동생을 사랑하는 마음은 넘쳐흐르는 듯해 보였으나 저를 대하시는 태도는 냉담한 듯 느껴졌거든요. 그래서 초등학교

내 영혼을 깨우는 77人의 기도 훈련 체험담

2학년쯤부터 잠자리에 들면 항상 '이 세상에서 아무도 나를 사랑하지 않아. 엄마도 나를 사랑하지 않는데 누가 날 사랑하겠어'라는 말이 제 머릿속을 맴돌았고 거의 매일 울면서 잠들었던 기억이 납니다. 지금 생각하면 당연히 악한 영의 꼬임이었지만, 그때는 그것이 사실처럼 느껴져서 엄마에 대한 마음은 점점 더 굳어져갔습니다. 나중엔 '저 사람은 내 엄마가 아니야. 동생 엄마지. 내겐 밥 해주는 아줌마일 뿐이야'라는 생각을 할 정도였으니까요. 이런 생각에 잠겨 있으니 초등학교 고학년 때부터 엄마를 대하는 저의 태도도 변하기 시작했습니다. 엄마를 무시하듯 쨰려보고 날선 말로 대답하기 일쑤였고, 엄마가 화를 내시면 저는 더 큰 소리로 화를 내며 절대 지지 않으려고 대들었습니다. 이런 저의 태도 때문에 엄마도 많이 상처 받으셨죠. 엄마와 이런 관계이니 하고 싶은 말을 하라고 하셔도 저는 입을 꾹 다물고 있을 뿐이었습니다. 그러나 엄마의 마음은 달랐나 봅니다. 조심스럽게 입을 여셨고, 동생이 태어난 이후 제가 받은 상처에 대해 알고 있다고 하셨습니다. 그리고선 엄마가 미안하다고 말씀하시면서 저를 안아주셨어요. 정말 놀랍게도 이 말 한마디에 얼음 같던 제 마음은 녹았고 엄마 품에 안겨 아주 오랜만에 마음껏 울었습니다. 사실 엄마도 회사일과 집안일, 교회일에 치여 피곤했던 상황임을 말씀해주시니 '엄마도 힘들었겠구나'라는 생각이 들었습니다. 아빠가 기도 훈련을 시작하신 지 약 3개월쯤 지났을 때 있었던 일입니다. 그 후 제 삶엔 많은 변화가 있었습니다. 미움이 녹고 사랑을 받는다고 느끼니 마음이 훨씬 밝아지고 기뻤습니다. 무엇을 해도 미워 죽겠던 동생인데 점점 사랑스러워 보이기 시작했습니다. 그렇게 점차 가족관계가 회복되어갔습니다.

　아빠가 기도 훈련을 받은 이듬해 6월에 원래 다니던 교회에서 나와 영성학교를 다니기 시작했습니다. 당시에 저는 일반 고등학교를 자퇴하고 교회에서 운영하는 대안학교를 다니고 있었는데, 그 교회를 나오니 자연히 혼자가 되었습니다. 부모님보다 친구들을 사랑하며 모든 것을 쏟아 관계하던 저였기에 그 과정이 쉽진 않았습니다. 제 삶의 전부였던 친구들과 교회로부터 떨어지고 나니 제가 그동안 하나님을 의지하지 않고 사람만을 의지해왔음이 보였습니다. 이 점을 회개하며 '하나님만을 의지하게 해주세요'라고 기도했던 것 같습니다. 그 후로 2년 동안 검정고시, 수능을 독학하여 대학교에 입학했습니다. 처음 기도할 때는 쏟아지는 잡념과 졸음, 미디어를 사랑하는 마음으로 참 힘들었습니다. 목사님과 수석코치님의 코칭을 받으며 힘겹게 한발 한발 나갈 수 있었습니다. 기도하며 제가 느꼈던 큰 변화 중 한 가지는 공부할 때의 집중력이었습니다. 중학교 때부터 공부만 하려고 자리에 앉으면 다른 사람과 만나 노는 상상을 하거나 공상에 잠기기 일쑤였습니다. 공부에 제대로 집중할 수 없었고 공상하다 잠들기를 반복했던 것 같습니다. 그러나 기도 훈련을 하며 점점 머리가 맑아지는 것을 경험했습니다. 독학 첫 번째 해에는 사실 기도 자리에 앉아만 있었지 기도를 제대로 하지 못해 큰 변화는 없었습니다. 기도도 안 되고 공부도 안 돼서 힘들었지만 뭐 별다른 수가 없기에 계속 자리만 지키고 앉아 있었습니다. 그러다 이런 제 모습이 너무 한심하고 싫어서 그 싫은 마음이 기도의 간절함으로 연결된 것 같습니다. 독학 두 번째 해에는 확실히 집중력에 차이가 있었습니다. 공상이 스며들 때면 예수 피로 쳐내고 도우심을 구했습니다. 나중엔 기도가 되지 않으면 공부에 집중이 되지 않아 기도할 수밖에 없도록 도와주셨습니다. 그렇게 도우심을 받으며 제 실력으론 너무나 감사한 성적을 받을 수 있었습니다. 기도를 하며 감사한 것이 참 많습니다. 서로 사랑하고 힘이 되어주는 가족을 허락해주시고, 새로 좋은 친구들도 허락해주시고, 부족한 것 없이 감사하며 지내고 있습니다. 무엇보다 힘들 때 의지할 분이 있고, 그분은 사람처럼 변하지 않는 신실한 분이라는 사실이 참 감사합니다.

❖ 03 ❖

그동안 하나님께서 베풀어주신
아름다운 이야기를 쓰라 하시니

_ 아미고

그동안 하나님께서 베풀어주신 아름다운 이야기를 쓰라 하시니 가슴이 따뜻해집니다. 기도 훈련 전에는 하나님께서 베풀어주신 아름다운 이야기는 오직 성경에만 있는 줄 알았으니까요. 할머니가 어린 손주들에게 들려주던 옛날 이야기 속에나 있는 행복한 이야기인 줄만 알았으니까요. 마음이 답답하고 무거웠습니다. 누구 하나 속 시원하게 대답해주는 사람 없었습니다. 유튜브, 책, 유명한 목사님의 이 강의 저 강의 듣고 들어도 그저 노래 잘하는 가수의 노래처럼 귀만 즐겁게 할 뿐 여전히 풀리지 않는 의문으로 마음이 어두워졌습니다. 누구 없어요? 왜 성경의 하나님과 내 하나님은 다른지 말해주실 분을 찾습니다. 할 만큼 했어요. 참을 만큼 참았어요. 하나님께 서운하고 섭섭해서 견딜 수가 없었습니다.

이런 제가 7년 전 처음 하나님의 이름을 한 시간 불렀을 때, OMG~ 죽는 줄 알았습니다. 그냥 하나님 이름만 불렀을 뿐인데? 이 하기 싫고 좀이 쑤시는 것 같은 이 느낌은 뭐다냐? 그래서 생각해낸 것이 얼른 기도의 강을 건너서 영성학교와 '빠이빠이' 하고 나 혼자 집에서 편하게 기도해야겠다는 황당한 결심을 하게 되었습니다. 성령 내주기도 훈련, 처음부터 이 기도에 관심 없었습니다. 제가 원하는 건 그저 집에서 새벽에 한 시간 기도하는 것이었습니다. 그 당시 다니던 교회에서 해고(?) 통지를 받게 되었고 교회에서 기도하던 30년 된 습관은 저를 집에서 기도를 할 수 없게 만들었습니다. 마음을 열어주는 찬양을 들으면서 기도하려고 해도 소용없었고 누에에서 실이 끊임없이 나오듯 나오던 방언 기도도 소용없었고 그 새벽에 주여 삼창 소리죽여 외치며 애썼지만 기도를 할 수가 없었습니다. 성령 내주기도 훈련, 저는 할 필요가 없었습니다. 이십 대 초반에 성령 체험했고, 눈물 콧물 쏟아가며 회개했고, 하늘을 나는 것 같았고, 방언도 받았습니다. 그 방언이 언제나 제 곁에 있었으니까요. 비록 이 땅에서의 삶이 고단하고 한 시간 기도하는 것이 불가능에 가까운 일이며 하나뿐인 자식은 세상 기준으로 순탄치 못한 청춘을 보내고 있고 남편과는 점점 담을 쌓아가며 그래도 남편이지 하면서 그래도 천국 간다는 확신에 그럭저럭 살아가고 있었습니다. "하나님" 하고 부르면 하나님이 참 막연하고 모호하며 낯설고 어색했습니다.

예수 피를 외치면서 예수님과 내가 친하지 않은 사이였다는 것을 알게 되어 당혹스러웠습니다. "네가 아무리 하나님을 불러도 대답 없는 이름이 될 것이고 부르다가 네가 죽을 이름이 될 것이다"라며 귀신이 비웃고 조롱하는 소리에도 싸울 줄 몰라 한참을 당하다가 겨우, '그래 하나님 부르다가 내 자아가 죽는 것이다'라며 "예수 피! 예수 피!" 했던 병아리 시절이 생각납니다.

저는 귀신이 참 많은 여자입니다. 온갖 증상, 현상이 다 드러났습니다. 가래, 하품, 기운 빠지는 것, 악몽, 불면증, 기침, 얼굴 찌그러지는 것, 두통, 어깨 아픔, 혼미, 졸음, 무기력증, 피곤, 몸이 굳어지는 것, 온몸을 칼로 도려내는 듯한 통증, 복통, 허리, 골반, 모든 뼈 통증, 기타 등등. 기도할 때마다 나타나는 이런 고통 때문에 어찌나 주먹을 쥐었는지 손 가운데 굳은살이 생기고, 녹초가 되고, 영성학교 응급실(?)까지 실려가기까지… 그러나 정말 견디기 어려운 것은 남편과의 끊임없는 갈등이었습니다. 남편 속에 있는 미혹과 내 속에 있는 미혹이 서로를 부추겨 싸우게 하여 기도의 끈을 놓게 하고 지옥으로 끌고 갈 목적으로 덤비는데 세상에 이보다 더 피비린내 나는 전쟁은 없을 겁니다. 훈련 초반에 "예수 피 귀신아 나가라" 하며 한참을 기도하는데 "못 나가" 하는 소리가 들렸습니다. 엥? 귀신이 가장 무서워하는 것이 예수 이름과 예수 피인데… '예수 피' 하면 무서워서 도망도 혼자 못 가고 떼로 도망간다고 했는데 앤 뭐냐? 그래서 "왜 못 나가는데?" 하고 물었더니 "내가 너야"라는 답변을 들었습니다. 그때는 내가 너라는 이 참말이 가슴으로 내려오지 않았지요. 아~ 이 깊은 의미는 피 흘리기까지 죄와 싸우고 주님과 함께 십자가에 못 박히고 하나님을 사랑하는 사람, 기도의 강을 건넌 사람만이 아는 비밀이었습니다. 정답을 콕 집어서 가르쳐주었는데도 그 정답을 쓰지 못하는 아이러니!

하나님이 세상을 이처럼 사랑하사 독생자를 주셨으니 이는

그를 믿는 자마다 멸망하지 않고 영생을 얻게 하려 하심이라
(요3:16).

이처럼 사랑하사… 이처럼, 이처럼, 이처럼에서 십자가의 사랑을 보았고,

예수께서 이르시되 돌을 옮겨 놓으라 하시니 그 죽은 자의 누
이 마르다가 이르되 주여 죽은 지가 나흘이 되었으매 벌써 냄
새가 나나이다(요11:39).

죽은 지가 나흘이 되었으매 냄새가 나나이다에서 나를 보았습니다. 그러나 언젠가부터 머리를 덮고 있던 미혹이 천천히 벗겨지기 시작했습니다. 빛이 서서히 들어오기 시작했습니다. 아침 일찍부터 밤늦게까지 일해야 하는 중노동에서 벗어나게 되었고 남편도 아이도 모두가 만족해하는 시골 생활을 하게 되었습니다. 더할 나위 없이 기도하기 좋은 환경으로 이끌어주셨습니다. 미혹의 끝판 왕 남편, 머리채 잡아가며 기도 훈련시킨 딸, 귀신이 마음을 송두리째 잡고 있는 나, 이런 우리가 어떻게 지금까지 이 기도를 하고 있는지 하나님의 은혜라는 말 외에 할 말이 없습니다.

태초에 하나님의 형상을 따라서 나를 지었다는 이야기, 하나님이신 예수님이 나를 위해 이 땅에 오셨다는 이야기, -선한 것이 하나 없는 죄뿐인 게 바로 너라는 이야기, 하나님이 나와 함께 하신다는 이야기… 예수 피가 생명의 피 사랑의 피라는 이야기… 천국

은 정제된 영혼만 들어간다는 이야기, 하나님의 이름을 부르는 저에게 하나님께서 매일매일 들려주시는 아름다운 이야기들입니다.

오~ 끝이 없는 이야기,
하나님께서 베풀어주신 세상 아름다운 이야기 ♡
하나님께 영광 ♡

내 영혼을 깨우는 77人의 기도 훈련 체험담

❖ 04 ❖
사원인가 자녀인가?

_ 이용찬

저는 목회자 가정에서 태어났습니다. 어린 시절부터 교회에서 살았으며 수없이 많은 말씀을 들었습니다. 특별히 모난 구석 없이 욕심 많았던 저는 늘 칭찬 듣길 좋아했고 그때부터 무엇인가 열심을 내어 성취하는 것의 즐거움을 알아갔습니다. 주변 사람들의 칭찬이 들렸고, 교회에서도 착하고 성실한 아이로 통하며 자기 의를 확고히 쌓아갔습니다. 대학생이 되어 처음으로 스스로를 돌아보기 시작했습니다. 익숙함을 쫓아 기독교 동아리를 하고 교회 예배에 열심히 참석해도 단 일 퍼센트도 변하지 않는 스스로의 모습을 보며 좌절했습니다. 많은 경우 다 그렇게 살고 '원래 이런 거야' 합리화하며 죄가 죄로 드러나지 못하게 막았지만 말씀 앞에 설 때면 숨길 수 없는 내 마음의 더러운 것들이 드러났고 오히려 뒤로 물러서고 가리기에 급급했습니다. 어둠뿐이었습니다. 원래 나는 죄를 싫어하는데 죄가 자꾸 따라와서 나는 어쩔 수 없이 죄를 선택하는 거라고 스스로를 합리화하던 자리에 하나님의 말씀이 비치니 부정할 수 없는 사실은, 나는 하나님을 대적해온 개선될 수 없는 죄인이라는 사실이었습니다. 내가 하나님 자리에 있으니 그동안 드린

27

예배는 기만이었고 기도는 내가 원하는 것을 아뢰는 행위였으며 결국 내 인생은 왕이신 하나님 중심이 아니라 철저히 나 중심이었습니다. 온몸으로 하나님을 대적한 것입니다. 평생을 들어온 주님의 십자가는 소망 없는 저에게 생명이 되었습니다. 아무것도 할 수 없고 죽고 싶어도 죽을 수 없는 자리에서 놋뱀처럼 들리신 주님을 바라보는데 그 자리에 내가 함께 죽어 있었습니다. 그토록 떼어내고 싶고 자유케 되고 싶었는데 주님의 십자가에서 그 끝이, 해결함이 이미 있었음을 본 경험은 제 삶을 뒤집어놓았습니다.

이후 군에 입대하였고 성령님의 인도하심을 따라 영성학교에 오게 되었습니다. 성령님께서는 영성학교를 통해 세밀하게 다뤄가시기 시작했습니다. 성령님과 동행하는 삶이 무엇인지, 기도가 무엇인지, 귀신이 무엇이고 어떻게 미혹하는지 등 하나님은 영적 미숙아인 저를 훈련시키기 시작하셨습니다. 나의 의로 살아온 시간이 길었고 나의 노력과 애씀으로 살아온 기간이 길었기에 익숙함을 틈타 미혹과 공격이 끊이지 않았고 예수 피의 능력을 의지해야만 했습니다. 처음에는 기도시간을 애쓰며 지켜봤는데 숙제처럼 되는 것 같아 시간보다 마음의 중심과 진심을 담아 기도하는 데 집중했습니다. 기도는 해치워야 하는 숙제가 아닌, 늘 기다려지는, 언제나 달려가고 싶은 자리임을 아주 조금씩 경험한 것도 이때부터입니다. 낯설기만 했던 귀신이라는 단어와 미혹의 영의 공격은 하루종일 생각하게 되고 민감하게 반응해야 하는 주 관심사가 되었습니다. 조금만 생각이 가라앉고 어두워지며 꼬리에 꼬리를 물면 스톱을 외치고 모든 생각에 예수 피를 치기 시작합니다. 성령님의 권능은 실생활 속에서 능력과 승리로 충분히 임하실 수 있음을 의지하는 믿음을 배워갑니다.

　처음 영성학교를 접할 때만 해도 입시학원 같다는 느낌을 지울 수 없었습니다. 애씀과 노력, 나를 드리고 시간을 내어 힘쓰는 일에 자신이 있었던 저는 그렇게 공부하듯 최선의 것을 주님께 드리려 했습니다. 하지만 정말 중요한 것은 마음이라는 사실을 조금씩 알아갑니다. 아무리 일을 잘하는 대기업 사원이 최선을 다해 일을 해줘도 사표를 내면 그걸로 끝입니다. 주님과의 관계는 일 잘하는 사원일 수 없고 만약 그렇다면 생각만 해도 끔찍합니다. 기도는 시간을 드리는 것이지만 사실 정말 드려야 하고 집중해야 하는 것은 마음을 드리는 것이라는 것을 깨달아 알아가는 요즈음, 크게 애를 쓰거나 정신을 집중하려 하지 않아도 하나님을 향하는 시간이 늘어가는 스스로를 발견합니다. 귀신의 정체를 그림자만큼이나마 알아가며 정말 빈틈없이, 치열하게, 끊임없이 공격하는구나 기겁하곤 합니다. 손톱만큼의 틈만 있어도 그 사이로 어떻게든 비집고 들어와 하나님 사이를 훼방놓으려 하는 귀신의 공격에 맞설 수 있는 유일한 근거는 예수 피입니다. 그 피로 온 몸이 적셔져 있다면 제아무리 귀신같은 귀신도 공격할 수 없고 능히 당해낼 수 없습니다. 형식과 틀에 매여 오랜 시간 달리기에 급급했던 저에게 영성학교는 정말 중요한 것이 '마음'임을 알려주었고 공격하는 '대상'을 밝혀주었으며 하루를 살아갈 유일한 '근거' 되시는 예수그리스도의 피로 시선을 고정시켜 주었습니다. 그 피에 온몸을 담그는 하루하루이길 소원합니다.

❖ 05 ❖
눈이 번쩍~!

_ 송선혜

할렐루야~!

저는 이제 며칠 있으면 7개월 차 되는 영성학교 훈련생입니다. 늘 인간관계가 좋은 편인데 단 한 명, 남편… 그 남편과는 웬수, 평생 웬수! 소통이 안 되고 과격한 성격에 술 좋아하고 여자 문제가 끊이지 않으며, 놀기 좋아하는 남편에게 저는 상처받고 회복이 되기도 전에 또 상처받고 하는 생활 속에서 늘 눌리고 어둡게 살다 보니 남편과의 관계 문제가 하나님보다 더 커 보이고, 영혼이 피폐하고 여기저기 아픈데 병원에서는 신경성이라고만 하며 뚜렷한 병명이 나오지 않는 삶을 오랫동안 살아왔습니다.

하나님 믿는 사람이 자살을 하면 지옥에 간다고 하니까 스스로 죽을 수도 없었습니다. 담임목사님과는 상담조차 되지 않고 답답함만 쌓여갔습니다. 우리 교회는 주일에 가서 봉사하고 설교 말씀 듣고 하는 것만 있을 뿐 자기 문제는 스스로 알아서 해결해야 하는 분위기입니다. 그래서 어찌할 바를 모르고 갈급한 마음으로 국

민일보를 뒤져 광고하는 기도원들도 10여 군데 찾아가봤지만, 결과는 그곳들은 대부분 영적 사기꾼이었다는 것입니다. 어떤 곳은 저를 강대상 앞으로 데리고 가더니 신용카드를 긁으라고 하기도 했습니다. 그런 경험으로 저는 진짜와 가짜를 조금은 분별할 수 있게 됐습니다. 그러면서 아~ 이러다가 오늘 죽으면 지옥 가겠구나 하는 불안감을 떨칠 수가 없었습니다.

그러던 어느 날 유튜브 채널을 돌리다가 '성령이 내주하시는 기도'라는 제목의 칼럼이 눈에 번쩍 들어왔습니다. 쉰목사님께서 영혼을 구원하시려고 올려놓으신 글이었습니다. 아~! 하나님의 인도하심이구나! 물과 성령으로 거듭나지 아니하면 하나님 나라를 볼 자가 없다고 하셨는데… 내 맘에 성령님이 안 계시는구나. 급하게 영성학교로 전화를 하여 기도 훈련을 신청하였습니다. 개인 코치를 붙여주신다고 하셔서 처음에는 집에서 기도하면서 훈련하면 되겠구나 생각했습니다. 남편이 힘들게 해도 참고 견디는 것이 하나님의 뜻이라고 여기며(어디에서도 이런 문제에 대해서 분별할 만한 곳을 찾지 못했기에…) 평생 집을 나서본 적이 없었는데 하나님께서는 기도 훈련 시작한 첫 주부터 목금토일 영성학교에서 집중적으로 훈련할 수 있는 은혜를 주셨습니다. 난생 처음으로 짐을 꾸려 집을 나서는 것이라, '이래도 되나?' 하는 마음이 앞서기도 했지만, 어떻게 찾은 기회인데 하는 생각으로 다 내려놓고 영성학교에 가서 하나님을 부르는 기도 훈련을 본격적으로 했습니다. 처음에는 낯설고 익숙지 않았지만, 가르쳐주시는 대로 전심으로 하나님을 부르기를 애쓰면서 저의 실체를 알게 되었습니다. 그동안 내가 주인 되어 살았기에 맺혀진 열매를 먹고 고단하게 살아왔구나. 이제는 남은 인생 하나님의 뜻대로 하나님을 기쁘시게 해드리는 삶을 살고 싶다는 소망이 생겼습니다.

평생 억누르는 남편으로 인해 마음은 늘 조마조마하고 불안해하며 살았고 몸은 앉아 있는 것이 힘들어 제대로 앉아서 기도를 해본 적이 없이 망가졌고 감정이 메마른 상태였는데 목사님과 코치님들이 도와주시는 축출기도를 받고 코칭해주시는 대로 기도하려고 애쓰면서 불안한 마음은 귀신이 주는 것이었고 예수 피를 의지하여 전심으로 싸울 수 있다는 것을 알게 되어 전심으로 싸우려고 애쓰게 되었고 평안한 마음을 경험하는 날도 계속 더 늘어가고 있습니다. 앉아 있을 수 없어서 자주 일어나서 걷거나 누워 있어야 하는, 원인도 알 수 없는 병을 하나님께서 고쳐주셔서 이제는 1~2시간 앉아서 기도하는 것쯤은 거뜬할 정도입니다. 처음 하나님 부르는 기도를 하면서 입술이 꽈리처럼 부풀었는데 평생 이렇게 하나님을 간절히 불러본 적이 없는 것을 회개했습니다.

지금은 코로나 때문에 집에서 문자와 전화로 코칭을 받고 훈련하고 있는데 하루 종일 쉬지 않고 기도하는 것과, 저의 가장 약한 부분인 가라앉고 어두우며 건조한 마음을 방치하지 말고 예수 피로 싸우고, 하나님을 기쁘시게 하는 삶의 태도를 스스로 훈련하고 있습니다. 그리고 코칭대로 어떻게든 스스로 동기부여하려고 칼럼을 찾아 읽고, 기도와 말씀과 함께 성경적인 기도 가이드와 예언노트도 읽고 있으며 실시간으로 하는 축출기도와 화상디사코칭도 꼭 참석하려고 합니다. 그러면서 요즘은 그렇게도 웬수 같던 남편이 조금은 불쌍해 보입니다. 그리고 전에는 남편의 무시하는 말에 욱하는 감정이 먼저 앞서서 다투는 일이 많았는데 지금은 그것이 죄라는 것을 알게 되어 예수 피를 하면서 싸우고 있습니다. 그리고 살얼음같이 늘 불안하던 마음이 이제는 담대하고 평안하고 기뻐서 너무 감사합니다. 아직 갈 길이 멀지만, 부지런히 기도하면서 저도 성령의 사람이 되어서 이제는 하나님을 기쁘시게 하며 살고 싶습니다. 저를 영성학교로 불러주셔서 이 기도를 알게 해주신 하나님과 영혼을 사랑하는 마음으로 헌신하시는 목사님, 사모님, 코치님들께 감사드립니다. 친정 같은 영성학교에 가서 기도 훈련을 할 수 있어서 너무 감사합니다.

✤ 06 ✤
기도 훈련 before와 after

_ 이남이

　스무 살을 갓 넘긴 인생 초반 시절에 작은 개척교회를 다녔다. 당시 목사님에 대해 성령이 충만하고 카리스마 넘치는 분이라 여겼고 목사님의 말씀을 신뢰하고 따르는 것이 하나님을 섬기는 지혜라고 믿어 의심치 않았다. 전도 프로그램에 참여하였고 둘씩 짝을 지어 날마다는 아니지만 매주 전도지와 전도용 선물을 나누어 주며 가가호호 전도를 하였다. 나는 두 아이를 돌보는 것보다 교회에서의 일들이 더 중요했고 분주했다. 그렇게 교회일에 올인했다. 그러나 성령의 내주와 인도 없이 교육과 열심으로 교회 부흥의 열매는 있을지 몰라도 진정한 열매와 자유와 기쁨이 없음을 그때는 깨닫지도 분별하지도 못했다.

　남편의 적은 월급으로 네 식구가 살기에는 너무 빠듯했고 십일조를 포함한 각종 헌금으로 가계 부담은 점점 더 가중되고 IMF 사태 때에는 다니던 회사마저 부도가 나도, 교회는 이제 막 건축이 시작되어 건축 작정 헌금까지 빠지지 않고 드렸다. 헌금의 성실함은 나의 의로 쌓이고 통장의 빚은 커져만 가는데 어디서부터 어떻게 정비를 하고 지혜롭게 해야 하는지 너무 막막하고 괴로웠다.

우리가 이렇게 헌금하고 충성하니 축복해주시리라고, 그것이 믿음인 줄로 어리석고 무식하게 믿고 살았다. 그리고 속사람이 변화되지 않은 나의 영적 상태는 기도가 식어지고 세상을 향한 정욕과 탐욕이 마음 깊은 곳에서 표 나지 않게 나를 갉아먹으며, 죄를 짓고도 머리로는 아는데 죄를 이길 힘이 없는, 최악의 미혹된 상태가 되었다. 예배와 기도 시에는 회개와 참회의 눈물을 흘리지만 생활 속에서는 다시 같은 죄를 반복하고 경건의 모양만 있을 뿐 경건의 능력이 없는 가련한 영혼이 되었다. 그러던 어느 날 가정에 큰 사건이 일어났다. 같은 교인과 관계가 있었고 목사님과 교회에 큰 피해가 되었으며 수치와 모멸감으로 너무나 고통스러워 그만 죽고 싶다는 생각만 밀려올 뿐 해결 방법은 없었다. 몇 달을 피해자와 가해자 간의 합의가 이루어지지 않아 변호사를 선임하고 법정싸움을 하였다. 마귀의 역사와 하나님의 징계로밖에는 해석이 되지 않아 금식하며 회개하며 하나님께 납작 엎드렸다.

세리와 창기의 모습이 나였고 죄가 무섭고 하나님이 두려워졌다. 계시록의 라오디게아 교회의 죄악된 모습이 내 모습임을 꿈으로 깨닫게 되고 "회개의 합당한 열매를 맺으라", "가정이 교회이고 교회가 가정이다"라는 메시지가 생각 속에서 떠나지 않았다. 그 무렵 교회에서는 채울 수 없는 갈급함과 목마름으로 인터넷으로 말씀을 찾아 헤매다가 신 목사님의 칼럼을 읽었다. 칼럼을 읽고 6개월쯤 흐른 뒤 25년을 다니며 나의 젊음을 바쳤던 교회를 떠나야 할 때라고 생각하며 남편과 함께 기도했다.

　정신질환으로 고생하던 셀 식구 3명의 자매가 있었는데 한 명은 심하게 정신분열 증세로 집에서도 쫓겨나고 미친 모습으로 돌아다니다가 정신이 조금 들면 나에게로 찾아오고 교회에서도 머물렀다. 담임목사님은 부목사님을 시켜 자매가 교회로 올 때마다 경찰서로 넘기라고 하셨다. 그리고 정신병원으로 옮겨졌다. 교회는 평생 귀신을 쫓아내는 사역을 하였고 기도원도 수차례 다니며 시키는 대로 기도했지만 성령의 능력이 없는 민낯을 보면서 의문과 답답함이 커져만 갔다. 목사님의 칼럼을 또 다른 두 자매에게 권했는데 한 자매는 기도 방법을 따라해보더니 증세가 나타난다고, 뭔가 기도 효력이 있는 것 같다며 나보고 영성학교에 같이 가자고 적극적으로 나섰다. 영성학교에 와서 글로만 읽었던 쉬지 않는 기도와 축출기도를 간절하게 시작했다. "아! 이곳이 내가 살 곳이다"라는 확신이 들었다. 그런데 담임목사님은 내가 전도팀과 셀장을 내려놓겠다고 하니까 나를 설득하시다가 안 되니 은혜를 모르는 배신자라고 하시며 다시 온다 해도 받아주지 않겠다고 화를 내셨다. 그리고 귀신들은 공격해오기 시작했으며 영적 싸움이 시작되었다. 두 사람이나 데리고 나간, 이단에 빠진 자라는 소문이 내게 들려왔고 오랫동안 형제보다 더 친했던 교회 권사님과 집사님들은 나를 외면했으며 나에 대한 오해와 나쁜 말이 들려왔다. 영성학교 오던 날부터 함께 했던 두 자매는 이전보다 더 힘들다고 나에게 원망과 불평을 하였다.

이제 본격적으로 영성학교에서 가르치는 대로 귀신과 싸워 이겨야 함을 알고 예수 피를 외치며 기도 습관을 들이고 생활 속에서 기도에 방해되는 모든 것들은 가지치기를 하였다. 자기연민, 억울함, 걱정이 사라지고 이전에 맛보지 못했던 평안과 기쁨이 생겼고 성령의 열매가 없는 교회와 크리스천들에 대해서 분별력이 더 생기면서 감사가 넘쳤다. 기도의 훈련으로 많은 변화와 은혜가 있었지만 미혹의 영은 만만치 않게 내 자아에 붙어 절대 복종, 절대 감사, 절대 겸손이 되지 않게 방해하며 죽은 것 같았으나 죽지 않은 나를 향해 비웃고 조롱하는 듯하며 때로는 전혀 인지하지 못하게 하고 자기만족과 자기 의로 속이고 있었다. 날마다 목사님과 코치님들의 가르침과 성령 내주의 기도 훈련은 점점 귀신의 정체를 알고 오직 가난한 마음으로 성령님을 간절히 구하는 것만이 정답임을 깨닫게 되고 죄를 지어서 넘어져도 다시 일어서는 내공과 이기는 삶이 되어갔다. 처음에는 자기를 부인하기에서 이 '자기'라는 부분이 구체적으로 실감되지 않았다. 즉, 나의 자아는 본성이 타락한 아담의 후예로 본질상 타락한 죄인이고 교만과 불순종 그 자체이기에 예수님의 십자가 보혈이 아니면 결코 깨끗해질 수 없고 나의 노력이나 회개로 성화되고 의로워지는 것이 아니라 보혈의 공로를 의지하여 오직 믿음으로 내 자아를 십자가에 못 박고 죽어야만 새롭게 산 영이 되고 거듭나서 성령의 인도를 받는 것임을 가슴으로 깊이 깨닫게 되었다. 어떤 상황이나 문제가 온다 해도 두려워하거나 그 문제를 해결하는 데 목적을 두지 않고 하나님이 원하시는 나의 자세에 초점을 두고 자기부인과 자기 십자가를 지는 것으로 동기부여를 삼게 되었다. 나의 애통은 하나님이 나와 함께 하지 않는 것이고 나의 절박함은 예수님이 내 안에 계시지 않는 것이며 나의 가난함은 성령님이 나를 이끄시지 않는 것이 되었다. 다윗의 기도가 나의 기도가 되고 다윗의 찬양이 나의 찬양이 되며 다윗의 감사가 나의 감사가 되기를 오늘도 간절히 사모하며 기도합니다. 할렐루야!

❖ 07 ❖
기도의 삶으로 이끄심

_ 첨병

하나님을 부르는 기도를 시작한 지가 엊그제 같은데 벌써 6년 차에 들어섰습니다. 2016년 6월 초여름이었습니다. 귀신들린 아들을 데리고 예수님을 찾아간 아버지처럼 저와 아내는 귀신들린 딸을 데리고 지인이 소개한 영성학교를 찾아갔습니다. 목사님과 면담 후 기도 훈련을 하기로 하고 하나님을 부르는 기도를 시작했습니다. 영성학교의 기본 매뉴얼대로 아침에 한 시간 이상, 저녁에 자기 전 한 시간 이상, 낮에 틈나는 대로 하나님을 부르고 예수 피를 외치는 훈련을 했습니다.

그 당시 딸은 중3이었고 정상적인 학교생활이 안 됐습니다. 다행히 담임 선생님의 도움으로 고등학교까지 진학은 하였지만, 인지능력이 떨어져 스스로 아무것도 할 수 없는 지경까지 이르러 휴학을 하게 되었습니다. 그때부터 아내가 직장도 그만두고 옆에 있어야 했습니다. 저와 아내와 딸은 기도 훈련과 목요일부터 시작하는 축출기도에 빠지지 않고 참석했습니다. 그때부터가 세상에 뻗어놓은 가지를 자연스럽게 자르는 시발점이 된 것 같습니다. 그리고 지금까지도 집, 회사 외에는 가급적 움직이지 않고 있습니다. 그렇게 기도를 시작한 후, 첫 번째로 정신이 돌아왔습니다. 1년이 안 됐던 것 같습니다. 거짓말처럼 행동이 빨라졌고, 사나워졌으며 식탐이 엄청났던 걸로 기억납니다. 그 당시 딸을 제어하기가 힘들었습니다. 정신은 돌아왔지만 행동은 비정상이었고 그로 인해서 목사님께 돌직구도 맞았습니다. 아니나 다를까, 얼마 유지도 못 하고 혼자서 아무것도 못 하는 이전의 상태로 돌아왔습니다. 그럴수록 저의 기도는 더 간절했던 것 같습니다. 특히 축출기도가 그랬습니다. 오기가 생겼습니다. 목이 쉴 정도로 예수 피를 외쳤습니다. 지금도 모 집사님은 제 옆에 오지 않습니다. 축출기도 할 때 너무 시끄럽다고(ㅎㅎㅎ). 그리고 한 해가 지나가고 기도훈련을 하면서 딸의 문제가 아닌 근본적인 저의 문제가 보이기 시작했고 그러던 중 딸이 두 번째로 정신이 돌아왔습니다. 그러더니 이번에는 공부해야 한다고 난리를 피우더니 3개월 정도 하다가 다시금 이전의 상태로 돌아갔습니다. 어이가 없었지만 실망하거나 낙담하지 않았습니다. 분명히 시간적인 간격과 반복되는 패턴을 통해서 저와 아내의 믿음을 테스트하는 것 같았습니다. 그럴수록 마음을 더 다지고 기도했습니다. 딸의 문제가 본질이 아니었다는 것을 두 번째로 딸의 정신이 돌아왔을 때 깨달았고 나를 변화시키려는 하나님의 계획이었음을 알게 되었습니다. 그리고 곧 몇 달 있다가 딸의 정신이 다시 돌아왔습니다. 그때는 다른 모든 것을 제쳐두고 딸이 스스로 기도하는 데 초점을 맞추었습니다. 몇 달이 흘렀고 이번에는 딸이 안정된 모습을 보이자 목사님께서 축출기도에서 빼주셔서 공부를 시작하라고 하셨습니다. 그러던 중 경험 삼아 한번 보라고 한 시험에 합격하여 수시로 지원한 집 근처 대학에 현재 1학년으로 다니고 있습니다.

영성학교에서 5년 이상 기도하신 분들 모두가 지금까지 제가 쓴 이야기를 눈으로 본 증인들이십니다. 저희 가정은 지금 화목해지고 있습니다. 제가 문제였고 딸을 통해서 하나님을 부르는 기도를 할 수 있게 되었으니 하나님이 뜻하시는 가정으로 구원의 통로로 사용되길 사모하여 기도하며 나아가겠습니다. 감사합니다.

❖ 08 ❖
하나님 껍딱지

_ 워너비 에녹

저는 경제적으로는 풍족하지만, 술을 드시면 엄마에게 폭력을 휘두르며 다른 사람으로 변하고 자녀들을 불안에 떨게 하는 아빠를 둔 다섯 남매의 막내로, 늘 어둡고 부정적인 생각을 달고 사는, 일찍부터 귀신이 접수한 명문가에서 태어났습니다.

집안에서 처음으로 교회를 나간 큰언니가 반주를 하는 동네 교회에 나가며 유년부 시절에 하나님을 알게 되었고, 그 뒤로는 교회를 떠났다 붙었다를 반복하며 세상일에 충실하고, 성실하게 직장생활을 하여 기업의 임원으로 승승장구하며 풍요를 누리고 살면서도, 늘 개인사는 막장 드라마였고, 마음은 가난하고, 정신은 황폐하여 이십대 초반에 뜨겁게 만났던 하나님을 늘 그리워하는 마음으로 갈급하게 찾았던 것 같습니다. 집회면 집회, 예배면 예배, 조금이나마 귀에 들어오는 설교를 하는 목사님이 있다 싶으면 주일에 서울은 이미 섭렵하고, 인천, 용인 등 경기 지방까지 다 떠돌며 다니다가 많은 목사님들에게 실망하기를 반복하며 매일을 거르지 않고 다니던 집 앞 교회의 새벽예배에서 어느 날, 진짜 하나님을 섬기는 목자를 만나게 해주세요 하는 기도를 전심으로 올렸던 기억이 납니다.

얼마 후 다니던 교회의 중보기도팀의 집사님으로부터 소개받은, 예언을 한다는 아산의 한 개척교회 목사 부부에게 제대로 미혹되어 6여 년간 전 재산을 다 바쳐서 가정교회를 하고, 목회자 부부를 지극정성으로 섬기며, 그중 2년은 다니던 직장도 그만두고 같이 땅밟기를 하러 해외를 돌아다녔습니다. 끌어 쓸 수 있는 모든 돈이 바닥나고, 서로에 대한 신뢰도 바닥을 칠 무렵 삯꾼 목사 부부는 제가 하나님이 찾으시는 예배자가 아니라는 카톡 문자 하나 남기고 떠났습니다. 그때 저는 세상 끝으로 내몰린, 그야말로 모든 것을 잃어버린 신용불량자 신세였습니다.

신앙생활 내내 그래왔던 것처럼 또 어디에 좋은 설교가 있다, 하나님이 계신 곳이다 싶으면 달려가듯 네이버 블로그에서 신 목사님의 칼럼을 보며 하나님께서 쓰시는 종이라는 생각을 하였고, 하루 종일 목사님 칼럼을 보기를 한 달여, 자유의 몸이 된 저는 2018년 봄에 차를 몰고 충주 영성학교를 처음으로 방문하게 되었습니다.

오랫동안 방언으로 매일 기도해왔으므로 기도 훈련에는 큰 의미를 두지 않았고, 귀신이니 문제 해결이란 말은 그 꼴을 하고도 내게 문제가 있다 생각하지 않았으니 별로 중요하지 않았고, 열심히 해야 영성학교에 다니게 해준다고 하니 열심히 하겠다고는 했지만 저는 그저 섬길 교회를 찾고 있었을 뿐이었으므로 정예용사니 하는 말은 귀에 들어오지도 않았습니다. 그런 말도 안 되는 상태로 2018년 3월 첫 주부터 기도 훈련을 시작하게 되었습니다.

모든 일을 성실하게 해왔듯 정말 열심히 한다고 했습니다. 둘째 주에는 구토가 나고 배가 음산하게 아파와서 영성학교 응급실에 앉아 축출기도를 받게 되었고, 지금은 집중하는 것이 중요한 것을 알지만 그때는 목으로 죽도록 예수 피를 치다가 성대결절에 목감기 약을 달고 살았습니다. 대장증후군이 있어 배는 아프고, 공동 화장실을 쓰는 것이 너무 괴롭고, 무엇보다도 그토록 많은 사람 가운데 끼어 일주일에 나흘을 불편하게 잠자고, 불편하게 먹고 하면서도 더 이상 갈 곳도, 할 일도 없었기 때문에 버텼던 것 같습니다. 지금 생각하면 오직 하나님의 은혜로만 가능한 일이었습니다.

기도한 지 두 달째, 파킨슨 진단을 받았던 엄마가 치매 증상으로 날이 갈수록 나빠지더니 급기야 전봇대에 얼굴을 박고 넘어져서 못 일어나는 일이 생겼으나, 기도가 먼저다 하나님이 해결하신다 하는 생각으로 모든 것을 뒤로하고 충주로의 이주를 결단하였는데 급기야 이사하기 전 주에는 아빠가 디스크 파열로 수술을 받는 일이 생겼습니다. 그래도 이사는 가서 왔다갔다 하든지 해야지 결심을 굳히며 횡설수설하는 엄마의 손을 붙들고 울며 예수 피를 치며 아빠 수술을 하고 병원을 다녔습니다. 중보기도를 특별히 하지는 않았지만, 늘 엄마 손을 붙들고 예수 피를 치고 앉아서 쉴 때도 끊임없이 예수 피를 엄마에게 들이붓는다는 생각을 하며 계속 하였는데, 이사 오기 전 어느 날 아침 엄마가 정상인이 되어 있는 기적이 일어났습니다. 할렐루야~!

　그 이후, 하나님이 제 삶에 허락하신 일들은 참으로 놀랍습니다. 하나님의 일을 하게 해주셨고, 모든 빚을 다 갚게 해주셔서 이제 면책이 되어 빚 없는 세상에서 살게 되었고, 대장증후군도 완전히 고쳐주셨고, 지체들은 믿지 못하시겠지만 찬바람만 스쳐가도 감기에 걸리고, 조금만 힘들어도 몸살이 나는 저질 체력이었던 저를 지난 겨울에도 감기 한번 안 걸린 건강한 몸으로 회복시켜주셨습니다. 수십 년간 여기저기 모시고 다니며 믿음을 갖게 하려고 애써도 안 되었던 엄마가 기도하고 계시고, 내 소유가 아니었던 것들이 내게로 돌아오는 기적도 일어나 누가 보기에도 참 저는 행복한 사람이 되었습니다.

　그러나 무엇보다 큰 기적은, 누구보다도 드높은 자기 의로 점철된 신앙을 가지고 있던 교만한 제가, 아직도 부족하다고 말하기도 부족하지만, 이 기도 훈련의 과정에서 드러난 저의 문제들로 내가 쓰레기라는 것을, 내가 먼지이고 아무것도 아닌 존재라는 것을 알아 자유해졌다는 것입니다. 이런 내가 어떻게 다른 사람을 손가락질할까 하는 생각이 절로 드는 것, 이런 더러운, 부족한 인간에게 자유의지를 허락하신 전능하신 하나님을 생각하면, 내가 다른 사람에게 내 방법이 옳다고, 이렇게 저렇게 하라고 할 수 있을까, 사람의 시선으로부터 자유하고, 물질로부터 자유하고, 무엇을 해도, 어떻게 해도 감사한 이 상태가 저는 너무나 행복합니다. 또한 천국 가는 문앞까지 따라붙을 이 원수 같은 악한 영의 존재, 정체와 활동성을 자세히 알게 되고 싸울 수 있게 된 것이 정말 감사합니다.

결국은 하나님께서 도와주시는 것이지만, 내가 맞다라는 생각을 늘 교묘히 넣어 주는 미혹의 영의 손아귀에서 벗어나는 열쇠는 결국 이들이 타고 들어오는 죄의 습성을 버리는 자기 부인에 달려 있고, 결국 자기가 죽어야 한다는 것을 머리로만 알았지 실제 영성학교의 기도훈련이 아니었다면 삶에서 행하지는 못하여 실제가 되지 못했을 것입니다. 아침에 눈을 뜨면 하나님 앞에서 하나님을 찬양하는 것이 가장 기쁘고 즐거운 일이 되었습니다.

> 이 백성은 내가 나를 위하여 지었나니 나를 찬송하게 하려 함이니라(사43:21).

이제 저에게 "하나님을 부르는 기도"는 하나님을 찬양하는 행위입니다. 이제까지 나를 위해 산 나를 부르셔서 하나님을 찬양하게 하신 내 주인, 내 상급, 나의 모든 것 되시는 하나님을 찬양합니다.

오늘처럼 싸우며 하루를 살아내고 하나님께 딱 붙어서 천국에서 영원히 같이 있기를 소망합니다. 할렐루야~!

이 기회를 빌어, 하나님의 도구 되어 이 모든 것을 가르쳐주시기 위해 이 길을 먼저 가시고, 힘든 싸움 같이 싸워주시고, 기도해주시고, 오늘까지 함께하시는 하나님의 사람들, 사랑하는 우리 신상래 목사님과 임영신 사모님, 네 분의 수석 코치님들께 특별한 감사 인사를 전합니다. 한 분 한 분 소중한 사랑하는 지체들에게도 감사합니다.

❖ 09 ❖

자아를 떠나서 하나님께로 가는 여정 가운데

_ 혹독과 끈기

여호와께서 아브람에게 이르시되 너는 너의 고향과 친척과 아버지의 집을 떠나 내가 네게 보여 줄 땅으로 가라(창12:1).

저희 가정은 2016년 6월 마지막 주에 영성학교를 처음 방문하게 되었습니다. 지금도 영성학교 첫 방문이 생생하게 기억납니다. 친구의 권유로 카페에서 칼럼들을 정독한 후 방문해야겠다는 마음이 들어서 친구가 가는 날에 제 차로 같이 가게 되었습니다.

비가 부슬부슬 내리는 금요일 오후, 자동차 내비게이션도 없는 2002년식 경차에 친구와 저 그리고 아이들 4명이 타고 출발했는데 제 폰이 배터리도 다 떨어지고, 길은 모르고, 어떻게 가야 할지 막막하던 중 친구가 가져온 친정 엄마의 2G폰으로 목사님과 통화하면서 길 안내를 받고 겨우 도착하였습니다. 1시간 30분이면 도착할 거리를 거의 5시간 동안을 헤매며 도착했을 때 안도의 숨을 내쉬며 포기하지 않고 끝까지 오길 잘했다 싶었고, 아이들이 한번도 짜증내지 않고 화장실 가고 싶다는 말도 안 하고 그 긴 시간 동안 차 안에 있었다는 것이 신기하기도 했습니다. 남편에게는 기도원에 가서 기도하고 오겠다는 문자 한 통 보내고 영성학교에서 1박후 다음 날 집에 갔는데, 남편은 뭔가 크게 잘못한 것을 인지했는지 눈물 콧물 쏟으며 찬송가 272장, 273장을 부르며 가족이 모여하나님께 회개하고 다시 하나님께 돌아가는 마음으로 남편도 자연스럽게 영성학교 기도 훈련에 참여하게 되었습니다.

　제가 영성학교에 오게 된 계기는 아들의 문제와 재정의 문제였습니다. 저희는 결혼 후 오랫동안 아기가 생기지 않아 교회에 가면 아기 달라는 기도만 했습니다. 그러다 6년 만에 아들을 낳게 되었습니다. 제가 그렇게 간절히 원하던 아기가 생겼는데 저는 오히려 하나님과 멀어졌고 내 방식대로 키우고 하나님은 형식적으로, 종교적으로 대했습니다. 아들이 유치원에 들어가면서 다른 아이들과 다르다고 검사를 받아보라는 권유를 받고 그때부터 심리치료는 종류별로 다 받았고 학교에 들어가서는 약을 처방받아 먹기 시작했습니다. 아들은 자기만의 세계에 갇혀 다른 사람과 소통이 되지않아 늘 혼자였고 많이 산만하고 부산하고 어디에 집중도 잘 하지못하고 자기가 관심 있고 좋아하는 것에만 집중하는 그런 아이였습니다. 기도 훈련이 시작되면서 약은 중단했고 그때부터 매주 금토일, 방학 땐 목금토일 부지런히 영성학교 훈련에 돌입하였습니다. 지금 생각해 보니 제 힘으로 그렇게 다녔던 것이 아니라는 게느껴집니다. 그러다 아들이 5학년 되면서 새 학기를 울산에서 시작하게 되었습니다.

환경이 바뀌면 귀신들이 기를 쓰고 기도하지 못하게 공격할 것이니 방심하지 말고 더 죽기살기로 기도해야 함을 누누이 들었음에도 그러지 못하여 넘어지기도 하고 하나님보다는 사람의 말에 두려움을 느끼다 보니 기도 훈련이 지지부진해지기도 했습니다. 그렇지만 다시 일어나 그런 외적인 환경을 보는 것이 아니라 내 중심을 하나님께 고정시키고 더 가난한 마음, 갈급한 마음으로 하나님의 이름을 부르며 하루하루를 지냈습니다. 지금은 중학교 2학년이 되었는데 그 흔한 중2병도 없이 부모님께 순종적이고, 기도하려고 하고, 말씀 보는 것을 중요하게 생각하고 매일 훈련하고 있으며 학교생활도 잘하고 있습니다. 자신이 몰랐던 부분을 알아가면서 공부에 대한 흥미도 생기고 수업시간에 아는 것들이 나오면 주저 없이 대답도 하고 수업의 흐름을 잘 따라가고 있습니다. 또한 "사람을 낚는 어부"의 꿈이 생겨서 특수교육을 전공하여 자신과 같이 어려움을 겪고 있는 아이들을 잘 돕고 그 아이들의 영혼을 하나님께 돌려드리는 일을 하고 싶다고 합니다. 그 일을 위해 기도하는 일과 공부하는 일을 게을리하지 않고 열심히 하고 있는 중입니다.

그 다음은 재정의 문제인데 저희가 인천에 살 때는 회사 사택에서 살았습니다. 그리고 전에 살던 집은 임대를 주고 그 돈으로 남편이 주식을 하기 시작했습니다. 처음에는 가진 돈에서 조금씩 하더니 점점 대범해지면서 주식만 전문적으로 대출해주는 곳에서까지 대출을 받아가며 어둠 속으로 빠져들었습니다. 다행히 영성학교 오는 시기에 맘몬의 영에 휩싸여 있던 자신을 인지하고 다 끝냈습니다. 저는 저대로 하나님이 안 계신 공허한 마음을 쇼핑으로 채우려 했기에 가정 경제가 많이 어려워져 있는 상태였습니다. 울산으로 내려오면 어떻게 살아야 하나 막막했지만 하나님께서는 다른 사람이 한번도 살지 않은, 그리고 저희 힘으로 살 수도 없는 새 집을 허락해주셨습니다. 또한 직접 보고 결정한 것이 아니라 서류상으로 산 집인데도 주위 환경과 출퇴근 거리 등 하나님이 하시는 일은 이렇게 완벽하구나 하는 것을 경험하게 되었습니다. 그리고 이사 오기 전 저희는 울산에 이사 오면 대출금으로 나가는 부분은 제가 일을 해서 충당해야겠다고 생각하고 왔는데, 사람의 생각과는 다르신 하나님께서 제가 일을 하지 않아도 생활이 잘될 수 있도록 해주셨습니다. 남편 회사의 규모도 인천보다 울산이 훨씬 더 커졌는데 만들어내는 제품이 모자라서 중국에 또 하나의 공장을 건설하게 되었고 환경 사업에 요긴한 제품들이다 보니 국가 정책 사업장으로도 선정되었다고 합니다. 탕자처럼 가진 재산을 탕진하고 영혼이 병들어 지옥을 경험하며 살다가 영성학교에서 가르치는 기도 훈련을 하고 삶이 송두리째 바뀌고 제 인생의 방향 전환이 확실하게 이루어졌습니다. 이것이 기적입니다. 그동안 어려운 고비도 있었고 넘어질 때도 있었지만 그때마다 포기하지 않고 더 가난한 마음으로 하나님을 부르게 되는 계기가 되었다는 생각이 듭니다. 지금도 예수님께서 흘러주신 보혈을 의지하여 날마다 한 걸음씩 주께로 나가고 있는 현재 진행 중에 있습니다.

❖ 10 ❖
의심에서 확신 그리고 변화로

_ 주-사랑

처음 목사님께서 기도 훈련 체험담을 쓰라고 하셨을 때 현재 저의 모습이 너무나 부족해 막막했습니다. 그러나 피할 수 없다는 생각에 하나님께 도우심 구하고 몇 자 적어봅니다. 기도 훈련에 관심 있으신 분들께 조금이나마 도움이 되기를 소망합니다.

† 영성학교에 대한 의심

우연한 기회에 목사님의 칼럼을 읽었습니다. '하나님만 부르면 된다고? 이단의 한 종류인가?' 같은 의심이 들었지만 호기심이 생겨 다음 카페의 다른 글들도 읽었습니다. 시간이 꽤 지난 일이라 정확히 기억나지 않지만 귀신 이야기가 가장 믿기지 않았던 것 같습니다. 또 하나님만 계속 부르는 기도가 어색하고 제가 그동안 기도드렸던 것과 달리 하나님의 이름만 간절히 부르는 기도가 맞는 방법인지 의심이 불쑥불쑥 올라왔습니다.

† 확신

그러나 다음 카페에서 목사님의 글 대부분을 읽으면서 목사님께서 어떻게 하나님께 매달리면서 이 기도를 시작하셨는지, 어떻게 귀신을 알게 되셨는지가 자연스럽게 이해되었습니다. 또한 목사님의 칼럼이 성경 밖으로 벗어나지 않고 목사님께서 죄를 지적하시고 회개를 촉구하시는 것이 하나님 뜻과 일치한다고 생각했습니다. 무엇보다도 목사님 스스로 회개에 힘쓰신다는 것이 확신에 더 가까이 가게 만들었습니다. 마지막으로 하나님을 부르는 것은 집중해서 하나님을 온전히 찾고 의지하는 것과 동일함을 알게 되었고 살아 계신 하나님께서 하나님을 간절히 찾는 사람을 내버려두지 않으실 거라는 생각이 의심을 사라지게 만들었습니다.

† 삶의 변화

기도 훈련을 받기 전에는 가까운 가족마저도 미워하고 무시하였으며 밖에서는 좋은 사람, 집에서는 신경질적이고 제 기분대로 행동하는 사람이었습니다. 기도를 하면서 죄로 생각하지 못했던 것들이 저의 죄로 보이게 되었고 하루에도 계속 방금 무슨 죄를 지었는지 떠오르고 회개하게 되었습니다. 그러면서 상대방의 입장에서 생각해보는 일들이 점차 늘었으며 이제는 하나님의 성품을 닮아 하나님께서 곁에 두고 싶으신 사람이 되는 것이 저의 목표가 되었습니다.

예수님 보혈과 그 은혜에 대해서 영성학교에서 많은 가르침을 주셨습니다. 저는 그동안 오래 교회생활을 하면서 예수님께서 사람들을 구원하기 위해 돌아가심이 너무나 당연했고 '나를 위해서' 고통을 당하심을 절절하게 감사한 적이 많지 않았습니다. 그런데 이

기도 훈련을 거치면서 예수님께서 저의 죄 때문에 모욕을 당하시고 십자가에 못 박히시고 채찍질 당하시고 피 흘리셨음이 마음 깊이 다가왔습니다. 제가 체면, 인간관계, 목숨을 다 버리고 누군가를 위해 십자가에서 피 흘릴 수 있는지 생각해보면 이는 너무나 어려운 일이고 반대로 저의 가족이나 친구가 저 때문에 피 흘려 죽는다면 남은 생애 그 사람만 생각하면 애끓는 마음으로 슬퍼하고 감사하며 살 것입니다. 기도 훈련 중인 지금 예수님이 막연하게 기독교의 성인이 아니라 저의 영혼을 위해 모욕과 고통 끝에 생명을 잃으셨음이 지식보다 마음으로 느껴집니다. 그리고 이는 만물의 주인이신 하나님께 돌려드릴 것이 없는 제가 제 마음과 삶을 드리고 싶게 만드는 이유가 되었습니다.

마지막으로 하나님과 계명을 대하는 저의 태도가 바뀌었습니다. 몇 가지 사실을 코칭과 성경, 기도를 통해 머리로 알고 마음으로 깨닫는 과정으로 변화가 이루어졌습니다. 첫째로 하나님께서 싫어하시는 일들이 모두 죄이고 하나님의 계명을 인간이 할 수 없는 일이라 치부해버림이 하나님을 기만하는 큰 죄라는 것입니다. 탐욕은 우상숭배라는 것(골3:5), 여자를 보고 음욕을 품는 자마다 마음에 이미 간음한 것(마5:28) 등 하지 말라고 하신 것들이 성경에 분명하게 쓰여 있습니다. 항상 기뻐하라 범사에 감사하라 쉬지 말고 기도하라(살전5:16~18)와 같이 하라고 하신 것들 또한 그렇습니다. 그러나 어떻게 인간이 다 지킬 수 있느냐며 합리화하고 말씀을 읽어도 '내가 꼭 해야 할 일'이라는 생각이 들지 않았습니다. 그런데 기도 훈련을 받으며 제가 하나님 말씀에 주의하지 않고 하나님을 무시했다는 사실을 머리로 알고, 기도 후 말씀을 읽으면서 계명에 순종함이 저의 의무라는 것이 분명하게 다가왔습니다. 그리고 율법주의자 바리새인처럼 하나님을 사랑하는 마음 없이 자기 의를 쌓지 않도록 주의했습니다. 동시에 이미 저의 약함을 아시는 하나님 앞에서 실패하면 회개하고 기쁘지 않다면 억지로 웃어보려 하고 발버둥 치면서 분명 하나님께서 도와주시리라는 마음을 품고 나아갔습니다. 둘째로 살아 계신 하나님을 찾지 않는 것은 하나님을 무시하는 행위이며 '나 혼자 잘살 수 있다. 내 힘으로 해낼 수 있다'와 같은 교만한 마음에서 비롯된다는 사실입니다. 저는 체력적으로, 환경적으로 힘들어지면 금세 마음이 건조해지고 그 상태에서 남을 미워하거나 마음대로 판단하는 등 죄로 빠르게 달려가는 사람입니다. 제 힘으로 내 마음과 육체, 환경을 다스릴 수도 없으면서 하나님은 깡그리 잊어버리고 눈앞의 일에 급급했던 적이 한두 번이 아니었습니다. 그런데 이런 모습은 살아 계시고 전지전능하신 하나님을 의심하는 것이라는 것을 알고 난 후 부정적인 생각과 싸우려고 애쓰고 하나님께 도우심을 구했습니다. 사실 그러면서도 평안을 누리기 힘든 적이 많았습니다. 최근에 체력적으로 몰려 건조한 마음으로 걱정과 싸우는 일이 있었습니다. 그 때 예수님의 멍에, 평안 등이 생각나면서 예수님처럼 하나님을 의지하고 순종하지 않고 짐을 스스로 지고 있음을 깨닫게 되었습니다. 그리고 하나님을 부르고 하나님께 의지하며 순종하는 일이 하나님께 제 짐을 맡기는 일이라는 것과, "하나님~" 하고 하나님 찾는 기도가 특권이라는 것이 마음에 다가왔습니다. 이제 날마다 저의 짐을 하나님께 드리고 하나님을 제 삶의 주인으로 모시는 것을 글로 써서 붙여놓고 매일 다짐하려 합니다. 아직 하나님께서 원하시는 모습에 비하면 매우 모자라고 보잘것없지만 언젠가 하나님 나라에서 하나님 손을 잡을 날을 기다리며 나아가겠습니다. 지금까지 저를 이끌어주신 여호와 하나님, 성령님, 예수님, 영성학교의 목사님, 사모님, 코치님들께, 함께 훈련 받으면서 도전과 위로를 주시는 훈련생 분들께 감사드립니다.

영성학교 가정중심교회 사역의 행복한 수혜자

_ 찬영아빠

　어릴 적 삼남매는 악한 영에 의해 무참히 찢겨진 결손가정에서 조부모의 손에 자랐습니다. 극심한 경제적 결핍으로 삼남매는 초등학생 때부터 새벽 신문배달을 해야 했고, 알코올중독, 방임, 학대, 왜곡된 정서학습, 걱정, 염려, 원망, 불평, 열등감 등의 부정적 생각과 감정 속에 영혼은 병들었습니다. 틱 증상, 음란, 폭력성, 도벽, 거짓말, 게임중독, 무기력, 의지박약, 무책임, 회피, 비교의식, 인정욕구, 자기연민, 변명, 합리화, 늘 혼자라는 외로움 등 이루 말할 수 없는 죄악으로 가득한 채 그런 자아를 인지조차 하지 못하고 믿음 좋은 교회 청년인 줄(중고등 임원, 청년회장, 청년부간사 등) 스스로 믿고 아내도 속아서 결혼생활을 시작했으니, 이런 저로 인해 생긴 아내와 아이의 고통을 어떻게 말로 표현할 수 있겠습니까?! 동생들은 남이 되었고, 부모님께는 찾아가서 따지기라도 할 감정조차 없었고, 할머니는 지병 속에 쓸쓸히 앓게 내버려둔, 사랑이 무엇인지 1도 모르는 죄인입니다. 아내는 임신을 했는데 다니던 좋은 직장을 팽개치고 목회를 하겠다고 불길 속으로 자초해서 들어가 분윳값도 없는 경제적 어려움을 자초했고 신대원에 들어가 전도사가 되어서는 청년들을 이끌고 밤마다 PC방으로 문화전도(?)를 떠나 새벽까지 피 터지게 온라인 전투를 벌였고 임신한 아내가 PC방으로 찾아와 끌고 갔던 전도사였습니다. 어릴 때부터 다녔던 기존 교회에서는 전도사로 있으면서 돈으로 돌아가는 교회생리를 이해하지 못하는 바보 소리를 들으면서도 이 상황이 얼마나 초라한지, 아내는 내 옆에서 얼마나 힘겨워하고 있는지, 아이는 앞으로 얼마나 저주스런 환경에서 고통받아야 하는지 등 치명적인 미혹의 영의 덫 앞에서 내 힘으로는 아무것도 할 수 없다는 것을 영성학교에서 기도 훈련을 시작하기 전까지 전혀 알 수 없었습니다.

2015년 중순 신대원 1학기를 마칠 즈음 아내는 아들을 출산하고 어려운 상황에서 쉰목사님 칼럼을 읽으며 남몰래 기도를 하고 있었습니다. 비참한 현실 앞에서 아내는 스리슬쩍 목사님 칼럼을 저에게 들이밀었고 칼럼을 접할 때마다 마음의 견고한 벽이 조금씩 허물어짐을 느꼈습니다. '왜 이렇게 고통스럽게 살아야 하는지, 기존 교회가 어떻게 속고 있는지, 대다수 목사들의 속내가 뭔지' 등 당시에 궁금해하던 물음들에 대한 명쾌한 설명을 보면서 조금씩 신뢰를 가지게 되었습니다. 그렇게 칼럼을 접한 지 얼마 되지 않아, 오랫동안 다녔던 교회를 박차고 집도 옮기며 기도 훈련을 시작할 수 있는 마음을 저희 부부에게 주셨습니다. 부산에서 충주까지 경차 타고 오가기를 한 달, 분윳값도 기름값도 없는 상황에 영성학교에서는 그런 사정을 알고 경비를 지원해주시며 따뜻하게 훈련을 독려해주었으며 하나님께서 열어주시는 환경 속에 기도 훈련을 지속할 수 있는 은혜를 경험하였습니다. 3개월 정도 기도 훈련을 받는 중에 저는 자그마한 직장을 얻게 되었고 하나님께서 그 직장 소득이 다소 적다고 생각하셨는지 관련법을 바꾸시며 국가에서 지정한 임금 수준을 보장받을 수 있게 해주셨습니다.

그렇게 3년을 기도 훈련 받으며 주변 환경은 좋아졌지만 아이를 사이에 두고 아내와의 첨예한 대립과 갈등 속에 항상 귀신들의 이간질을 받아들였으며 저는 어린 시절의 불행했던 경험을 투영하여 미혹의 영의 소리를 듣고 아이의 기도 훈련과 양육을 교묘히 방해하였고 때로는 아이가 엄마 말을 안 듣는 것이 내심 좋다고 여기며 '아내가 분명히 잘못이 있으니까 아이가 저렇지' 하며 미혹의 영의 생각을 받아들이며 위선적으로 기도 훈련을 하였습니다. 그런 상황에서 영성학교에서 자기부인 팁으로 '예수 보혈의 사랑! 바로 그 사랑으로 하나님을 사랑하고 아내를 사랑하게 해주세요.' 마음으로 절박하게 하나님을 찾고 부르던 중 지금까지 내가 사랑이라고 여기며 행했던 것이 자기중심적인 사랑, 미혹된 내 자아가 속은 사랑이었음을 가슴으로 깨닫게 해주셨습니다. 몇 달간 회개의 고백 속에 많이 울며 아내에게 용서를 구했으며 마음속에 '내가 하고 싶은 대로의 사랑 말고! 내가 할 수 있는 사랑 말고! 내가 경험한 사랑 말고!' 아내가 바라는 작은 일과 요구에 즉시 순종하는 태도를 가지는 것에 큰 기쁨을 느끼게 해주셨습니다. 그리고 '나는 이렇게 해줬는데…'라는, 보상이나 대가를 바라지 않는 마땅한 사랑, '자아를 꺾고 사람에게 순종함은 하나님께 순종하는 것과 같다'라는 깨달음과 그에 따르는 행함, 문제를 뿌리까지 뽑지 않고 가만히 덮고 있는 자아를 발견하여 쳐내고 아이의 훈련과 양육에서 이제는 같은 마음으로 하기 위해 애쓰는 것을 행복하게 해주셨습니다. 하나님을 사랑하는 것은 이웃, 가장 가깝게는 아내를 사랑하는 것이었습니다. 아내와 사랑하고 한마음 되기를 훈련하면서 아이보다 아내를 더 사랑하는 질서가 잡혀갔고 아이에게도 왜곡된 내 경험적 사랑이 아니라 자연스럽게 영성학교의 가르침대로 기도 훈련과 양육을 하게 되었고 아이도 그 안에서 혼란하지 않고 엄마와 아이 관계도 서로 신뢰하고 좋아하는 관계로 변화됨을 경험하게 되었습니다. 결국 내가 미혹의 영의 소리를 다 듣고 그 형통한 길을 다 막고 있었음을 깨닫고 이제는 자기중심적인 주장을 버리고 아내와 긴밀히 의논하며 영성학교를 통해 가르쳐주신 성경적 원리를 우리 가정에 맞게 적용하고 있습니다.

저의 아킬레스건과 같은 아이 문제를 통해 내 자아가 얼마나 흉악하고 악취가 나는지, 역겹고 견딜 수 없는 더러운 자아를 인정하지 않을 수가 없었습니다. 때로는 자기부인의 과정에서 분노가 치밀어올라 집을 뛰쳐나가기까지 하며 역겨운 자아와 싸워야 했지만 항상 예수 피, 그 사랑이 버팀목이 되어 그 피에 서려 있는 측량할 수 없는 놀라운 사랑, 마음을 변화시키는 능력을 경험하며 결코 예수 피를 놓치지 않게 하나님께서 꽉 붙잡고 계심을 경험하고 있습니다. 죄로 인한 부정적 감정의 쓰나미와 쉽게 어두워지는 마음은 예수 피로 즉시 마음과 생각 바꾸기 훈련을 받으며 점차 밝아졌으며 그런 공격이 오면 자괴감 느끼고 앉아 있느니 얼른 예수 피로 회개하고 괴로운 마음에서 즉시 돌아서서 항상 기뻐하고 감사하고 쉬지 말고 기도하라는 명령을 빠르게 선택하면서 끝없는 부정적 감정의 블랙홀을 탈출할 수 있는 노하우를 알게 해주셨습니다. 특히, 나는 항상 불행하다고 여기며 은근슬쩍 이유도 모르게 어두워졌던 원인이 '과거 힘들었던 어린 시절에 왜 하나님이 너를 도와주시지 않았지?! 너는 사랑받을 자격이 없는 죄인이야!'라는 마귀의 미혹 공격을 끊임없이 받아들여 하나님을 원망하고 불평하고 있었기 때문인 것을 알고 '나의 불행했던 어린 시절에도 하나님께서 나를 사랑하셨구나! 나를 불행하게 만든 건 하나님이 아니라 바로 너 마귀였구나!' 하며 싸우기 시작하였습니다. 그리고 그 어릴 때부터 죄를 좋아하고 선택한 나의 죄성 때문에 마귀가 주인 노릇을 했음을 가슴 깊이 회개하면서 하나님께 대한 원망과 불평의 마음도 말끔히 사라지는 것을 경험하였습니다. 최근에는 사실상 남같이 지냈던 여동생이 남편과 아이와 함께 기도 훈련을 하게 되었습니다. 이 얼마나 놀라운 은혜인지요! 이보다 더 좋은 선물이 없음을 하나님께 영광을 드립니다. '무정함'이라는 무자비한 눈으로 원가족을 바라보았던 저의 눈은 예수 피, 그 사랑의 눈으로 가족을 보게 해주시고 어머니에게 용서의 마음을 전하고 나눌 수 있었으며 이부동생도 가족으로 받아들이게 되었습니다. 돌아가신 아버지께도 직전에 하나님을 부르는 기도, 예수 보혈의 사랑을 전할 수 있었고 이러한 하나님의 인도하심을 감사드립니다.

❖ 12 ❖

따라가겠습니다

_ 꼬마인디안

제가 오랫동안 다니던 교회에서는 새 신자가 들어오면 자리에서 일어서게 했고 신앙고백을 따라하게 하였습니다. "하나님, 저는 죄인입니다. 어디서부터 와서 무엇 때문에 살며 어디로 가는지 알지 못하고 방황하며 지냈습니다…(중략)…이제 하나님의 자녀가 되었습니다. 저를 구원해주시니 감사합니다" 하며 박수를 치고 자리에 앉습니다. 이 고백에 고개가 끄덕여지지 않았고 나도 새로 온 이들과 다르지 않은데 나도 일어나고 싶다는 생각과, 창피하니까 그냥 있자, 일어나서 뭐 어떡할 건데 하는 등 여러 가지 마음이 혼합된 채 교회생활을 하였습니다. 그러다 그 고민이 서서히 잊혀졌습니다. 아이 둘을 키우고 회사일이 바쁘고 해외출장이 잦은 남편과 살면서 내 안에서 믿음의 가정을 만들어야 한다는 일념으로 첫째 아이에게 교회생활, 말씀 암송 등을 시키며 수요예배, 금요철야, 구역예배를 성실하게 하고 있었습니다. 그런데 그러면 그럴수록 더욱 곤고해지고 메말랐습니다.

그러다가 쉰목사님 칼럼을 접하게 되었고 목사님 기도 훈련 신청 글에 '누가 압니까? 하나님이 당신을 불러주셨을지?' 하는 글을 보고 기도 훈련을 시작하게 된 지 벌써 오랜 시간이 흘렀습니다. 처음 큰일이 오고 난 후 저한테 밀려오는 것은 조급한 마음이었습니다. 당시에는 위로를 받아도 힘들었고 위로를 안 해주면 그것은 그것대로 힘들어했습니다. 또한 이 상황을 피하고 도망가고 싶었습니다. 그것이 진정한 저의 진짜 모습이었습니다. 저는 결정을 해야만 했습니다. 계속 조급한 마음으로 내가 나서며 행동하든지, 아무도 없는 곳으로 도망가든지 하나님 앞에서 나와 승부를 봐야만 했습니다. 코치님과 교수님, 목사님은 하나님의 마음에 대해서 계속 얘기하셨습니다. 하나님을 사랑하려면 내 가까운 이웃, 가족을 사랑해야 한다. 그제야 하나님의 마음을 모르고 뜻도 모르고 오랜 기간 하나님만 불러온 나를 회개했습니다. 그리고 마음을 다하고 뜻을 다하는 게 무엇인지 알려달라고 하고 내 속에 남편을 미워하는 마음, 친정 식구들을 향한 내 감정, 생각, 연민 등…. 하나님, 다 하나님께 드릴게요. 그리고 이제부터 하나님이 어떤 마음을 가지고 계신지 내가 어떤 마음을 품길 원하시는지 말씀에서 보여주세요. 그대로 할게요.

처음 기도한다는 생각으로 머리 새까맣게 기도하라는 코치님의 코칭대로 시작했습니다. 그렇게 하지 않으면 생각이 저를 점령하고 내 맘이 저절로 되지 않아서 억지로라도 했습니다. 어느 날 십자가를 가슴에 품고 나를 따라오라는 예언말씀을 보고 죽어라 나를 바꾸기 시작했습니다. 사복음서 처음부터 읽고 예레미야를 읽으면서 제가 하나님과 다른 마음을 품었다는 걸 알게 되고 제 안에 많은 것들이 있다는 것을 알게 되었습니다. 하나님만 불렀지 내 안의 나는 하나도 부서지지 않은 상태였습니다. 세례 요한이 회개하라고 외쳤을 때 사람들이 어떻게 해야 하냐고 묻는 대목이 누가복음에 나옵니다. 세무원들은 어떻게 해야 하는지, 군인들은 어떻게 해야 하는지… 저는 한 남편의 아내이고 아이들의 엄마인데 나는 무엇을 해야 하는지, 하나님 앞에서 되묻고 또 되물으며 하나님을 사랑하고 싶고 하나님 마음 알고 싶다고 했습니다. 그러면서 제가 식구들의 아침도 제대로 챙겨주지 못하고 있다는 걸 알게 되었습니다. 바로 회개하고 식구들의 아침을 챙겨주기 시작했습니다. 또 남편의 조언이 듣기 싫은 나를 파헤치면서 알게 된 건 미혹의 영은 나에 대해 짚어주고 직시하는 것을 싫어하는 걸 알았습니다. 또한 그 안에 시기와 질투가 깔려있음을 알게 되었습니다. 그래서 회개하고 조언해주는 대로 고마워하고 실행했습니다. 내 안의 못된 마음(남편이 나를 가르치는 게 못마땅하고 '나도 나 혼자 할 수 있어' 하며 그 안에 하나님이 세워놓으신 머리를 무시하려는 속내)을 예수 보혈로 없애며 나를 바꾸려고 했더니 남편이 나를 사랑하고 아껴서 알려주는 것이었음을 알게 되었습니다. 같이 기도 훈련 하는 남편의 행동과 말투를 하나님 앞에서 이거 싫다, 저거 싫다 일러바치고 고쳐달라고 떼쓰다가 결국 태초에 하와가 뱀 탓을 했던 것처럼 남 탓을 하는 모습이 내 안에 있음을 알게 되었습니다. 내가 원하는 모습으로 남편이 사랑해주지 않으면 의심하고 오해하고, 절대적으로 이기적인 사탄의 본성이 나에게 있음을 알게 되었습니다. 난 어쩔 수 없는 죄인이라는 것을 알게 되어 울며불며 회개하고 하나님이 원하시는 대로 남편을 돕는 진정한 배필이 되겠다고 다짐하며 작은 것부터 도우려고 합니다. 내 마음이 돌짝밭, 가시밭이었을 때는 그 어떤 조언도 들어오지 않았는데 내 맘이 바뀌고 나니 모든 조언들이 귀하게 들어오기 시작했습니다. 남편과 회복이 되면서 말하며 풀지 않아도 서로를 깊이 알아가고 이해하며 참아주고 끝까지 신뢰해야 하는 것이 사랑임을 배우고 있습니다. 남편과 아이들을 보며 '왜 저래?' 하며 남을 향했던 눈과 어떻게든 남편을 고쳐보려고 했던 내 생각과 늘 남 탓을 했던 나의 모습들, 진심을 보려 하지 않고 겉모양만 보려는 나의 모습들, 처음 나를 볼 때 추하고 싫어서 드러내기 싫고 도망가고 감추고 싶었습니다. 드러날 때마다 마음이 찢어지게 아프고 아팠는데 그 과정을 거쳐야 예수 보혈 앞으로, 빛으로 나아가게 됨을 알게 되었습니다. 매일 실수투성이에 넘어짐의 연속이지만 또 오뚝이같이 일어나 하나님만 부르며 솔직하게 내 안에 나를 보고 바꾸는 것이 훈련임을 알았습니다. 목사님과 사모님, 코치님들이 먼저 본을 보이신 삶을 통해 처음부터 다시 하고 있습니다. 서로 모습도 다르고 성격도 다르고 자라온 환경도 다르지만 하나님을 부르는 우리는 하나님 안에서 하나임을 알고 내 안의 나를 없애며 서로의 연약한 부분을 돕는 지체임을 알게 되었습니다. 성경에 조목조목 믿음의 선진들의 잘한 것만이 아니라 잘못과 실수까지 진술하고 솔직하게 모두 기록해놓으신 하나님의 섬세한 손길에 감사와 찬송을 드립니다.

육도 살리시고 영도 살리신 하나님

_ 예수 보혈공로

하나님을 부르는 기도를 통하여 죽었던 육과 영을 살리신 하나님께 감사드립니다. 저는 젊을 때부터 귀신들이 몸을 여기저기 많이 아프게 했는데, 그때는 그것이 귀신의 소행인지 알지 못했습니다. 병원에 가도 차도가 없어서 한 번씩 심하게 아플 때는 오산리 기도원에 가서 사흘씩 금식을 하고 내려왔습니다. 그러던 어느 날은 두통과 어지럼증이 심해지면서 제가 생각해도 이상한 행동을 하기도 했습니다. 그리고 나서 계속 혼미한 상태로 살아갔고, 무슨 연체동물도 아닌데 머리 쪽이 꺾이면서 엉덩이에 닿는 기이한 행동을 하기도 했습니다. 하지만 이런 현상이 정확히 무엇인지도 모른 채 몸이 아프면 병원에 가고 그래도 안 되면 금식 기도를 하면서 세월을 보냈습니다.

교회 생활은 항상 순종하는 태도로, 모든 행사에 참여하며 봉사 일에도 적극적이었습니다. 그러던 중, 딸이 다니는 교회로 옮기면서 순탄치 않은 일들을 직면하게 되었습니다. 그 교회가 성전을 건축한다고 하기에 살던 아파트에서 최대한 담보 대출을 받아 그 금액을 빌려주게 되었습니다. 그런데 교회에서는 홍모 전도사의 말에 휩쓸려 전쟁이 난다는 불안에 떨며 일부 교인들을 데리고 필리핀으로 도망을 갔습니다. 그래서 하루아침에 집이 날아가고 빈털터리가 되고 말았습니다. 그곳 상황을 대충 정리하고 다른 곳으로 이사를 왔지만 그때부터 잠도 안 오고 눈물이 나오면서 심한 우울증이 드러나게 되었습니다. 그 당시에는 나의 부정적인 생각이 죄인 줄도 모르고 계속 '죽어야겠다, 이렇게 사느니 차라리 죽고 싶다'라는 생각에 사로잡혔습니다. '그래, 죽자. 내가 스스로 죽으면 지옥 가는데… 누가 죽여줬으면 정말 좋겠다.' 이런 생각을 하며 하루하루를 보냈습니다.

그러다가 영성학교를 다니는 딸이, 우울증이 심한 사람이 영성학교 다니면서 그 병이 나아서 잘 웃고 이야기도 잘한다고 얘기를 했습니다. 그래서 죽더라도 영성학교에 한번 가보는 게 좋을 것 같아서, 딸과 함께 영성학교에 가게 되었습니다. 처음에는 금요일에 갔다가 토요일 축출기도 끝나고 집으로 와서 주일날은 기존 교회를 다녔는데, 3개월쯤 지나자 제 안의 귀신들이 정체를 드러내게 되었습니다. 그래서 이 기도에 더욱 매진하여 귀신을 뽑아야 하겠기에 다니던 교회를 정리하고 계속 영성학교에 와서 기도하며 훈련을 받게 되었습니다. 하나님을 부르며 기도한 지 2년 정도 됐을 때는 재정의 문제를 기적적으로 해결해주셨습니다. 그래서 건축헌금 대출로 인해 잃어버린 물질보다 더 많이 회복시켜주셔서, 노후에 돈 걱정 없이 살게 되었습니다. 할렐루야!

영성학교 훈련이 1년 지나면, '아… 죽을 내가 1년을 더 살았구나.' 2년이 지나면, '아… 2년을 더 살았구나.' 그러면서 힘닿는 대로, 육도 살고 영도 살기 위해 내 몸을 아끼지 않고 온 힘을 다해 기도합니다. 일상의 삶에서도 어디서든지 기도하며 하나님 마음에 드는 사람이 되기 위해 마음을 다 쏟고 있습니다. 지금은 남편 장로님과 함께 가정에서 매일 축출기도를 하며, 기도와 찬양을 하고 말씀 가운데 생활하고 있습니다. 죄인인 저를 살리시려고 신 목사님을 훈련시키셔서 영성학교를 세우신 하나님께 감사를 드리고 영광을 올려드립니다. 목사님, 사모님, 코치님들 감사합니다. 영성학교 식구들과 함께 하나님을 부르는 기도를 할 수 있어서 감사합니다. 그리고 사랑합니다.

✥ 14 ✥
늪에서 건져주신 하나님

_ 선한도구

'나중에 커서 하나님을 잘 믿고 싶다!' 하나님을 몰랐던 어린 시절 어디서부터 왔는지 모를 그 마음! 하지만 어른이 되고 결혼을 하고 감당할 수 없는 고난이 오고… 그때서야 생각난 하나님! 그런데 그 하나님은 어떤 분인지, 어떻게 만나야 하는지 아무도 가르쳐주지 않았습니다. 그래서 눈치껏 교회에서 칭찬받는 사람들을 따라 나도 칭찬받는 신앙생활을 하며 자기 의와 자기만족으로 성실하게 열심히 신앙생활을 할 즈음, 장로님, 권사님이신 시부모님을 자랑스럽게 생각하며 믿음의 명문 가문을 만들기를 소망하며 시부모님이 섬기시는 남편의 고향인 시골 작은 교회에서 제2의 인생이 시작되었습니다. 그런데 어린 시절 하나님을 잘 믿고 싶었던 그 마음으로 하나님을 만나 찬양하고 깊이 교제하기를 원하는 저의 소망은 교회에서는 마치 어울리지 않는 사치처럼 여겨지고, 젊은 사람이 없는 시골 작은 교회에서 저는 혼자서는 감당하기 벅찬 여러 개의 봉사와 빠질 수 없는 예배 출석, 재정 담당이신 시아버지의 눈치를 보지 않을 수 없는 헌금생활… 마치 교육전도사나 부목사인 것 같은 착각이 들 정도의 일주일의 삶과 신앙생활, 해마다 늘

어나는 교회봉사로 마치 빠져나오려고 허우적거릴수록 더 깊이 빨려들어가는 깊은 늪에 빠진 기분으로 몸도, 영혼도 지쳐가고 있었습니다. 주일에 모든 순서를 마치고 집에 돌아오면 기쁨과 평안함은 고사하고 피곤함과 지침, 곤고함에서 오는 짜증과 분노 등을 가족에게 고스란히 퍼부으며 '이건 아닌 것 같다, 이건 아니지' 하는 영적 갈급함으로 지쳐 있었습니다. 교회에서는 목사님 마음에 쏙 드는 일꾼, 시부모님의 어깨를 으쓱하게 해주는 믿음의 며느리로 '너무 잘하고 있다. 천국에서 상급이 클 것이다'라는 메아리만 들려올 뿐 그 어디에서도 제 문제의 답을 알 수가 없었습니다.

왜 열심히 하면 할수록 마음은 건조하고 하나님을 닮은 모습이 아닌 짜증과 분노와 억울함, 서러움, 판단과 정죄하는 마음들만 가득할까 하는 문제로 괴로워할 무렵 영성학교를 알게 됐습니다. 죄에 대한 칼럼을 처음 읽고 정신이 번쩍 들었고, 그동안 저의 궁금증의 실마리를 찾게 되어 망설일 이유가 없이 카페에 가입을 하고, 기도 코칭을 받고 싶다는 문자를 드렸습니다. "무슨 문제가 있습니까?" 목사님의 질문에 "제 영이 살고 싶습니다~"가 저의 대답이었습니다. 그날부터 저는 기도 훈련을 시작했습니다. 그렇게 하나님 부르는 기도를 하면서 기쁨과 평안을 알게 되고, 성경 속에만 계시던 하나님을 살아계신 하나님으로 영성학교에서 매일 경험하면서도 교회를 나오면 마치 큰일을 저지르는 것 같고, 더군다나 '시부모님과 함께 다니는데 시부모님의 얼굴에 먹칠을 하면 안 되는데…' 등의 온갖 두려운 생각으로 결단을 하지 못하고 갈팡질팡하고 있을 때 하나님은 기적적으로 저를 그 늪에서 건져주시고 참된 자유를 주셨습니다. 할렐루야~!

　어린 시절 저는 하나밖에 없는 아들이 3살 수준의 정신지체 1급이라는 사실로 늘 눈물을 흘리시던 엄마와 마치 남의 일인 양 무뚝뚝하신 아버지… 다른 세 자녀만큼은 부모님의 근심이 되면 안 되고 남들이 보기에 반듯해야 한다는 분위기에서 성장하며 밝지 못하고 어두웠으며 자기연민, 서러움, 원망, 낙심, 절망, 비교의식, 무정함, 원통함을 풀지 않는 등의 감정을 가지고 늘 다른 사람의 시선을 의식하며 사는 것이 당연한 것이었습니다. 가정 단위로 공격하는 귀신들은 부모님 세대를 거쳐 저 또한 아들을 그렇게 양육하고 있었고 동생들의 가정도 마찬가지였습니다. 저는 남동생으로 인해 속상하고 힘든 부모님께 제 속마음을 한번도 털어놓은 적이 없었는데 늘 입을 꾹 다물고 눈물만 뚝뚝 흘리는 아들의 모습이 제 모습이어서 화가 나고 마음이 아프고, '하나님 믿는 가정은 이게 아니야… 뭐가 문제지?' 그런데 어떻게 해야 하는지 몰랐습니다. 그래서 더 철저하게 내 기준이 당연히 하나님도 기뻐하시는 기준이라고 믿으며 저는 끼가 많은 아들을 어떻게든 휘어잡아 사람들에게 칭찬받고, 하나님이 기뻐하는 자녀로 양육한다는 명목 하에 사사건건 "NO! NO!"를 외치며 숨도 못 쉬게 했습니다. 믿음이 연약하다는 판단으로 남편에게도 그 기준은 그대로 적용되었습니다. 그렇게 적지 않은 시간 하나님을 부르면서도 여전히 하나님 앞에서 사람 눈치 보는 것이 먼저이고, 성실하고 열심히 기도하는 모습 속에 꽁꽁 감추어진 속사람은 여전히 변화가 없고, 문제 앞에서는 하나님과 직접 대면하여 해결해나가기보다 목사님, 코치님들을 먼저 찾는 저를 보며 이제 더 이상은 안 되겠다는 심정으로 그동안 들었던 코칭과 말씀을 뒤져가며 하나님께 내 모습을 솔직하게 내어놓고 회개하며 하나님을 정말 사랑하고 싶다고, 가르쳐달라며 다시 첫 마음으로 하나님의 이름을 간절하고 귀하게 마음을 쏟아 부르며 순종하려고 애쓰기 시작했습니다.

그리고 하나님께서는 이런 내 모습이 부모님과 환경 때문이 아니라 내가 죄를 좋아하고 내가 죄를 선택하여 죄의 종노릇한 결과이며 내가 죄 덩어리이고 미혹의 영이라는 것을 가슴으로 알게 해주셨습니다. 내가 남편과 아들, 부모, 형제와 이웃을 하나님과 멀어지게 하는 자이며, 결국 모든 문제의 원인이 나라는 것을 알게 해주었고 이런 나 때문에 예수님이 십자가를 지셨다는 사실이 머리에서 가슴으로 깨달아지는 은혜를 주셨습니다. 그 보혈의 공로로 이제는 하나님의 이름을 부르며 하나님이 나의 전부가 되기를 원하는 소망을 마음껏 품을 수 있게 되었다는 사실이 얼마나 감사한지 모릅니다. 그러나 깨달아진 것이 싸워 이겼다는 것이 아님을 그동안 영성학교에서 구체적으로 배웠습니다. 남편과 아들과는 예전보다 훨씬 행복해졌지만, 아직도 깊은 소통은 시작 단계이며 시댁 식구들과 친정 식구들에게도 늘 섭섭함과 원망, 시기, 질투, 판단의 마음이 사그라졌던 작은 불씨처럼 합당하게 여기는 상황만 되면 솔솔 피어오르는 것이 여전히 해결되지 않은 저의 모습이지만, 아무것도 모르고 기도 훈련을 시작했던 7년 전과는 다름을 압니다. 이 기도 훈련을 통해 우리가 날마다 부르는 하나님 아버지는 하나님이 살아계신 것과 그 하나님을 닮기를 간절히 소망하며 하나님을 찾고 포기하지 않고 몸부림치는 자를 외면하지 않으시고 반드시 하나님을 닮는 상을 주시는 이시라고 명확하게 말씀해주십니다. 예수 보혈 앞에 예전의 저는 완전히 죽고 하나님을 닮은 새로운 피조물로 태어날 때까지 포기하지 않고 싸우고 넘어지면 벌떡 일어나서 또 싸울 것입니다. 가장 불순종하고 틀이 강하며 못된 저를 먼저 영성학교로 보내주셔서 오랜 시간 인내로 훈련하셔서 사랑하는 가족들과 이웃을 구원하시고 싶으신 하나님을 닮아 어떤 영혼이라도 따뜻하고 평안하게 품을 수 있는 하나님의 그릇이 될 때까지 나를 잘라내고 보기 싫은 내 모습을 끝까지 캐내며 싸우고 싶습니다. 어릴 적 어디로부터 왔는지 모를, 하나님을 잘 믿고 싶다는 마음을 기억하시고 현실이 되게 하신 하나님을 찬양합니다~! 그 어느 것과도 바꿀 수 없는 하나님 부르는 기도를 먼저 순종하시고 값없이 가르쳐주신 목사님 감사합니다~!

내 영혼을 깨우는 77人의 기도 훈련 체험담

❖ 15 ❖

포기하지 말고 끝까지 하기

_ 김유정

　저는 중학교 때 신증후군이라는 병에 걸렸습니다. 소변에서 단백질이 빠져나가는 병입니다. 처음 걸렸을 때만 해도 이것 때문에 엄청 고생할 줄은 몰랐습니다. 병이 낫질 않아 이름도 바꾸고 몸에 좋다는 건 다 먹고 그러다가 숨이 안 쉬어져서 병원에 가서 온갖 검사를 다 해보니 병명이 공황장애였습니다. 그렇게 병을 갖고 약 먹으면서 고통 속에서 살아가던 와중에 수능 끝나고 교회에 갔습니다. 엄마가 교회 집사님이신데 "너 수능 끝나면 교회 간다고 했으니까 교회 가라." 그렇게 해서 교회에 가게 됐습니다. 가서 친구들이랑 잘 지내고 유년부 찬양 사역도 하고 기도도 열심히 드렸습니다. 기도를 열심히 드리니 모든 게 평탄해졌습니다. 병은 호전돼서 약 감량까지 가능했습니다. 그러다가 1년이 지나고 친구들이 하나둘 교회에 안 나오기 시작했습니다. 친하게 지내던 친구들이 교회에 안 나오니까 교회에 가기 싫어지고 기도도 하기 싫어서 기도를 놓으니까 병이 악화되었습니다. 병이 악화되니까 삶이 다시 진흙 속에 빠진 것 같았습니다. 이렇게 살 수는 없다고 생각하면서 다시 기도를 시작했는데 기도에 집중이 안 되고 너무 하기가 힘들었습니다. 매일 밤 '하나님 제발 도와주세요' 하면서 기도했습니다. 그러다가 유튜브를 보는데 목사님을 접했습니다. 목사님께서 하신 이야기들을 들으면서 이 방법대로 기도하면 다시 하나님을 만나고 병을 낫게 할 수 있다는 생각이 들었습니다. 마치 하나님이 내려준 동아줄 같았습니다.

　기도를 할 때 유튜브, 카페 글만 보고 하기 힘들어서 영성학교를 한 번 방문해 기도 방법들을 익히고 또 코치님과 일주일에 한 번씩 전화로 코칭하는 시간을 가졌습니다. 처음에는 기도하는 게 습관이 안 돼서 정말 힘들었습니다. 기도하기 전에 그렇게 괴로워서 기도하려고 하는데도 쉽지 않았습니다. 기도하는 데 무슨 생각이 그렇게 많이 나는 건지… '스킨 다 쓴 것 같은데 언제 주문하지? 내일 친구랑 만나서 놀까? 저녁 메뉴는 뭐지?' 등등 예수 피를 외치면 떠나는 생각들이지만 계속 생각이 나니 괴로웠습니다. 그러다가 주말은 기도 안 하고 놀고 싶은 마음에 목사님이 성령님은 3일만 기도 안 해도 떠나가신다고 하셨으니까 '아, 그러면 이틀은 안 해도 괜찮네(?)' 하면서 자기합리화하고 주말은 기도 안 하고 개판이었습니다. 뭔가 간절한데 하다 보니까 힘들어서 하기 싫었던 것 같습니다. 그래도 월요일 10시마다 코치님이 전화해주셔서 "할 수 있다!" 격려해주시고 안 되는 부분도 조언을 해주셔서 기도의 끈을 놓지 않았습니다. 그리고 매일매일 카톡으로 기도 몇 번, 몇 분 했는지, 읽은 성경 내용, 자기부인(습성 고치기) 등을 적어서 보내 코칭을 받았습니다. 처음에 기도할 때는 증상이 계속 몽롱하고 졸리고 헛구역질 나오고 했습니다. 이런 것들은 기도하면서 점차 나아졌습니다. 그리고 다른 심경변화가 일어났습니다. 예수님께서 십자가에 박히신 것을 상상하면 가슴이 먹먹하고 눈물이 나고 예수님께 너무나 죄송하고 감사한 마음이 들었습니다. 그리고 세상에서 친구들이 나보다 잘되면 배 아파하고, 돈에 대한 욕심 같은 것들에 대해 회개하고 이런 추악한 마음들을 매일매일 잘라낼 수 있었습니다. 이런 것들이 반복되면서 일상생활에서는 부모님께 짜증내고 화내고 이러한 것들을 참을 수 있게 되었고, 특정한 사건이 있어야만 감사하다는 말을 했던 제가 평상시에도 감사하다는 말을 할 수 있었습니다.

기도의 목적이 병을 낫게 하는 거였다면 이제는 하나님 자체가 기도의 목적이 되었습니다. 지금은 주님의 은혜로 병이 호전 되어서 약도 감량하고 있습니다. 또한 기도하기 전에는 매사 부정적이고 행복한 삶을 살 수 없을 것 같았는데 이제는 행복한 삶이 무엇인지 알 것 같습니다. 하루하루 살 수 있는 것에 감사합니다. 기도는 평생 놓지 않을 거고 넘어져도 다시 일어나서 기도할 것 같습니다! 제가 포기하지 않고 기도할 수 있게 도와주신 주님께 감사하고 제가 주님을 다시 찾게 해주셔서 감사합니다! 그리고 도와주신 목사님과 코치님 감사합니다!

❖ 16 ❖
하나님을 부르는 기도라

_ 주를더욱사랑

초등학교 때는 대형교회에 다니다가 그만두고 대학생이 되어서는 선교단체에 다녔습니다. 선교단체에서 가르쳐주는 성경공부와 신앙생활로는 부족함을 느껴 성경 전체를 가르쳐준다는 곳을 찾아다니며 성경의 흐름과 역사와 성경의 많은 말씀들을 알게 되었으나 대학교 졸업 후 부모님으로부터 독립 후 직장에 취직하며 야근과 주말근무로 이어지는 고단한 삶은 나아지지 않았습니다. 성경 전체의 말씀으로 바르게 교육한다는 신념으로 개척된 개척교회의 준비멤버이자 창립멤버로 들어갔습니다. 그러나 성경을 더 배운다고, 교회에서 종교행위를 한다고, 나의 죄 문제는 해결되지 않는다는 것을, 메마르고 주린 마음이 채워지지 않는다는 것을 절실히 느끼고 총총히 그 교회도 나올 수밖에 없었습니다. '한국에 이렇게 많은 교회가 있지만 내가 다닐 수 있는 교회는 정말 없는 걸까?' 하며 하루하루 메마른 삶을 살고 있었습니다.

그러다가 "하나님을 만나야 한다!", "많은 교회들이 하는 신앙 방식으로는 하나님을 만날 수 없다. 예수님께서 승천하시기 전 제자들에게 분부한 그 기도를 해서 하나님을 만나야 한다!" 하고 마치 광야에서 외치는 세례 요한과 같이 자신의 인생에 역사하신 하나님을 증거하며 성령님께서 인도하시는 교회의 모습과 그곳에서 벌어지는 일들을 매주 공개하시는 분의 글을 읽게 되었습니다. '영성학교… 신 목사님… 하나님을 부르는 기도라… 그래 맞아. 내가 성경을 안다고 착각했지. 예수님께서 분부하신 그 기도를 하지 않았구나' 하며 그 기도를 먼저 하여 성령과 동행하고 계신 신 목사님께 하나님을 부르는 기도를 배우기 위하여 영성학교를 찾았고 하나님을 부르는 기도를 훈련하기 시작했습니다. 야근 많고 가끔 주말근무도 하는 바쁜 직장인이 이 기도를 하기는 솔직히 만만치 않았습니다. 교회에서 조용히 기도 제목을 나열하는 기도만 해왔지 용쓰고 몸을 쥐어짜는 이 기도를 해보지 않았고 몸이 그렇게 강건하지 못하여 더욱 힘들었습니다. 평일 중 며칠은 야근하고 집에 와서 기도하고 성경보고 목사님께 보고 문자 드리고 씻고 나면 자정을 넘겨서야 잠을 잘 수 있었고 아침 5시 반에는 일어나서 기도하고 출근하여야 했습니다. 수면 부족과 힘든 업무와 익숙지 않은 기도에 몸은 피로에 항상 절어 있었고 주말에 영성학교를 다녀와서 월요일에 출근하면 오후쯤에는 만성피로감이 몰려와 몸은 전기가 흐르는 것처럼 덜덜 떨렸습니다. 기도 훈련을 시작한 지 몇 주가 지나자 자다가 온몸에 식은땀이 흘러서 새벽 2~3시면 옷이 모두 젖어 일어나서 옷을 갈아입고 자곤 하였으며 심한 날은 자다가 2번이나 옷을 갈아입곤 하였습니다. 하지만 기도의 강도나 기도의 시간은 형편없이 부족하였으며 자타가 공인하는 기도 열등생이었습니다.

목사님은 이런 저를 불쌍히 여기셔서 제가 기도의 수준이 너무 낮고 거북이가 기어가는 것처럼 진도가 나가지 않았음에도 꾸짖지 않으시고 체력을 위하여 홍삼을 먹으면서 기도 훈련을 해볼 것을 조언해주셨습니다. 기도 훈련 시작할 당시에는 바쁜 일정과 저질 체력으로 영성학교에서 요구하는 아주아주 기초적인 기도의 시간과 강도를 채우는 것도 부족하였고 마음도 예전에 교회를 다니고 성경을 볼 때와 같이 구원의 조건을 맞추기 위하여 이 기도를 종교행위로 하였습니다. 그러다가 이 기도를 하면서 개인적으로 억울한 일을 당하는 일이 생겼습니다. 저는 억울한 일을 못 참고 꼭 누가 옳은지 따져서 시시비비를 다투어 내가 옳은 것을 증명하고 싶은 마음이 강한 사람이었으나 이 기도를 하면서 하나님의 말씀에 순종하고자 화를 내지 않고 기도하고 참았습니다. 기도하며 인내하다가 그래도 참기 힘들면 동네를 걸으면서 마음을 삭혔고 어떤 때는 드라이브를 하면서 목사님 코칭말씀이나 교수님 성경말씀이나 성경 어플을 틀어놓고 마음을 삭히곤 하였습니다. 그래도 도저히 안 되면 수석코치님들께 말씀을 드리고 조언과 코칭을 구하였습니다. 코치님들께서는 다른 사람보다 저를 먼저 봐야 한다고 하셨고 다른 사람을 보지 말고 오직 하나님만을 바라보고 그 앞에 저를 봐야 한다고 조언을 해주셨습니다. 머리로는 코칭이 이해되나 솔직히 가슴으로는 와닿지 않았지만 순종하겠다고 말씀드리고 노력하다가 다시 여러 억울한 일들로 힘들어지면 앞의 사이클을 반복하였습니다. 그렇게 1년 하고도 몇 개월의 시간을 보낸 후 하나님께서 하나님의 방법으로 제 억울한 문제를 드러내시고 이제는 다른 사람들도 알게 되었습니다. 사실 저는 이 기도를 하면서 억울한 일을 참는 것 외에 저 자신의 죄와 싸우는 것이 너무 힘들었습니다. 성경의 출애굽기와 민수기를 볼 때 하나님께서 당장 심판하셔도 할 말 없는 죄들을 계속 짓고 있는 자신을 볼 때 하나님께 기도할 면목이 없고 영성학교에서 기도도 제일 못하고 있으니 제 모습을 아시는 하나님께서 심판하셔서 영성학교에서 쫓겨나도 할 말이 없다고 생각하고 있었습니다. 그런데 하나님께서 이런 저를 불쌍히 여기시고 제 억울함을 하나님의 방법으로 풀어주시는 것을 보고 기도가 바뀌기 시작했습니다.

예전에는 아무리 코칭으로 그것이 핵심이 아니라고 이야기를 했어도 저는 기도의 기본도 못하는 수준이었기에 기도시간을 채우기 위해, 기도 행위 시 몸을 더 쥐어짰는가를 스스로 평가하는 것에 어느 정도 마음이 가 있고 스스로를 정죄하며 괴로워하고는 했습니다. 그러나 그때부터 기도의 행위를 요구하시는 종교적인 하나님이 아니라 정말 이 기도를 보고 계시고 제가 죄악으로 가득 차고 형편없는 기도를 하고 있음에도 어떻게든 해보려고 몸부림치는 모습을 불쌍히 보고 계시는 하나님을 정말 만나고 싶은 마음으로 바뀌기 시작했습니다. 다른 것보다 어떻게 기도에 마음을 담을까 고민하기 시작했습니다. 내가 그동안 하나님을 사랑하지 않았고 종교적인 신앙생활을 하였으며 내가 하나님을 만나기 위한 이 기도도 종교적으로 하고 있었다는 것을 깨닫게 되었습니다. 어떻게 하나님을 사랑하고 이웃을 사랑할까 고민하며 하나님을 사랑하고 이웃을 사랑하게 해달라고 기도하게 되었으며 아침, 밤 집중기도시간에 기도하는 것 말고 일상의 시간에 제가 하나님을 떠나 내가 주인 되어 내 마음대로 살고 있는 모습을 제3자 관찰자 입장에서 보게 되었으며 하나하나 회개하며 고치려는 노력을 하게 되었습니다. 하나님을 부르는 기도는 단순히 종교적인 기도가 아니었습니다. 이 기도는 구약과 신약의 사복음서를 통하여 인간은 정말 어찌할 수 없는 죄인인데 그 해결책은 오직 이 기도를 통해 하나님을 만나는 것밖에 없다고 예수님께서 보여주시고 사도들에게 명령하신 성경적인 기도이고 구약의 위대한 믿음의 조상들과 사도들과 그 제자들이 하였던 그 기도였습니다. 하나님을 부르는 기도는 단순한 종교행위가 아니라 내 온 마음으로 하나님을 만나고 싶다고 간절히 요청하는 것이며 하루 종일 하나님과 함께 있고 싶다고 고백하는 하나님께 대한 사랑의 고백이자 내 옆에 하나님을 모시고 하나님의 계명을 지키며 하나님의 뜻을 이 땅에 이루어나가며 하나님과 동행하는 삶의 비결이었습니다. 하나님을 전심으로 하루 종일 부르는 것은 곧 하나님의 계명을 하루 종일 전심으로 지키기 위해 애쓰고 고민하며 기도하고 간구하는 삶 자체였습니다.

예전에 교회에 다닐 때는 아무리 교회 설교에서 하나님이 우리를 사랑하시고 책임지시고 복 주실 것이라고 이야기를 듣고 교회에 헌신해도 결국 모든 문제는 내가 해야 하는 것이었고 헌신하다 몸이 헌신짝처럼 되었습니다. 그러나 이 기도를 하면서 하나님께서 정말 신명기에 약속하신 대로 이 땅에서도 제 삶을 책임져 주시는 것을 경험하게 되었습니다. 아직도 여전히 죄와 싸우는 것이 부족하고 자신의 죄악된 모습을 깨닫는 것이 부족한 열등생임에도 불구하고 하나님께서는 그분이 은혜롭고 자비하시다는 것을 성경

말씀에만 적어 놓지 않으시고 삶을 통해 체험하게 하셨습니다. 이 기도 훈련 전에는 곰팡이가 잘 생기던 반지하 전셋집에 살고 있었는데 이제는 평생 살아보지 않았던 아파트에 자가로 거주하게 해주셨고, 야근과 주말근무로 기도 훈련하기 힘들었던 회사에서 웬만하면 칼퇴근이 가능한 회사로 기이한 방법으로 옮겨주셨고, 차가 없어 뚜벅이로 힘들게 영성학교를 다녔었는데 아담하고 편안한 차를 얻게 해주셨으며, 남자 혼자 자취하며 평일에 야근 후 기도 마치고 집안일 하는 게 고역인 삶을 살고 있었는데 함께 기도하는 좋은 아내를 주셔서 신앙의 이야기도 나누고 많은 도움을 받으며 감사히 영성학교 사역을 동역할 수 있게 해주셨습니다. 그리고 무엇보다 너무나도 죄가 많고 부족한 죄인에게 하나님께서 오늘도 이렇게 기도할 수 있는 은혜와 자비를 베풀어 주신 것이 가장 감사합니다.

이 모든 것을 가장 먼저는 하나님께 영광을 올려드리며, 이 기도를 알려주고 인도해주신 목사님과 사모님, 그리고 수석코치님들과 부족한 저를 인내해주시는 영성학교 지체들께 감사의 말씀을 드립니다. 아직 이 기도에 의문을 가지신 다른 성도 분들께 이 기도가 정말로 하나님을 만나고 체험할 수 있는 기도이며, 목사님을 비롯한 여러 사람의 삶으로 입증되었고 성경적으로도 예수님께서 명령하신 기도임을 알려드리며 종교적인 신앙행위들을 내려놓고 정말 하나님 앞에 선 아이의 마음으로 하나님을 부르는 기도를 해보실 것을 권해드립니다. 감사합니다.

❖ 17 ❖

최고의 주인님! 그분은 바로 하나님이셔라

_ 두딸엄마

하나님처럼 이 세상에 좋은 분이 또 계실까요? 알면 알수록 그 선하심에 감탄하게 되고, 놀라게 되고, 경배하게 됩니다. 이렇게 좋은 분이 나의 창조자이시고 나의 주인이신 것에 감사하고, 하나님을 부르게 해주신 은혜에 더욱 감사합니다. 하나님을 부르는 기도를 하기 전 저의 상황은 고통 속에 허우적거리는 삶이었습니다. 남편에 대한 미움과 원망으로 부부간에 심한 갈등을 겪고 있었으며, 친정 식구들과 이웃들까지도 관계가 좋지 않아 외로움과 눈물로 시간을 견디었습니다. 대학교 시절 하나님을 만나본 경험이 있었기에 다시 하나님을 만나고 싶어 교회 활동에 매달렸지만 그럴수록 공허함으로 지쳐갔습니다. 성경 속에서 일어나는 여러 기적을 보며 왜 나에게는 그러한 기적이 없는지, 왜 이렇게 삶이 고통스럽고 괴로운지 여러 번 질문하였으나 아무도 속 시원히 대답해 주는 사람이 없었습니다.

그 시점에 시누이의 방문으로 영성학교를 알게 되었습니다. 처음 영성학교를 방문한 다음 날, 온몸에 커다란 뱀 같은 것이 꿈틀

82 　　　　　내 영혼을 깨우는 77人의 기도 훈련 체험담

거리며 몸을 감싸고 움직이는 것이 느껴져 얼떨결에 기도를 시작하게 되었고, 그 후에도 심한 구역질과 얼굴 찌그러짐, 혼미함 등 갖은 증상이 나타나 기도에 매진하게 되었습니다. 기도 훈련이 거듭되어갈수록 목사님 말씀처럼 제 삶에도 소소한 기적이 일어났으며, 기쁨과 평안이 무엇인지도 조금씩 알아갔습니다. 그런데 딱 거기까지였습니다. 목사님과 코치님들의 많은 가르침이 있었지만 여전히 성령의 사람은 고사하고, 여러 모양으로 죄에 넘어지며 해결되지 않는 부분은 크게 남아 있었지요. 이 부분을 해결해보고자 더 열심히 기도하고, 더 짬을 내어 말씀 보고, 더 애써 자기부인하려고 해봤지만 제가 알게 된 것은 한계라는 것이었습니다. 아무리 해도 되지 않는 한계점… 그동안 안 한 것도 아니지만 하나님을 간절히 부르는 것이 무엇인지, 어떤 마음으로 불러야 하는지, 무엇을 회개해야 하는지 알려달라고 간구하며 다시 하나님 앞에 앉아 하나님을 불렀습니다. 내 마음이 절절해질 때까지, 겉으론 아무런 변화 없어도 이를 악물고 온몸에 힘을 주어 하나님을 만나고 싶다고 불렀습니다. 일주일 정도 지나면서 회개할 것들이 터져나왔고 저는 오열하며 회개했습니다. 한순간 며칠 회개한 것이 아니고 몇 개월 지속되었으며 아담과 하와의 불순종이 내가 한 불순종이고, 죄를 다스리라고 알려주신 하나님을 떠나버린 가인이 저의 모습이고, 거라사 광인처럼 가족에게 소리 지르며 악을 토한 것이 내 죄이고, 성경에 나와 있는 인물들 사건들이 나의 죄였습니다. 나는 죄 그 자체였고 이 사실이 너무도 괴롭고 슬퍼 매일 깊이 회개하였습니다. 하나님께 향했다고 생각했던 내 의지가 꺾인 것이 이때입니다. 아무리 애써도 안 되었던 그 한계를 알았고, 그런 애씀조차 내 힘으로 했다는 것을 알았으며, 하나님의 사랑을 결국 알지 못했다는 것을 알게 되었습니다.

> 빛 가운데 있다 하면서 그 형제를 미워하는 자는 지금까지 어
> 둠에 있는 자요, 그의 형제를 미워하는 자는 어둠에 있고 또
> 어둠에 행하며 갈 곳을 알지 못하나니 이는 그 어둠이 그의
> 눈을 멀게 하였음이라(요일2:10~11).

이 말씀처럼 저는 남편과 아이들을 있는 모습 그대로 사랑하지 못했고, 이것은 나와 하나님 사이가 온전하지 않다는 증거였습니다. 그래서 가족들을 바라보는 내 눈에 뭔가 거슬리거나 부정적인 생각이 떠오를 때마다 그곳을 집중적으로 파보았습니다. 직장에서 마주치는 여러 사건들 속에서도 내 안에 조금의 파동이라도 생기면 끝까지 파보았으며, 어떤 것은 한 달 정도를 알려달라고 졸라서야 알게 되는 것들이 보였습니다. 절대로 분노하지 않고, 부정적인 말을 하지 않고, 험담과 불평을 허용하지 않고, 손해 보더라도 오해를 받더라도 한마디도 하지 않으며, 주먹이 부들부들 떨리도록 참았습니다. 저는 한계가 있는 사람이라 아무리 해도 안 된다는 것을 알았기 때문에 속으로 하나님께 도와달라고 소리 지르며 순간순간을 모면했습니다. 동시에 내 속을 파보면서 지금의 나를 형성해왔던 과거의 고통스런 경험들, 생각들, 마음들을 보게 되었으며 회개하였습니다. 13평 아파트에서 다섯 식구가 살면서 가족 간 미워했던 어린 시절, 알콜 중독인 아빠를 밤이면 찾으러 다녔던 기억들, 남편과의 불화 등 저는 지나온 과거를 돌이킬 수 없지만,

그 부정적인 영향으로부터 하나님은 자유하게 하셨고 이건 정말 놀라운 일이었습니다. 나의 죄가 점점 커 보일수록 하나님의 사랑과 용서는 너무 컸으며, 하나님을 알수록 하나님의 선하심에 감동받고 사모하는 마음이 일었습니다. 저는 하나님을 똑 닮은 사람이 되고 싶었습니다. 하나님의 말투, 하나님의 가치관, 하나님의 성품이 너무도 멋져 보였습니다. 마음속으로 깨달은 하나님을 따라 하다 보면 예상치 못한 기쁨들이 생기고 하나님께 더욱 감사하는 일들이 반복하여 생겼습니다. 이렇게 여러 부분에서 가치관을 새로 정립해주셨으며 아직도 현재 진행 중입니다. 분노나 미움 등 부정적인 감정으로 마음이 동요되는 일이 거의 없으며, 특별히 뭘 하지 않아도 하루하루가 행복합니다. 저절로 웃음이 나는 일이 많으며, 내가 해야 할 일 때문에 걱정하거나 미리 계획을 세우지 않습니다. 하나님께 내 인생을 맡길 수 있으니 참 감사합니다. 친정 식구들과의 사이도 애틋하며, 까칠했던 자녀와는 둘도 없는 친구가 되었습니다. 그럼 저는 그토록 미워했던 남편과 어떻게 되었을까요? 저와 헤어지지 않고 제 옆에 있어줘서 얼마나 고마운지 모릅니다. 이제는 자신 있게 말할 수 있어요! 다시 태어나도 지금의 남편과 결혼할 거라고요! ㅎㅎ 아무도 나에게 관심이 없었던, 고통스러웠던 그때⋯ 생판 남인 저를 유일하게 걱정해주셨던 목사님과 사모님, 코치님들께 감사드립니다. 나를 사랑하사 나를 위하여 십자가에 못박히신 예수님과 예수님을 이 땅에 보내주신 하나님의 사랑에 모든 감사와 경배를 드립니다.

나 같은 죄인 살리신 그 은혜 놀라워라

_ 프라우테스

　엄마의 문제 때문에 기도 훈련을 시작하게 되었고 기도 훈련 이후 삶의 가치관이 바뀌었고, 평생 일을 해도 갚을 수 없는 빚이 단번에 해결이 되었고, 결혼은 포기하고 살았는데 둘도 없이 착한 남편과 결혼해서 행복하게 살게 되었고, 교회에 한번도 나가지 않은 아빠도 하나님을 부르는 기도를 하신 뒤에 분노하시는 모습을 이제는 보지 않게 되었고 아빠와의 관계가 너무나 좋아지게 되어서 많은 문제들이 해결이 되었는데도 단 한 가지, 잘 변하지 않는 게 나의 성품이었습니다. 1남 3녀 중 딸로는 둘째 딸로 태어났고 아빠는 분노조절이 잘 안 되어 마음에 들지 않으면 밥상을 자주 엎으셨고 물건을 던지기도 일쑤였지만 유독 저만 부모에게 매를 맞거나 크게 혼난 적이 없었던 것 같습니다. 항상 조용하고 수더분하고 어디 가서도 튀지 않고 문제를 일으키지도 않아서 부모나 형제들 사이에서도 큰 문제 없이 자랐습니다. 그렇기에 저희 가족들은 제가 이 기도를 해서 성품이 많이 변했다고 생각하지 않습니다. 애는 원래 착했다고, 어릴 때부터 순하고 착했다고 생각을 합니다. 저는 복잡한 것을 싫어하고 잘 삐지고 어떤 문제가 생기면 잠수를 타는

게 제 주특기였습니다. 생각하기 싫어서 며칠씩 잠만 자는 날도 많았고 그런데 기도 훈련 하면서 이런 습성들이 많이 고쳐진 줄 알았는데 결혼하고 난 이후에 익숙해지면서 이런 습성들의 본성이 다시 살아나기 시작했습니다.

감정기복이 심하고 자기중심적이고 고집이 센 전형적인 미혹의 영의 특징을 다 가지고 있었습니다. 이런 저의 모습을 몰랐던 남편이 이 사실을 알게 된 이후의 충격은 엄청났습니다. 저하고 대화를 시도하려 해도 제가 받아주지 않으니 대화 자체가 안 되었습니다. 그래도 저에게는 삶의 기적과 변화들이 나타나고 있으니까 많은 사람들이 남편이 잘못하고 있다고 생각했습니다. 그러니 남편이 얼마나 억울했겠어요. 혼자 견뎠을 그 시간을 생각하면 너무나 미안하고 마음이 아픕니다. 제 표정 하나 말 한마디에 남편이 큰 영향을 받는 것을 알게 된 이후에 이렇게 살아서는 안 되겠다고 몇 번이나 다짐하고 사과하고 무릎 꿇고 용서도 빌고 했지만 잘 고쳐지지 않아서 저 또한 답답했고 뭘 어떻게 해야 하는지… 제가 자꾸 남편의 발목을 붙잡고 있는 것 같았습니다. "하나님을 만나는 방법은 오직 기도와 말씀뿐이다." 목사님께서 목이 터져라 수없이 말씀하시고 예언노트에도 많이 나와 있음에도 저는 말씀으로 들어가지 못하고 자꾸만 방법적인 것들로 하나님을 찾으려 한다는 것을 알게 되면서 목사님께 미혹의 영의 제왕이라는 얘기도 들었습니다. 그 얘기를 들었을 때 거슬리는 것은 하나도 없고 바로 인정이 되었습니다. 제 문제를 제가 안다고 생각했습니다. 그런데 막연하게 알고 있었습니다. 왜 이렇게 거슬림이 올라오는지, 그게 너무 답답했습니다. 남편도 너무 답답해하면서 어느 날 남편 혼자 코치님을 찾아갔는데 저와 남편의 수준이 똑같다, 하나님을 만나는 단계가 1단계부터 100단계라면 우리는 지금 10단계라는 얘기를 듣고 제 안에서는 '뭐? 내가 10단계밖에 안 된다고? 그리고 우리가 지금 같은 수준이라고?' 하는 생각이 들 때 바로 알게 되었습니다. 아, 그렇구나. 내가 이렇게 판단하고 있구나. 내가 지금 이 정도밖에 안 되는 거구나. 어쩌면 코치님이 10단계라고 하신점수가 더 후하게 주신 것일 수도 있겠구나 하는 생각이 들면서 그냥 그때부터 나를 인정하기 시작했습니다. 내가 밑바닥이라는 것을 마음으로 인정하기 시작한 순간부터 뭔가 모를 무거운 짐이 조금은 내려앉는 기분이 들었습니다. 그리고 나서 남편은 우리가 깊은 회개로 같이 들어가야 한다고 했고 고구마줄기같이 줄줄 따라나올 때까지 회개를 해야 한다고 했습니다. 그 얘기를 듣고 생각해보니 저는 그렇게까지 회개를 안 했습니다. 그런데 막상 회개를 하려고 하니 마음이 너무나 무디어진 채로 상실한 마음 그대로 버려진 상태라 뭘 회개해야 할지 몰랐습니다. 이제 뒤로 물러설 수가 없었습니다. 지금까지 해왔던 방식으로는 안 된다는 것이 뼛속까지 느껴지기 시작했습니다. 자존심을 내려놓고 코치님들의 도움을 받아서 며칠 간 끈질기게 물고 늘어지면서 그동안 보지 못했던 내 안에 있는 것들이 보이기 시작했습니다. 무엇이 나를 옭아매고 있었는지 무엇 때문에 이런 일들이 반복이 되는지 깊은 교만의 뿌리가 보이기 시작했습니다. 그런 것들이 드러나면서 정말 하나님 앞에서 남편 앞에서 아무 할 말이 없는 죄인이 되었습니다. 너무나 더럽고 추하고 악한 것이 가득한 내 속이 들여다보였습니다. 감추려 하고 피

하려 하고 도망치려 했던 것들, 이제 더 이상 미루지 않고 다 하나님 앞에 고백하고 나니 마음이 점점 가벼워지기 시작했습니다. 진정한 자유, 진리가 너희를 자유케 하리라 하는 말씀의 의미를 이제야 조금씩 알아가고 있는 것 같습니다. 더 빨리 내 모습을 솔직하게 드러냈더라면, 피하지 않았더라면 이 자유함을 더 빨리 알 수 있었을 텐데… 정말 내 고집대로, 시키는 대로 순종하지 않아서 지도자들과 남편을 힘들게 했던 나 같은 죄인에게 잘못된 길로 가려고 할 때마다 돌이킬 수 있도록 끝까지 기회를 주시고 계시는 하나님만이 이제 나의 소망입니다. 천국에서 엄마를 만나게 될 그날까지 하나님의 이름을 부르며 하나님만을 사랑하는 자가 되고 싶습니다. 하나님을 사랑하는 자만이 행복해질 수 있다는 우리 코치님의 말씀을 마음에 새기며 하나님을 사랑하는 자가 되고 싶습니다.

❖ 19 ❖
죄인의 지푸라기, 예수 보혈의 공로

_ 래천

저는 비구니 친척의 주선으로 거의 불교에 귀의해서 살다시피
하는 두 집안이 만나 태어난 첫째로, 무속신앙이 혼합된 가정에서
부모님의 불화 속에서 자란, 전형적으로 귀신이 지배하는 명문가
출신입니다. 20대 중반 방황하는 마음 때문에 너무 힘들어서 죽고
싶을 때, 제게 교회를 찾아갈 수 있는 마음을 주셔서 제 발로 찾아
간 것을 시작으로 저의 비밀스런 교회생활은 시작되었습니다. 그
러나 약 1년 동안 주일마다 거짓말을 하는 것이 힘들어서 당시 저
와 함께 몰래 교회를 다니던 동생에게 상의 없이 부모님께 고백했
다가 결혼 전까지 약 4년간 불길 속에서 살았습니다. 힘들 때마다
팔복의 말씀을 보며 천국이 제 것이 아니라면 너무 슬플 것 같다
고 기도하며 버텼습니다. 교회의 여러 예배, 찬양, 제자훈련, 노방
전도, 새벽기도, 각종 종교행사에 참여하고 주변 사람들을 전부 교
회 사람으로 물갈이하고 믿음 좋은 교회 청년과 결혼까지 했으니
내 인생은 이제 행복할 것이라고 여겼지만, 2014년 새해가 시작되
어도 여전히 헛헛한 마음에 이것저것 찾다가 갓피플에서 '고단하고
팍팍한 인생을 살고 있는 당신 안에는 성령님이 안 계신다!'라는

쉰목사님의 칼럼을 접하고부터 두근반 세근반 밭에 감춰진 보물을 발견한 사람마냥 들떠 있다 3월에 SNS 문자 코칭을 받는 것을 시작으로 영성학교와 연결이 되었다가 끊어졌다가 다시 연결되기를 반복했던 저는 의지가 박약하고 순종을 잘 못하는 사람이었습니다. 또 자신에 대해서 나름 괜찮은 사람이라고, 자기 본색을 알지 못하고 속고 살아왔습니다. 아마도 영성학교를 몰랐다면 계속 귀신들에게 속으며 남 탓하고 자기연민에 빠져 살다가 지옥에 왜 가는지 이유도 모른 채 들어갔을 것입니다.

　기도 훈련 초반 졸업하고 나서는 기쁨과 감사와 평안을 경험하며 기도에 집중도 잘되고 실직 상태였던 남편도 취직이 되어 생활도 안정되어갔고 나도 이제 혼자서 할 수 있다고 여기며 개인 코칭 없이 영성학교 마당만 밟다가 인생의 지뢰를 밟아 정신을 번쩍 차리고 나서 다시 제대로 기도 훈련을 받기 시작하였습니다. 자기를 사랑하고 돈을 사랑하고 뽐내고 교만하고 하나님을 모독하고 부모이신 하나님께 순종하지 않았고 감사할 줄도 모르고 거룩하지도 않으며 사랑이 없고 용서치 않고 남을 헐뜯고 자제하지 못하며 사납고 선한 것을 싫어하고 배반하고 조급하며 거만하고 하나님보다 자아실현이나 개인의 영광을 더 추구하고 기도의 모양만 겨우 흉내 내고 경건의 능력이 전혀 없으며 자신의 기준과 판단이 옳다고 여기면서 어둠 속에서 은신하던 제 속의 미혹의 영을 점차 깨닫게 되었습니다. 가르침을 따라 남편과 자녀에 대해 자기부인하고 성경을 읽으면서 무지 열심히 하는 듯했고 남편과의 관계도 조금씩 좋아지는 것 같고 자녀를 사이에 두고 남편과 벌이는 실랑이도 줄어든 듯하였지만, 미혹의 영은 하나님을 향한 방향을 어느 순간 탁 틀어서 내게 맞추고 자기부인이라고 했던 모든 것들을 내가 한 것이라고 여기고 자기 의를 차곡차곡 쌓아서 만족하게 했고, 진리로 가는 길에 도사리는 미혹을 조심하라고 주시는 돌직구들을 있는 액면 그대로 안 받아들이고 섭섭한 마음 뒤에 숨고 어떨 때는 내가 뭘 그렇게 잘못했냐고 속으로 분해 하였지만 절대로 표시 안 내고 '내가 말 안 하면 모를 거야~' 하면서 하나님을 속이려 들고 계속 귀신의 생각을 받아들이고 살았습니다. 당연히 귀신들이 가만히 있을 리가 없지요. 몸이 급격하게 안 좋아지던 어느 금요일 축출기도 때 처음으로 나 같은 죄인이 살 길은 예수 보혈공로뿐이고 지금 이 지푸라기를 잡는다는 일념으로 죽기 살기로 매달렸습니다. 바로 그날 제가 한다고 했던 모든 것이 자기 의였고, 십자가 보혈의 사랑을 가슴으로 받아들이지 못하고 훈련했던 저는 이사야서 6장 8절 말씀처럼 눈과 귀가 가려져서 하나님께 돌아와 고침을 받지 못하는 거절된 상태였습니다. 그러나 하나님은 오직 보혈의 공로만을 의지한 저에게 엄청난 사랑으로 무한하게 용서해주셨습니다. 호되게 맞고 나서 잘못했다고 싹싹 빌고 다신 안 그럴 테니 한 번만 기회를 달라고 했지만 이것도 3개월이 채 안 되어서 하나님이 나만 특별히(?) 사랑해주신다는 자아도취에 빠지면서 하나님과 영성학교를 불신하며 엉뚱한 길로 가다가 다행히 하나님께 뒷덜미를 잡혀서 건져졌지만, 미혹의 영 그 자체인 이놈의 웬수 같은 자아 때문에 탄식하다가 눈에 쏘~옥 들어온 하나의 글귀! '사람에게 순종하지 않으면 하나님께 순종할 수 없다'는 예언노트의 말씀을 보는 순간 딱! 저의 처방임을 알고 무조건 처방전을 따르겠노

라고 이번에도 한 번만 더 기회를 달라고 싹싹 빌고 또 빌고 받아
달라고 매달렸습니다. 그럴 때마다 제 속에서는 진짜 염치없게 또
한 번만이냐? 도대체 그 한 번만이 몇 번째냐고 참소했지만 '기댈
곳이 하나님밖에 없어요~' 하면서 불쌍히 여겨달라고 수로보니게
여인처럼 고개를 들이밀었습니다. 그리고 그때부터 머리 새하얗게
새까맣게 하는 기도를 하라는 코칭과 맞물리면서, 나를 남에게 증
명하고 싶어 하던 것에서 하나님께 인정받고 싶다는 마음으로 바
뀌게 되면서 사람에게서 자유롭게 되었습니다. 이것이 이렇게나
좋은 것인 줄을 몰랐습니다. 또한 제가 책임지지 않아도 되고 내
힘으로 안 해도 되고 하나님께 기대어서 매달려 가면 되는 죄인이
라는 사실이 소망스러웠습니다. 그러나 자주 넘어지는 죄(자기의 자
기만족, 자아도취, 근심, 걱정, 염려, 불안, 조급함, 분노, 짜증, 미움 등등)는
언제나 조심해야 합니다. 언제든 뱀의 꾐에 넘어갈 수 있는 하와가
바로 저이기 때문입니다.

　제가 영성학교를 만나서 기도 훈련 받지 않았다면 미혹의 영에
게 속아서 남편과 자식을 허구헌 날 괴롭히며 지옥처럼 살았을 것
을 생각하면 정말 끔찍합니다. 영성학교를 만나서 남편이 저의 둘
도 없는 신앙의 동반자가 되었고 자녀에게도 인생 최고의 선물을
이미 주었고 동생 부부도 같이 그 길을 가고 있으며 아가씨 부부
도 같이 참여하여 천국의 비밀을 함께 누리게 해주시니 감사합니
다. 친정 아버지는 아직 종교혼합 상태에서 기도하고 계시지만 하
나님 부르면 마음이 평안해서 좋다고 말해주시는 것만도 감사합
니다. 저는 여전히 항상 기뻐하라 쉬지 말고 기도하라 범사에 감

사하라는 이 가르침 외에 수많은 성경의 말씀들에 100% 순종하지 못하지만 하나님은 안 하는 것을 뭐라 하시지 못하는 것은 뭐라고 하지 않으시며 못하지만 날것의 열망을 가진 사람을 좋아하신다는 것은 확실히 압니다. 살 소망이 없던 저에게 영성학교는 제게 살 소망을 주었고 학교장이신 성령님이 다스리시는 영성학교의 목사님과 수석코치님들의 가르침을 잘 따르고 싶고 공동체 식구들과 함께 예수 피 하나님 빡세게 의지하여 기도의 강가로 잘 인도할 수 있는 사람이 되고 싶고 하나님이 우릴 통해 어떤 일을 하실지 기대하는 마음을 갖고 더욱 전진하겠습니다.

내 영혼을 깨우는 77人의 기도 훈련 체험담

20

나는 가짜였습니다

_ 캐나다영돌이

　캐나다에 살고 있는 영성학교 훈련생입니다. 22년 전 사춘기로 방황하던 아들에게 환경을 바꿔주기 위해 캐나다로 이민을 오게 되었습니다. 생각보다 이민 생활은 순탄치가 않았고 언어 장벽에다 먹고사는 문제도 그렇고 영적으로도 채워지지 않는 부분들이 있어 나름대로 열심히 한다고 했지만 별로 달라지는 게 없었습니다. 늘 갈급하므로 인터넷으로 이 말씀 저 말씀 들으며 만족해야 했고 영적, 육적으로 많이 힘들었습니다. 그러던 중 6년 전 아들이 죄의 수렁에 빠져 악한 영에 시달리며 몸이 너무 아파서 어떻게 하면 하나님의 은혜를 받을 수 있을까 간절히 매달리던 차에 영성학교 신 목사님을 알게 되었고, 온몸과 영혼이 만신창이가 된 채 한국의 영성학교를 찾아가게 되었습니다. 그 후에 아들에게 연락이 오기를, 참 진리를 찾았고 몸과 마음도 많이 회복되었다며, 엄마 아빠도 모든 것 다 내려놓고 영성학교로 오라 했습니다. 그래서 하던 비즈니스를 다 포기하고 한국으로 갔습니다. 아들 부부와 함께 주말마다 영성학교에 가서 제대로 기도 훈련 받으며 기도하기 시작했는데, 처음엔 몸이 적응이 안 되어 많이 힘들었지만 마음은 너무 편하고 좋았습니다. 참 진리를 가르치고 훈련하는 영성학교가 참 진짜구나 하는 생각이 들고 정말 이곳에 오기를 잘했다는 생각이 들어 감사했습니다. 목사님과 코치님들이 가르쳐준 대로 온몸을 쥐어짜며 간절히 하나님의 이름을 부르며 기도하던 중, 얼마 지나지 않아 통곡이 나오며, 그동안 40여 년 신앙생활을 해오면서 교회일이라면 누구보다 앞장섰고, 목사님께 순종하며, 온갖 감투는 다 쓰고, 새벽기도와 성가대 등 열심을 다한 그것이 구원의 길인 줄 착각하고, 희생적인 종교생활만 해오면서 교만하고 가식적인 나의 모습이 얼마나 더러웠는지 가슴에 사무치고, 하나님의 영광이 아니고 내가 더 인정받으려 했던 모든 것들과 그동안 귀신에게 속아 가짜로 살아왔다는 생각이 나서 회개와 눈물로 범벅이 되었습니다. 그 후 3주 정도 지났을 때, 귓속에서 물이 쏟아지는 꿈을 꾸었는데, 그다음 날 잘 안 들렸던 한쪽 귀가 들리기 시작했고, 오랫동안 냄새를 맡지 못했던 코가 뚫리며 온갖 주변 냄새로 황홀했고, 과민성 대장염과 목과 허리의 오래된 통증도 사라졌습니다. 같이 기도하던 아내도 육신의 질병이 많이 좋아졌고, 무엇보다 영적으로 너무 많은 부분들이 회복되었음에 늘 감사와 평안함으로 지내고 있습니다. 목사님과 코치님들의 코치대로 한다고 했어도 기도가 느슨해지고 떠내려간 적도 있었지만, 목사님의 돌직구에 다시 정신 차리고, 마음을 바꾸고 가지치기를 하며 말씀에 순종하려고 몸부림을 칠 때, 하나님의 만져주심에 얼마나 감사한지 모르겠습니다. 영성학교에서 2년 훈련하고 캐나다로 돌아온 지금, 아들 내외와 살면서 이전과 달리 서로 이해하려고 하고, 부족한 부분을 감싸주고 사랑하게 되니 더없이 행복합니다. 필요한 물질도 그때그때 채워주시니 전혀 부족함이 없고, 아들은 이 기도를 통하여 너무 부족했던 지난날을 회개하고 주님께 순종하려고 애쓰고 있고, 그동안 그토록 아팠던 몸도 건강해졌고 하나님의 값진 선물인 자녀 둘을 얻고, 천국을 체험하고, 이제 시작한 직장에서도 크리스천으로서 열매를 보여주려고 기도하며 애쓰니 많은 사람들에게 사랑받음에 감사하며, 며느리는 늘 기도가 부족하고 믿음이 연약해서 하나님과 교제하는 사람이 그렇게 부러웠는데, 얼마 전 기적적으로 그토록 사모했던 성령님을 뜨겁게 만났고 지금은 하루 종일 찬송과 말씀을 들으며 천국 소망으로 가득 차 새롭게 태어난 모습을 볼 때 너무 감사하고 감사합니다. 그동안 목사님이 늘 피를 토하듯 말씀하시던 성령임재의 기적이 우리 가정에 일어남에 너무 감사하고 행복합니다. 부족하고 보잘것없는 저희가 이 글을 쓰는 것은, 하나님이 우리를 행복하게 해주셨기 때문이 아니라, 내 병을 고치셨기 때문이 아니라, 하나님의 이름을 부를 때 만나주시는 하나님이 너무 좋았고 날 위해 그 귀한 생명 버리신 예수님과 영원히 같이 살고 싶고 순종하고 싶고 찬송하고 싶고 사랑하고 싶은 마음에서입니다. 설사 우리에게 아무것도 베풀지 않으셔도, 우리 주님이 나의 아버지 되신 것만으로도 너무 좋고 감사하고 행복합니다! 멀리 떨어져 있어서 그런지 가끔 우리 목사님이 생각납니다. 그분 안에 예수의 모습이 있고 진리가 있습니다. 생명을 전하려는 마음이 있고 순종이 있습니다. 감사합니다! 하나님…. 이런 귀한 목사님을 만나게 하시고, 또 우리 가정을 구원해주서서 정말 감사합니다. 이제 이 기도생활을 통하여 이곳 캐나다 땅을 향한 하나님의 뜻을 깨닫고 순종하기 원합니다! 보잘것없는 저희를 부르신 하나님의 선하신 뜻을 이루기를 원합니다! 꼬옥~ 그렇게 될 줄로 믿습니다. 오늘도 기도의 자리에 앉아 하나님~ 하나님~ 부르면서 이렇게 고백합니다. 오늘도 우리가 살아가는 이유는 오직, 예수님이십니다! 아멘~ 감사합니다!

21

두려움과 아픔의 터널을 지나 하나님 앞에 홀로서기

_ 하늘꿈

'오늘 잠들면 나는 아침에 깨서 살아날 수 있을까?' 어린 저는 매일 밤 이런 생각을 하며 두려움과 함께 힘겹게 잠들었습니다. 그때는 유치원도 다니기 전인 것 같은데 왜 이런 생각을 했는지 모르겠지만 저는 늘 무서웠고 두려웠습니다. 기도를 하면 예수님께서 들어주신다는 말에, 어린 저는 매일 밤 기도를 드렸고 조금씩 두려움의 공포에서 벗어나 혼자서 다닐 수 있게 되었습니다. 그런 하나님이 좋아서 주일학교 예배에 열심히 참여했고 친구들에게 예수님을 소개해주고 싶어서 전도도 열심히 했습니다. 그러던 어느 날 중학교에 올라가기 바로 전, 교회 수련회에서 십자가에 달리신 예수님이 나의 죄를 씻어주신 체험을 하며 주님을 만나게 되었습니다. 밤새 울면서 기도하고 맞이한 새로운 아침에는 꽃들이 웃고 온 세상이 아름다워지는 광경도 목격했습니다. 얼마 안 가서 예수님을 만난 기쁨은 제 의지와는 상관없이 사그라졌지만, 살아 계신 하나님은 부인할 수가 없기에, 말씀과는 상관없이 세상을 좋아하며 죄를 지으면서도 교회 생활은 열심히 하며 청소년기와 청년기를 보냈습니다. 결혼 후 남편과의 관계의 어려움 때문에 하나님을 다시 만나고 싶었고 그래서 더욱 교회 활동에 매진하게 되었습니다. 그렇지만 열심히 할수록 수렁에 빠지듯 몸이 아프고 마음이 힘들어졌고, 빚까지 내서 헌금을 했지만 재정적으로는 더욱 곤고한 처지에 놓이게 되었습니다. 급기야 헌신했던 교회가 전쟁설의 미혹에 현혹되어 교회 건축을 하다가 그만둔 채로 필리핀으로 도주하여 망연자실한 상황에까지 이르게 되었습니다. 집을 담보로 막대한 금액을 빌려준 친정집이 거리에 나앉게 되었고 부모님의 아픔과 여러 가지 문제들이 한꺼번에 터지면서 깜깜한 터널 속에 갇히게 되었습니다. 이즈음에 칼럼을 통해 신 목사님을 알게 되었고 문자로 기도 코칭을 받고 있던 터라, 처음에는 실낱같은 희망을 영성학교에 둔 채 목사님을 의지하며 기도 훈련을 시작하였습니다.

훈련의 과정은 쉽지 않았습니다. 평일에 직장을 다니면서 금요일 저녁부터 일요일까지는 파주에서 충주까지 오가며 영성학교 훈련을 받았습니다. 더군다나 남편의 반대가 심해서 집에서 기도하는 것도, 영성학교에 오는 것도 늘 어려운 부분이었습니다. 그래도 나의 소망은 하나님을 만나서 목사님처럼 의인이 되어 하나님께 응답받는 기도를 드리는 것이었습니다. 영성학교에 가지 못하게 방해하는 크고 작은 일들이 많이 있었지만 그냥 꿋꿋하게 하나님만 바라보았습니다. 감당하기 어려울 때는 울기도 하고, 목사님과 코치님들께 코칭도 받으며 느리지만 한 발자국씩 하나님 앞으로 가게 되었습니다. 훈련을 받는 중간에 귀신들의 실체가 드러나고 공격이 거세지면서 더욱 많이 아팠고 어릴 때부터 잠재되어 있던 두려움이 공황장애로 드러나면서 힘겨운 싸움을 시작해야 했습니다.

그리고 남편과의 관계는 진전이 없어 이대로 끝내도 이상할 것이 없는 관계로까지 치닫게 되었습니다. 하나님을 부르며 기도할 때 싸워야 할 부분들이 내 앞에 산적해 있었고 이것들이 너무 힘들고 버겁고 괴로웠습니다. 그렇지만 "예수 피면 다 돼! 예수님도 십자가에 달리실 때, 씩씩하게 힘 있게 싸우신 게 아니라 힘이 없으셨지만 그냥 하나님께 맡기고 버티신 거야. 나도 그냥 예수님만 보며 버티는 거야." 갑자기 몰아치며 죽음의 공포로 엄습하는 공황장애는 감당하기 어려웠지만 감사하게도 전초 증상을 알려주셔서 그 시점부터 예수 피로 미친 듯이 싸우며 이겨나갔습니다. 지금도 약한 몸 때문에 힘이 들 때면 "하나님, 저는 살아도 주님 것이고 죽어도 주님 것입니다. 저의 몸과 영혼을 주님께 드립니다. 오늘 하루만 살아갈 힘을 주세요. 아니, 이 시간을 버틸 수 있는 힘을 주세요"라고 기도합니다. 그러면 금방 새로운 힘이 생깁니다. 할렐루야!

영성학교에서 배운 대로 기도하려고 이를 악물고, 자기부인 하려고 몸부림치고, 사랑하려고 애쓸 때, 주님께서 힘을 주시고 마음도 변화시켜주심을 경험합니다. 현재는 오랜 시간 벽처럼 담을 쌓은 남편과 더없이 좋은 인생의 동반자로서 서로를 불쌍히 여기며 사랑하고 있습니다. 자녀를 사랑으로 대하지 못하여 가르침을 받았음에도 불구하고 하나님 방식이 아닌, 제 방식대로 행한 것을 회개하며 자신을 깎는 훈련은 지금도 하고 있습니다. 무엇보다도 감사한 것은 늘 눈에 보이는 상황을 의식하고 사람을 의지하던 제가 이제는 하나님과 나 사이에 그 어떤 것도 없이 예수 보혈로만 직접 찾아뵐 수 있게 되었다는 것입니다. 아직은 걸음마 단계이지만 하나님께로 홀로서기를 할 수 있게 된 것이 가장 큰 보물을 얻은 것과 같습니다. 아파도 죽음의 두려움이 몰려와도 이미 제 몸과 영혼은 제 것이 아니므로 아버지 되신 주님께 맡기고 오늘 하루를 살아갑니다. 하나님을 부르는 기도를 하지 않았더라면 이 코로나 시대에 여기저기 새로운 교회들을 드나들며 이 사람, 저 사람 만나서 주님의 그림자라도 찾으려고 맹목적으로 떠돌아다녔을 텐데… 이제는 더 이상 그러지 않아도 됩니다. 왜냐면 성경에 나와 있는 말씀처럼 하나님을 간절히 부르면 내게 오셔서 그분의 나라가 이루어지는 것을 믿기 때문입니다. 하나님을 부를수록 성경말씀이 내 삶의 길잡이가 되고, 주님이 더욱 좋아지고, 주변의 사람들이 전보다 더 귀하게 여겨지니 참 신기하고 감사합니다. 주님 앞에 가는 날까지 뚜벅뚜벅 십자가만 보고 걸어가겠습니다.

22

예수님 보혈의 사랑으로
하나님과 아내를 사랑하게 해주세요

_ 히수기아

　기도 훈련에 대하여 대략 7년 전 영성학교를 알게 된 것은 아내로 인한 것이었습니다. 아내가 문자 코칭을 받으며 집에서 기도를 하고 있었고 어느 날은 뜬금없이 영성학교를 가서 훈련을 약 4주 내외로 받고 졸업을 하면 된다고 하여 그전에 아내가 영성학교를 언급해도 나의 고정관념으로는 인터넷 전도에 대해서 보수적인 불신이 있어 크게 믿지를 않고 조심하라고만 하였습니다. 그렇지만 아내의 간곡한 요청과 제한된 기간으로 봐서 그냥 동의해주고 그 당시 아이들도 2살, 7살로 어려서 아내가 같이 가는 것으로 제가 데려다주고 저는 바로 집으로 가고 또 태우러 가길 매주 반복했습니다. 그러면서 어느덧 졸업이 늦어진다며 2년 이상이 되었고 저는 지치기도 하고 의문도 들었습니다. 아내가 기도 훈련과 성령에 대해서 종종 언급하며 저와 같이 훈련받으면 좋겠다고 하였지만 제 마음은 완강했고 아내가 속히 그만두고 섬기던 교회를 계속 다니길 권고했습니다. 다니던 교회에서는 불편함은 없었으나 다만 큰 교회여서 사무적이고 행정적이며 초심의 섬기는 마음에서 계속

되는 구역 목사님들의 변경과 교우들과의 깊은 신앙의 대화까지는 가지 못하였으며 세속적인 느낌이 많이 나서 구원에 대해서는 자기 스스로 알아서 하나님께 구해야 되겠구나 하는 마음은 가졌습니다. 그리고 늦여름에 회사 부서 내 직원의 결혼식 참석이 있고 가는 곳이 성남이어서 좋은 생각이 떠올랐는데 충주 영성학교에서 숙식하고 결혼 참석 후 집에 갈 때 가족들을 태우고 집으로 가면 되겠다는 생각이었습니다. 그전부터 아내와 아이들을 내가 방치하는 것 같고 문제가 생기면 내가 책임지고 데려와야 할 것 같고 영성학교를 알려면 직접 가보고 지내봐야 알 듯하여 용기를 내어 가보기로 했고 첫날 축출기도도 어색하고 그냥 따라했으며 교수님의 상담으로 간단히 얘기 나누며 얼마 전 영성학교에서 큰아이의 위험했던 상황과 하나님의 살려주신 은혜를 알게 되었습니다. 아내에게 물어보니 나의 부정적인 태도로 인해 문제가 될까봐 굳이 말하지 않았다고 했으며 하나님이 이렇게 직접 역사하셨음에 상당히 감사했고 은혜에 놀라웠습니다.

우리가 다 땅에 엎드러지매 내가 소리를 들으니 히브리말로 이르되 사울아 사울아 네가 어찌하여 박해하느냐 가시채를 뒷발질하기가 네게 고생이니라(행26:14).

초기 기도 훈련을 시작하며 목사님과 코치님들의 끊임없는 동기부여와 권면 가운데서 내 마음은 기도 훈련에 온전히 집중이 안되었고 겉으로는 티를 내지 않았지만 마음속으로는 기도 훈련에 대해서 의심과 불편함 그리고 전심의 마음으로 행하지 않았습니

내 영혼을 깨우는 77人의 기도 훈련 체험담

다. 저는 겉도는 마음으로 임하였고, '되면 되고 말면 말지'라는 미지근한 마음이었습니다. 내 마음에는 여전히 내 의로써 경험과 지식과 교회 신앙으로 뭉쳐서 나를 온전히 포맷하지 못했습니다. 기도 훈련 시 코치님의 기도 자세를 받아들이는 데도 여전히 어색하고 훈련생들과의 관계도 어색하고 전반적으로 모든 분위기가 낯설고 며칠씩 숙박하며 공동체 생활을 하기가 힘들었습니다. 아내와도 금전적인 관계에서 의견 충돌이 많았고 이때만 해도 나 정도면 아내에게 충분히 생활비를 주고 있다고 생각했고 왜 불평하고 더 요구하는지 이해도 안 되고 불신이 가득했습니다. 그리고 아내의 잘못된 구매 행위에도 지적하며 떠올리고 하나님께 기도하는 훈련의 마음으로 일상생활에서 나를 전혀 부인하지 못했습니다. 아내를 보혈의 사랑으로 온전히 사랑하려고 애쓰지도, 행하려고 시도도 하지 않았기 때문입니다. 목사님의 지시로 매일 아내에게 전심으로 마음이 움직이도록 사랑한다고 몇 번이고 하라고 했는데 그냥 의무적인 언행으로 마음을 다해서 행위로도 보이지 못했습니다. 코치님의 지도로 매일 아내를 위해 보혈의 사랑으로 하나님과 아내를 사랑하도록 도와달라는 기도를 하게 되었고 끊임없는 코치님들의 계속적이고 강력한 코치로 아내를 먼저 사랑하도록 하는 훈련을 받게 되었습니다. 코칭을 받으면서 하나님 사랑하는 데 힘써야지 왜 사람인 아내를 사랑하도록 자꾸 시키는지 이해 안 되고 싫기도 했습니다.

사무엘이 이르되 여호와께서 번제와 다른 제사를 그의 목소리를 청종하는 것을 좋아하심 같이 좋아하시겠나이까 순종이

105

제사보다 낫고 듣는 것이 숫양의 기름보다 나으니(삼상15:12)

  목사님의 끊임없는 강력한 권고와 동기부여 및 기도 훈련의 자세에 결국 나는 굴복하게 되고 소위 미치도록 하는 기도를 하게 되면서 뭔가 마음속에서 기도에 대한 부담감과 어색함이 없어지는 것 같으며 나라고 목사님, 코치님처럼 성령님이 임하지 말라는 법이 있나 하는 강한 동기와 욕심이 들어오게 되었습니다. 기도를 하면서 내 마음 상황을 점검하게 되고 부정적이고 어두운 면이 들어오면 인식하고 예수 보혈 기도로 틈나는 대로 마음속에서 쫓아내고 밝은 마음이 생기도록 애쓰게 되고 회사 내에서의 어려운 점, 복잡한 일과 싫어하는 상황이 생길 때 배에 힘주고 땀이 삐질 나도록 머릿속이 하얗게 질리도록 하나님만 부르는 것은 제 안의 모든 부정적인 것들을 쏟아내고 포맷시키는 과정처럼 후련하고 좋았습니다. 코칭을 통해서 예전부터 아내와 대화를 했다고 했지만 내 생각에 맞는 말만 하고 아내의 말을 무시하고 제대로 들으려 하지 않았던 습관을 회개했고 바로 가까운 이웃인 아내를 하나님 계신 앞에서 사랑하려고 애쓰지 않았고 반대로 미워했던 것이기에 너무 부끄러웠습니다. 아내에 대해서 알려고 노력하지 않고 내가 무심코 스치듯 배려 없이 한 말과 행위에 많은 고민과 상처를 받았음에 용서를 구하고 앞으로 더욱 많이 집안일을 돕고 아이들에게서 엄마의 입장을 세워주며 같이 기도 훈련하는 반려자로서 아내와 가족 모두 성령의 사람이 되어야 한다는 각오로 많이 지원해주려 하는 중입니다. 예전부터 아내가 운전 배우는 것에 상당히 우려하며 스스로 기계치라고도 하여 아예 운전은 못할 것으로 장담

       내 영혼을 깨우는 77人의 기도 훈련 체험담

했지만 기도하며 아내가 용기와 담대함으로 운전시험 합격부터 아이들 통학도 시키고 예상 외로 초창기 내 모습보다도 운전을 잘하는 것이 신기하기도 합니다. 요즘 가족들과 보혈 찬송과 땀내며 하는 축출기도를 매일 하며 내 마음이 아직도 하나님께 온전하지 못함을 상기하고 오심을 간구하며 가난한 마음을 유지하기를 기도하는 중입니다. 여전히 내 생각으로 들어오는 미혹의 영이 은밀히 주는 교만한 판단과 정죄와 싸워야 하고 죽기까지 보혈로 싸워 이길 수 있음을 믿고 간구하는 중입니다. 우리 가족이 일상에서 화목하여 모두 동일한 기도 훈련과 말씀으로 하나가 되니 감사가 되고 영성학교에 오며 세상에서 구할 수 없는 가족 내의 행복과 지혜를 얻을 수 있음이 은혜인 줄 압니다.

기도를 하면서 그동안 제가 경험한 증상들과 은혜는 아래와 같습니다. 초창기 기도 시 빈혈 같은 어지러움이 몇 번 아침 기도 후에 발생하여 점심때 기도까지 지속 후에 없어지곤 했습니다. 축출기도도 받으면서 약 두 달간 거의 경험 못 해봤던 다양한 질병들로써 연속적으로 체함, 위궤양 치료, 발꿈치 염증 및 감염 치료, 눈안에 벌레 들어가서 일주일간 충혈, 발바닥 및 손바닥 습진 등이 있었습니다. 밤중에 거실에서 기도 중 정해진 시간 끝내고 좀 더 기도해야겠다고 마음먹고 나서 얼마 후 소리 내는 장난감이 갑자기 소리가 나서 오싹하기도 했지만 무시하고 그냥 좀 더 기도했습니다. 예전에 교회를 다니면서도 종종 보았던 음란 동영상으로 인해 죄책감을 가지고 회개하면서 반복적으로 시간 지나면 또 후회하고 보지 않으려고 노력하고 방법을 찾고자 기도하곤 했는데 영성학교 기도 훈련을 하면서 동영상과 게임 등을 끊게 되어 감사합니다. 마지막으로 성경말씀에서 강조하는, 쉬지 않고 기도하는 것이 이상적으로 보였고 살면서 기도에 마음을 쏟으며 행할 수 있는 그런 곳이 있을까 했는데 실제로 존재하고 있으며 예수님 보혈의 공로로 죄를 이기도록 도와주시는 하나님께 감사드립니다.

✤ 23 ✤
이젠 솔직하겠습니다

_ 해피스마일

친구 따라 강남 간다고 합니다. 저는 친정 오빠 식구들 따라 영성학교 왔습니다. 아무 생각 없이 따라와 시작한 훈련은 충격이었습니다. 기도하는 사람 쳐다보고 증상 나타나는 사람 쳐다보고 그 와중에 따라는 왔으니 기도하는 흉내 내느라 정신없었습니다. 그리고 속으로 생각했습니다. '아~ 또구나! 난 또 이단에 왔다'는 생각이었습니다. 얼떨결에 시작된 엉성한 훈련은 이제서야 영성 훈련으로 진행되고 있습니다. 그리고 이상한 소리를 내서 신기하게 쳐다봤던 형제님은 멋진 남편으로 함께 훈련받고 있습니다. 결혼과 동시에 꽃길 시작인 줄 알았습니다. 하지만 기도가 한참 떠내려가서 올라오지 못하는 상태였습니다. 당연히 같은 훈련을 받았으니 뭔가 다르겠다는 미혹의 영이 던져준 생각이 가장 컸습니다. 새로운 환경, 다른 배경에서 성장한 남편, 결혼과 동시에 찾아온 임신, 그리고 다운증후군 확률이 3명 중 한 명일 거라며 겁줬던 의사, 시간이 흐르면서 서로 드러나는 증상들까지 정말 정신이 없었습니다. 이렇게 귀신하고 제대로 싸우지도 못하고 넘어지고 반복하는 과정에서 첫째 막 돌 좀 지났는데 찾아와준 둘째, 분명 반가웠습니다. 하지만 현실은 태어나서부터 어찌나 울던지 저 이외에는 누구도 상대하지 못했습니다. 심지어 아이가 아빠를 거부하며 영성학교만 가면 평상시보다 더 떠나갈 정도로 울던 아이였습니다. 시간이 흐르고 기도는 더 떠내려가고 저의 자아는 더욱 강했고 눈과 귀와 생각을 막았습니다. 그 결과 아이들은 엄마의 강요에 의한 기도를 하고 반항하는 질문을 던지기도 했습니다. "왜 맨날 기도해요? 아까 기도했는데 또 해요? 하루 종일 기도하는 거잖아요." 예수 피 싫다는 말을 서슴지 않고 했습니다. 남편과는 사랑 없는 대화만 이어졌습니다. 그렇게 하루하루 저희 가정은 하나님 없는 귀신의 가정으로 무너져갔습니다. 부부코칭을 받을 땐 자존심과 부끄러움에 솔직하지 못하고 돌려 말하기도 했습니다. 남편을 함부로 판단하며 항상 날이 선 칼끝이 향해 있었습니다. 자기부인은 나부터가 아니라 남편부터 해야 한다는 마음이었습니다. 코치님들은 축출기도 때마다 조용히 저희 부부 뒤에서 함께 중보해주시며 힘을 실어주셨습니다. 그리고 떠오른 목사님의 말, '여기까지 와서…' 이것이 계속 떠올랐습니다. 여기까지 와서 이렇게 갈 수는 없다. 모든 답은 알려주셨다. 싸우자! 하나님 죄송합니다. 잘못했습니다. 용서해주세요. 예수 피! 후벼파자! 도려내자! 정면 승부를 시작했습니다.

코칭 때는 부끄러움도 포장도 없이 더 솔직하게 말씀드렸고 네 해볼게요! 아내로서 엄마로서 부족한 표현은 더 세밀하게 코칭 받으며 가르쳐주신 기도 따라 느리게 가기 시작했습니다. 항상 훈련의 중심은 자기부인, 하나님의 사랑과 순종이었습니다. 아이들에게 무릎 꿇고 눈물로 용서를 구하고 꼭 안아주며 용서를 구했습니다. 아이들도 괜찮다며 저를 다독여주었습니다. 자기가 더 미안하다고 사과를 먼저 하는 변화가 나타났습니다. 남편에게는 조용한 시간에 자연스럽게 대화가 시작되면 생각나는 것들에 대해서 용서를 구하고 '사랑해요' 말하며 고마움을 표현했습니다. 덕분에 남편도 고맙고 행복하다는 말을 자주 하며 저를 더 배려해주기 시작했습니다. 서툴지만 아이들과 함께하는 시간도 만들어가고 있습니다. 부부 관계가 회복되면서 아이들도 조금씩 변하기 시작했습니다. 전쟁 같은 기도 자리가 서로 더 많이 하겠다는 말도 종종 하며 "기도 먼저 할게요" 하며 자리에 앉아 있습니다. 가끔 귓속말로 "힘들게 해서 미안해요. 사랑해요"라는 따뜻한 말과 포옹도 해줍니다. 둘째는 울음소리가 사라지고 오히려 웃는 소리가 커졌습니다. 영성학교에서는 엄마 아니면 안 된다던 아이가 어른들께 인사하게 되었습니다. 가장 큰 변화는 이른 아침 출근하는 아빠를 향해 밥 먹다가도 달려가 뽀뽀와 포옹을 합니다. 가정의 주인이 되어주시는 하나님 감사합니다. 앞에서 이끌어주시는 목사님, 사모님, 수석 코치님들, 그리고 담당 코치님들과 영성학교 식구들 너무 감사합니다. 느리고 자주 넘어지지만 그래도 순종하며 간절한 마음 가지고 달려가겠습니다. 부족하지만 홀로 훈련하시며 결혼에 대해 궁금해하시는 분들에게 도움이 되었으면 좋겠습니다.

❖ 24 ❖

나에게 오신 하나님

_ 옥이

　결손가정에서 자란 우리 삼남매는 친할머니와 같이 너무도 가난해서 쓰러져가는 나무판잣집, 천막집 등에서 살았습니다. 살기가 힘이 드셨던 할머니는 술을 자주 드셨습니다. 할머니께서 술을 마실 때면 항상 매를 들어 무서웠습니다. 집에 돈이 없어 초등학교 저학년 때 저희 남매는 새벽 신문배달을 시작하였습니다. 3년 넘게 한 것으로 생각납니다. 새벽에 일어나 매일 신문을 돌리며 추위와 배고픔, 잠을 이겨야 했고 학교에서는 친구들이 부모 없는 것과 가난 등을 이유로 따돌리고 이유 없이 때리면 맞아야 했습니다. 배고픔, 추위, 어두운 아파트에 신문을 돌리러 들어가는 것이 무서웠습니다. 그때부터 잠만 자면 누군가 쫓아와서 나는 항상 도망을 가는 꿈을 반복해서 꾸게 되었고 성인이 되면서 부모님에 대한 원망과 할머니, 오빠에 대한 미움 등을 가슴속에 숨겨놓고 있었습니다.

　마산으로 취업을 하면서 나이 많은 자상하고 성실한 남편이 좋아서 결혼을 하였으며 저는 결혼생활 5년이 넘어가는데 아이가 생기지 않아 시누가 다니시는 절에도 다녀보고 한약도 많이 먹고 불임병원에 다니면서도 아이가 생기지 않고 돈은 돈대로 쓰고 울며 지내던 날이 많았습니다. 원하는 아이가 생기지 않자 성격이 예민해지고 매일같이 짜증이 났으며 나이 많은 남편을 부끄럽게 여기고 가구를 부숴놓고 그렇게 좋게 여겨졌던 시댁 식구들이 밉게 보이고 그렇게 저는 사탄의 자식이 되어갔습니다. 어느 날 막내 시누가 아이를 갖게 해준다며 같이 서울로 가자고 하여 갔던 곳이 무당집이었습니다. 무당이 삼신할머니가 돌아앉아 있다고 하며, 삼신할머니를 돌아앉혀야 아이가 생긴다는 말에 속아 산속에서 200만 원짜리 굿을 하였습니다. 굿을 받고 마산으로 내려와 잠을 자는데 꿈속에 여러 귀신들이 나타나 저를 놀래켰습니다. 갑자기 튀어나오고 겁을 주고 저를 끌고 가려고 하며 길을 잃게 만들어서 꿈에서 깨지 못하게 하고 잠자는 것이 두려웠습니다. 수면제 없이는 잠을 잘 수 없었습니다. 귀신이 나타날 때마다 굿을 못 하게 말리지 않은 남편과 시누들에 대한 원망을 남편에게 퍼붓고 속에 분노를 감추고 살았으며 그렇게 7년 만에 마지막이라며 불임시술을 결심하고 다시 시작하였는데 임신을 하게 되었으며 임신을 하고 나니 꿈속에서 귀신들이 더욱 세차게 괴롭혔습니다. 남편도 별다른 방법이 없어서 그저 인터넷에 물어보는 것이 전부였고 딸아이를 낳고 아이가 좀 자라자 아이도 밤마다 꿈에 귀신이 나온다고 이야기했습니다. 정말 속상했습니다. 딸과 제가 악몽에 시달리고 있을 때쯤 친정오빠가 쉰목사님 칼럼과 기도 방법을 전해주었습니다. 기도 방법을 들으니 도저히 못 하겠고 내 생활의 일부를 기도에 시간을 쓰고 싶지 않았습니다. 그렇게 귀신과 매일같이 꿈속을 헤매는 사이 오빠가 잠자기 전 예수 피, 예수 피를 한번 해보라고 권하여 아무 생각 없이 예수 피, 예수 피를 몇 번 말하고 잠이 들었는데 그날은 신기하게도 잠을 편안하게 자고 일어났습니다. 그래도 기도하기가 너무나 싫었습니다. 복음을 들고 온 오빠와 새언니를 외면하고 내 마음의 문을 걸어잠근 채 살았습니다.

어느 날 밤에는 예수 피를 하지 않고 잠에 들었습니다. 검은 형체의 알 수 없는 무언가가 저희 집 안방에 앉아 있어서 "너 누군데? 이름이 뭔데?"라고 무서워 떨면서 물으니 자신은 귀신이라고 하며 갑자기 저를 들어서 천장으로 올라가 저를 던져버렸습니다. 깜짝 놀라 아침이 오기만을 기다리며 출근하여 오빠한테 연락해 꿈에 대해서 설명하며 바로 영성학교 CSA TV를 보며 축출기도를 하고 성령 내주기도 훈련을 배우고 문자로 코칭도 받으며 그렇게 기도 훈련을 받게 되었습니다. 기도 훈련 후 꿈에 귀신이 나오지 않는 것이 신기해서 영성학교를 방문하고 싶은 생각에 딸아이랑 같이 마산에서 기차 타고 버스 타고 시골 충주까지 5시간 이상 걸려서 갔습니다. 도착한 영성학교는 넓은 앞뒤 마당과 뒤로는 산, 앞에는 큰 밭과 시골집들이 있었으며 경치와 공기가 너무나 좋았으며 이런 공기는 처음 맡아보는 시골의 공기였습니다. 영성학교에 오는 아이들을 위해 잔디밭에 축구장도 만들어놓으셨고 바람도 시원하며 기도 훈련 받기 딱 좋은 환경이었습니다. 그곳에서 저는 배운 대로 아침, 점심, 저녁에 규칙적인 기도를 시작하고 훈련을 받으면서 코치님에게 문자로 매일 레포트도 제출하였으며 자기부인이 뭔지도 몰랐던 내가 자기부인을 매일 하면서 내가 얼마나 더러운 죄인이었는지, 먼지보다 못한 존재임을 하나님께서 알게 해주시고 매일 회개할 수밖에 없는 존재임을 깨달아 눈물과 콧물이 범벅이 되도록 빌고 회개하였습니다. 내가 많은 귀신의 생각을 듣고 귀신들이 좋아하는 행동과 말을 가족들에게 했으며 가족 위에 억압으로 군림하고 있었다는 것을 깨닫게 해주셨습니다. 기도 훈련 시작 첫날부터 여러 증상들이 올라왔고 자주 미혹의 영의 공격을 받고 넘어지고 다시 회개하며 오뚝이처럼 일어나 다시는 죄에 넘어지지 않으리라 다짐하며 있습니다. 저희 딸아이도 기도 훈련을 받게 되고 나서 꿈에 귀신이 안 나타난다며 신기하다고 하였습니다. 12살에 잠자리 독립을 하게 되었습니다. 이런 일들을 신기하게 여긴 남편도 지금 기도 훈련 중에 있습니다. 기도 시작과 동시에 자연스럽게 마음에 평안과 자유함, 잔잔한 기쁨, 행복이 자연스럽게 생기고 남편과 시댁에 대한 감정이 눈 녹듯이 녹아내리고 시댁 식구들을 찾아가 용서를 빌고 늘 옆에 있던 세상 친구들도 자연스럽게 가지치기가 되었으며 불교를 믿던 시댁에도 저희 가정이 하나님을 섬기게 됨을 알리게 되면서 잔잔하게 방해가 여러 번 있었지만 지금까지 잘 지내오고 있습니다. 저의 꿈속에 귀신이 나타나는 바람에 하나님을 알게 되었으며 하나님이 좋아하시고 하나님을 만나는 기도가 어떤 기도인지 배우게 되었고 하나님의 참된 사랑을 알게 되었습니다. 하나님 감사합니다. 사랑합니다. 영성학교 하나님의 군사들인 목사님, 사모님, 코치님, 우리 오빠, 내 코치님이신 새언니, 모든 영성학교 식구들 정말 감사드리고 사랑합니다.

✤ **25** ✤
거머리 딸이었던 나를 변화시키신 하나님

_ 천지

저는 중국에서 하나님의 은혜로 교회에 다니며 하나님을 영접하게 되었습니다. 교회를 1년 정도 다니다 사람들이 두려워 몇 년을 안 나가다가 너무 죄책감으로 마음이 무거워 다시 교회로 갔습니다. 그래서 교회에 나가 봉사도 기도도 열심히 하고 교회에서 시키는 대로 다 하였어도 여전히 마음은 냉랭하였고 기쁨도 없고 또 건강이 좋지 않았고 특히 근종이 있어 목사님 축출기도를 받았는데 고쳐지지 않았습니다. 담임목사님이 하나님을 항상 부르면 하나님 만난다고 하여 몇 달을 불렀는데 아무 일도 생기지 않아 언제면 하나님 오시는가 물어보았는데 모르겠다고 하셨습니다. 그래서 교회에 하나님이 계신 것을 믿으라고 했지만 저는 물론 다른 권사님들의 변화되지 않는 삶을 보고 교회 안에 하나님 안 계신 것을 알게 되었고 그래서 하나님 사람 만나게 해달라고 간절히 기도하였습니다.

그러던 어느 날 네이버에서 '어떻게 하면 하나님을 만날 수 있나요?'를 검색하다가 하나님의 은혜로 목사님 칼럼을 보게 되었는데 처음은 칼럼 읽을 때 너무 두려웠습니다. 그러나 그것도 잠시, 매일 읽으면서 하나님 안 계셔서 불행하고 하나님 부르면 귀신이 먼저 반응한다는 글을 읽고 기도 훈련을 시작하게 되었습니다. 하나님을 부른 지 며칠 안 되어서 하나님만 부르면 헛구역질이 나고 목이 찢어질 정도로 큰 소리로 온 아파트가 떠나갈 듯이 웩웩거렸고 먹은 것 토하고 안 먹으면 물까지 다 토했습니다. "와 이거 진짜네" 하고 그다음부터는 매일 하던 운동까지 그만두고, 하나님 만나는 준비한다고 하루에 찬송만 2시간씩 부르던 것도 코치님 코칭 받고 그만두었고, TV 안 보고 하나님만 불렀습니다. 그때 제일 먼저 회복된 것이 가위 눌렸을 때 예수 피를 외치게 되고 그런 일이 여러 번 있었고 그 후 가위 눌리는 일이 없어졌는데 너무 신기했습니다. 무섭게 하는 환청, 환각과 싸우면 이기게 해주셨습니다. 목사님의 칼럼을 여러 개 보면서 제일 강조하신 것이 1시간 이상 기도하라는 것이었습니다. 그래서 1시간 이상 기도하려고 했고 1시간 기도하면 2~3시간 칼럼이나 말씀 보고 또 기도하면서 기도시간을 늘렸습니다. 그러다 교통사고까지 겪고 귀신의 실체를 더 잘 알게 되었는데, 칼럼에서 그것은 기도 못 하게 하려는 귀신의 소행이라는 것을 읽어서 잘 알고 있으니까 계속 하나님만 불렀습니다. 그런데 기도하면 할수록 몸살이 여러 번 오고 제가 앓던 고질병이 도지고 불면증, 변비에 밥도 먹지 못해서 43킬로까지 살이 빠지고, 근종으로 출혈이 더 심해서 수술을 권유받았습니다. 그때 제가 내 힘으로는 안 된다는 것을 뼈저리게 느끼게 되었고 그날부터 하나님께 영성학교 보내달라고 영성학교 보내주시면 뭐든지 하겠다고 울며불며 매일 통곡하였습니다. 몇 달이 안 되어 하나님께서 불쌍히

117

여겨주셔서 영성학교에 올 자격도 없는 저를 제3국을 통해서 여기 영성학교로 인도해주셨는데 그것은 전적으로 하나님의 은혜와 기적이었습니다. 할렐루야!

영성학교에 와서 우리나라에 정착하게 해주셨고, 기적적으로 2년 넘게 일하지 않고 기도 훈련 받게 해주셔서 기도에만 집중할 수 있게 되었습니다. 훈련 시작하면서 나타난 증상 중에 제일 먼저 회복된 것이 변비였고 불면증은 좋아졌다 나빠졌다를 반복하면서 1년 정도 지나서 완치되었고, 제일 기억나는 것은 두렵게 하는 공격이었는데 학교에서 돌아와서 기도 시작하면 공격을 하였는데, 두렵게 하는 공격은 무려 6개월간 지속되었습니다. 그날도 기도 시작했는데 다른 때와는 비교하지 못할 엄청난 무서움을 넣어주었는데 그때 정말 죽기 살기로 싸웠습니다. 그 이후로 두려움도 없애주셨습니다. 마음이 건조하고 냉랭했던 것도 다 치유되었습니다. 그리고 늘 저를 짓누르던 자궁근종은 배에서 만져질 정도가 되어 하나원에서도 수술하라고 하였습니다. 지금은 만져지지도 않고 증상도 없어 하나님께서 고쳐주셨음을 확신하였는데 그때 검사했던 결과가 지금은 어떻게 되었는지 궁금해서 엊그제 병원 가서 다시 찍어보았습니다. 2018년 9월 17일 하나원에서 찍은 것은 7개의 근종이 있었고 각 크기가 약 12㎝짜리가 두 개, 7㎝짜리 2개, 3㎝짜리 두 개, 1㎝짜리 하나가 있었습니다. 그런데 이번 주 2021년 9월 13일 찍은 결과로는 6㎝짜리 한 개와 나머지 6개는 1㎝였습니다. 할렐루야~!

그리고 저의 집안 내력인 땀나는 병은 시간이 걸리더라도 다 치유해주실 것이지만 만약 그대로라 해도 여기에 절대 마음 뺏기지 않고 하나님만 바라보겠습니다. 사실 저는 하나님을 사랑해서 부른 것이 아니고 저의 병을 치료받기 위해서 하나님이 필요한 거머리 딸이었습니다. 이제부터는 저의 남은 인생 하나님 사랑하는 데 목숨을 걸고 하나님께 절대 순종하며 하나님만 찬양하겠습니다. 이런 죄인을 살려주신 하나님 아버지께 감사와 찬송과 영광을 드립니다. 그리고 영적으로는 너무 무지하고 모든 면에서 제가 봐도 너무 부족한 저를 위하여 날마다 귀한 기도와 코칭을 해주시고, 기도의 강가로 인도해주시는 목사님과 사모님, 교수님과 코치님들께 감사드립니다. 그리고 새로운 곳에 정착하면서 여러 도움이 필요한 저를 늘 도와주시는 영성학교 식구들께도 감사드립니다.

✤ 26 ✤

기도 훈련 체험담

_ 기쁘게

†기도 훈련 하기 전

저는 영성학교를 남편에게 끌려서 왔습니다. 3대 기독교 집안에 모태신앙이었으나 신앙에 별로 관심 없었고, 교회는 태어나서부터 쭉 형식적으로 다녔고 하나님에 대한 마음도 적었습니다. 교회 다닐 때도 오래 다니다 보니 학생회 임원도 하게 되고, 결혼하니까 여전도회 임원도 하고 교사도 오래 했지만 대충 했고 마음이 없었습니다. 전 교회 다니니까 죽으면 천국에 간다고 막연히 생각하고 있었고 고민해본 적도 없었습니다. 새벽기도회도 손에 꼽을 만큼 가봤고 수련회도 몇 번 참석 안 했습니다. 교회에서 상위 1%였던 분들이 주를 이루는 영성학교에 이런 제가 남아 있으니 참 신기한 일이지요? 어렸을 때부터 몸이 약해서 감기를 달고 살았고 초등 2학년부터 기절해서 쓰러진 적도 여러 번이었고, 잘 먹지 못했고, 체육시간에는 선생님께서 뛰지 말고 항상 벤치에 앉아 있으라고 하실 정도로 몸이 약했습니다. 성격은 얌전해 보이나 뜻대로 되지 않으면 짜증내고 항상 불평과 불만이 많았고, 부정적이고 비판적인 언어를 자주 사용해서 남편과 자녀를 힘들게 할 때가 있었습니다. 그래도 밖에서는 온화하게 있어서 다른 분들은 저를 좋게 평가해주었습니다. 마음에는 항상 불안함이 잔잔히 흘렀고, 혹시나 일어날까 염려되는 일들로 걱정이 많았습니다. 이런 일들에 대비하기 위해 미리미리 정보를 얻으려고 분주했습니다. 그런 가운데서도 저는 나름 부족함 없다 생각하며 세상에 만족하며 살았습니다.

† 기도 훈련을 한 후

기도 훈련한 지 6년이 되었습니다. 여전히 부족하고 갈 길이 멀지만 변화된 것도 많습니다. 우선 몸이 건강해져서 별로 피곤하지 않고, 등산도 잘할 수 있고 병치레도 없어졌습니다. 40대나 제 인생에서 가장 힘 있고 건강한 시간을 보내고 있습니다. 마음에는 불안함과 예민함이 많이 없어져서 참 편안합니다. 물질을 믿고 의지했던 마음이 하나님을 의지하게 되니 편안합니다. 이건 내가 그렇게 해야지 마음먹는다고 되는 게 아니었어요. ^^ 마음이 너그러워지고 불평불만도 많이 줄었고 남편이 제가 착해졌다고 좋아합니다. 자녀도 편안해져서 사춘기를 지나는 시기이나 어려움 없이 나름 즐겁게 공부하며 지내고 있습니다. 그리고 하나님께 마음도 관심도 없었는데 지금은 하나님 마음에 들기 위해 애쓰고 있습니다. 기도를 하면서도 목사님처럼 사는 삶이 보기에 너무 무겁고 힘들어 보여서 저는 피하고 싶었고, 세상 즐기며 살고 싶은 생각에 오랜 시간 잡혀 있었습니다. 눈이 있어도 보지 못하고 귀가 있어도 듣지 못하는 어리석은 저였는데 이제는 하늘의 영광과 영원한 생명을 조금은 알게 되는 것 같습니다. 저는 오랜 기간을 마음 없이 기도했습니다. 숙제처럼, 하기 싫지만 해야 하기 때문에 기도했고,

사람들 눈치 보며 기도했습니다. 겹겹이 쌓인 미혹이 벗겨지는 것도 오래 걸렸고 지금도 남아 있어 애쓰고 있습니다. 두렵고 떨리는 마음으로 구원을 이루어가야 하고, 하나님께서 쓰시기 위해 영성 학교를 준비시키시는 이 과정들도 부지런히 따라가야 하는데 부족하기만 해서 마음이 바쁩니다. 그러나 하나님께서 이끌어주실 줄 알고 감사드립니다.

사람으로는 할 수 없으나 하나님으로서는 다 하실 수 있느니라(마19:26).

❖ 27 ❖
하나님의 귀한 도구가 되고 싶어요

_ 꿈꾸는요셉

　안녕하세요? 2015년 8월부터 현재까지 충주 크리스천 영성학교에서 훈련을 받고 있습니다. 모태신앙이었으나 대학생이 된 후로 매년 송구영신 예배에서는 새로운 피조물이 되었다는데 제 삶에는 기쁨과 평안도 없고, 취업 준비로 삶이 고단할 무렵 쉰목사님 칼럼을 읽게 되었습니다. 2014년 말에 최소 1시간 이상 방해받지 않는 시간에 아침과 저녁마다 혹독하게 하나님을 부르라는 신상래 목사님 칼럼을 접했으나 취업 준비로 지금은 어렵겠다고 마음을 접었습니다. 그런데, 칼럼이 다시 생각나서 찾아 읽었고, 그때부터 기도 훈련을 하게 되었습니다. 그렇게 영성학교에 오고가며 기도하면서 성경을 삶에서 구체적으로 어떻게 실천하는지 배웠습니다. 예배의식이 아니라 하나님을 날마다 만나야 하고, 우리 삶에서 성경 인물들이 누린 그대로를 누려야 합니다. 그래서 성경도 목사도 없었던 시절에 아브라함, 이삭, 야곱이 했던 것처럼 하나님을 불러야 합니다. 하나님을 간절히 찾고 찾으면 만날 수 있다는 하나님의 분명한 약속을 기억해야 합니다. 하나님께서 기도하는 자의 믿음을 보고 인정해주실 때, 믿음을 주시며 상급으로 성령님을 보내주십니다. 또한, 성경의 가장 큰 계명인 '하나님 사랑'과 둘째 계명인 '이웃 사랑'을 어떻게 실천하는지 배웠습니다. 하나님 사랑하는 자가 되려면 쉬지 않는 기도, 즉 끊임없이 하나님을 하루 종일 생각해야 하고, 이를 위해 아침과 저녁 집중적인 기도가 필요했습니다. 이웃은 가장 가까운 가족을 먼저 사랑해야 합니다. 죄와 싸워 이겨야 한다고 배웠습니다. 죄란 헬라어로 '하마르티아(ἁμαρτία)'이고, 화살이 과녁에서 벗어났다는 의미로 하나님이 싫어하시는 모든 생각과 행위입니다. 사소한 생각조차도 하나님 기준에서 살펴보고, 하나님께서 기뻐하시는 의인이 되도록 자기 생각을 부인해야 합니다. 세상에서는 자기가 주인이 되고 육신이 원하는 것을 행하지만, 성경에서는 그것을 죄라고 선언합니다. 육신의 생각은 하나님과 원수가 된다고 로마서에 분명히 기록되어 있습니다. 예수님도 제자의 조건 첫 번째로 자기를 부인하라고 하셨습니다. 자신의 생각이 육신의 생각인지 영의 생각인지 분별하고 육신의 생각은 하나님 기준으로 분별하여 행하여야 합니다. 하나님이 기뻐하시는 의인이 되어야 한다고 배웠습니다. 하나님께서 의인이라고 인정해 주시면 성경 인물들이 누리는 평안과 기쁨을 이 땅에서도 누리게 됩니다. 천국은 장소가 아니라 통치자의 개념으로 하나님과 함께 있는 곳이 천국입니다. 이 땅에서도 천국처럼 기쁨과 평안을 누리면서 살다가 죽어서도 천국에서 하나님과 함께 살 수 있습니다. 그리고 믿는 자에게 따르는 표적이 나타나야 합니다. 성령의 열매와 사도 바울이 언급한 은사에 귀신 쫓는 은사는 없습니다. 오히려 예수님이 말씀하신 대로 '나를 믿는 자는 나의 일을 할 것이고, 나보다 더 큰 일을 행하여야' 합니다. 그래서 사도 바울에게 다메섹

도상에서 말씀하신 '어둠에서 빛으로, 사탄의 권세에서 하나님께로 돌아오게 하고 죄 사함과 나를 믿어 거룩하게 된 무리 가운데서 기업을 얻게 하라'고 하신 말씀을 이루어야 합니다.

이러한 기도 훈련을 통해 삶이 행복해졌습니다. 기도하면서 생각하지도 않았던 회사에 취업하고, 하나님이 예비하신 짝과 결혼하게 되었으며, 부족했던 생활비도 정규직으로 전환되면서 채워주셨습니다. 제가 취업하기도 전에 저희 팀 구성원도 바꿔주시었고, 팀도 꾸려주시며, 정시 퇴근이 당연하게 되는 등 회사생활도 수월하게 해주셨습니다. 한번도 가보지 않았던 곳으로 직장을 얻어 제 삶도 단순해졌습니다. 지인들을 만날 수도 없고 연락도 자연스레 끊기게 되었습니다. 회사에서도 세상 사는 이야기를 하지 않고, 퇴근하면 가족과 함께 식사하고 삶을 나누며 시간을 보내고 있습니다. 또한 주변 영혼을 불쌍히 여기는 마음이 생겼습니다. 가족들, 그리고 직장 동료의 영혼을 위해 기도합니다. 식사를 하거나 이야기를 나눌 때에도, 그들의 이름을 불러가면서 기도합니다. 마지막으로 삶에서 요동하는 일이 적습니다. 세상은 흉흉하나 하나님과 동행하기만 한다면 천군 천사로 지켜 보호하신다는 믿음으로 마음을 지키고 있습니다. 그러나 성경대로 삶에 올곧게 적용하지 못하고, 아직도 넘어지고 부족한 영역이 많이 있습니다. 싸워 이길 때도 있지만, 여전히 제 생각을 붙들고 제가 옳다고 여기기도 합니다. 기도 전에는 항상 칭찬을 받고 주변 사람으로부터 인정을 받으면서 자랐습니다. 그리고 대우받고자 하는 대로 대우하라는 예수님의 말씀대로 제 자신을 희생하면서까지 배려하려고 애썼습니다.

그런데 기도를 하면서 보니 그게 아니었습니다. 제 중심으로 생각하고, 사람을 판단하며 그에 맞게 미리 행동했습니다. 제 생각이 옳다고 생각했습니다. 결혼하고 나서도 제가 세운 기준으로 아내를 판단하고 정죄했습니다. 하나님 기준이 아니라 제 기준으로 대했고 아내를 사랑하지 않았습니다. 완벽을 추구하는 제 습성대로 집에서도 청소나 요리나 집안일을 하는 아내에게 그 기준을 적용하면서 아내를 힘들게 했습니다. 지금은 코치님으로부터 권면받은 대로 제 자신을 보는 훈련을 하고 있습니다. 집에서뿐만 아니라 일상이나 회사에서도 어떤 상황에서 거슬림이 올라오게 되면 그 상황이 왜 거슬리는지, 어떻게 행동하면 거슬리지 않는지, 그렇다면 그것이 하나님 기준으로 봤을 때 어떤 상황인지, 과거에 어떤 습성이 있어서 그랬는지 등 살펴보고, 모든 탓을 제 탓으로 돌리며 제 자아를 보고 있습니다. 세상에서 보기에는 제가 맞을 때도 있겠지만, 세상 기준이 아닌 하나님 기준을 삶에 적용하려고 합니다. 제 자신과 같이 아내를 사랑하라는 명령에는 순종하지 않으면서 다른 죄에 넘어졌다고 좌절하기도 했습니다. 이제는 하나님께서 짝지어주신 소중하고 사랑스러운 아내를 하나님의 사랑으로 사랑하려고 기도합니다. 천국을 먼저 가정에서 이루고자 아내와 같이 기도하면서 부족한 부분을 나누고 정리하고 있습니다. 틈만 나면 하나님만 생각하고 하나님 말씀을 읽어 하나님 뜻을 깨달아야 하나 여전히 제가 하고 싶은 대로 행동할 때가 있습니다. 회사에서도 일이 바쁘지 않을 때 궁금하거나 하고 싶은 것들을 찾을 때도 있습니다. 그럼에도 지금까지 영성학교에서 배운 대로 기도하고 말씀을 읽으며 하나님께 다시 회개하고 나아갑니다. 코로나로 세상을 바꾸신 하나님께 감사하고, 이 시대에 하나님께서 기다리시는 영혼을 하나님께로 이끄는 자가 되고 싶습니다.

❖ 28 ❖
하나님께서 내 삶의 주관자가 되시길 바랍니다

_ 주이름거룩

저는 울산시에서도 차로 40~50분 정도 가야 하는 작은 마을에서 태어났습니다. 초등학교도 한 학년에 30명, 전교생은 200명 정도의 작은 학교를 다녔습니다. 저희 집은 배 과수원을 하였습니다. 과수원을 하여 풍족한 삶을 살았을 것으로도 생각이 되지만, 제가 초등학교 1학년 시절에 저의 부친이 돌아가셔서 그 이후로 어머니 혼자서 저희 형제들을 힘들여 키우셨습니다. 저희 어머니께서 자주 새벽기도 가시고 교회 청소도 한 번씩 하시던 기억이 납니다. 지금 생각해 보면 보잘것없는 시골에 풍족하지 않았던 어린 시절이지만, 하나님께서 저희 가정을 많이 돌보아주시어 무사히 잘 성장할 수 있게 도와주신 것 같습니다. 이후 감사하게 중학교 시절 도시로 전학을 와서 학교를 다니고 신앙생활은 집 근처 교회에서 하였습니다. 수련회를 방학마다 다녔는데 그때 하나님의 은혜를 조금씩 알게 되었던 것 같습니다. 이후 학생회 임원도 하였고 교회는 성실히 나갔으나 하나님을 진지하게 생각하는 시간은 적었던 듯합니다. 교회 대학 청년부 시절 입시의 실패로 마음이 낮아져서 하나님을 진지하게 생각하게 되면서 내 인생은 내 힘으로 할 수 없고 하나님께서 모든 것을 주관하신다는 말씀이 믿어져서 교회에서 하는 신앙생활을 열심히 하게 되었습니다. 그 시절 하나님에 대해 가졌던 좋은 기억과 마음들은 지금도 기억하려고 합니다. 그리고 그 시절 어떻게 보면 가난한 마음으로 하나님을 찾았던 듯합니다.

이후에도 신앙생활을 하고, 나름대로 하나님께 기도하고 하나님께 내 인생을 맡기고 의지하려 하였습니다. 그러나 좀 더 시간이 지난 후에는 학업과 직장 등으로 하나님에 소홀하게 되고 자연스럽게 하나님에 대한 뜨거운 마음이 식고 있었던 듯합니다. 그래서 갈급한 마음이 들어서 영성학교에 오기 전 좋다는 교회, 유명한 교회를 찾아다니고 유명한 교회 목사님 설교도 매주 들었습니다. 영성학교 전 마지막 다녔던 교회(그래도 주변에서 좋다고 많이 추천했던)는 말씀은 부드럽고 좋으나 목사님 개인의 자랑, 교회 성장에 대한 자랑, 교회 규모, 행사 등을 은근히 자랑하는 것을 한 번씩 듣는 것들이 힘들었습니다. 하지만 그즈음 몇몇 유명한 교회도 다녀보았기에 다른 교회도 다 그런 걸로 생각하고, 그즈음에는 현대교회에 대한 기대를 많이 접게 되었습니다. 그래서 일요일에 교회는 다니지만 신앙의 자극과 성장이 없고, 그냥 주일 예배만 드리고 시간을 낭비한다는 생각이 많이 들었습니다.

그러던 중 처제가 아픈 상태였는데, 부정적인 생각을 하지 말고 항상 좋은 마음으로 기도하고 생각하면 아픈 것이 많이 호전 될 수 있다고 여러 차례 이야기하였으나, 말을 듣지 않아 기도원에 가서 기도하면 최소한 부정적인 생각을 계속하지는 않을 테니, 그런 도움이라도 받고자 영성학교에 가서 기도해보라고 장모님과 처제에게 이야기하였습니다. 이후 처제와 장모님이 영성학교에 다니시게 되고, 변화를 옆에서 보게 되었습니다. 사실 기대했던 처제의 변화는 처음에는 크지 않았고 장모께서 영성학교 가서 기도하시니 변화가 감지되었습니다. 이후 영성학교가 이런 변화가 있는 곳이면 직접 가서 보는 것도 좋겠다는 생각이 들어 방문하게 되었습니다. 그리고 이런 변화가 어떻게 생기고 어떤 기도를 하는지 호기심도 들었습니다. 첫 방문을 하고 예배를 드리고 오후에 기도시간이 되었는데, 다들 그렇게 열심히 기도하는 모습에 깜짝 놀랐습니다. 이렇게 주일날 시간을 들여서 기도하는 것은 학생 때 수련회 이후 처음이었던 듯하였고, 이런 곳에서 사람들이 모여서 하나님을 찾으려고 하고 예수 피로 자기의 죄를 사해 달라고 간절하게 기도하는 것이 저에게는 큰 자극이 되었습니다. 나는 주일날 시간을 낭비하고 있는데, 이곳에서는 하나님을 만나려고 이렇게 열심히 기도하는구나 하는 생각이 들었습니다. 제 신앙생활에 대한 반성도 되었습니다. 이후 거기서 봤던 대로 집에서 기도하려 했으나 잘 안 되었고, 우리 가정의 하나님 성품과 다른 문제들도 보여서 우리 가족도 같이 기도해서 하나님 성품을 배우면 좋겠다는 생각이 들어서 몇 달 후부터 매주 방문하고 기도하게 되었습니다. 기도 이후에는 많은 변화들이 있었습니다. 처음 처제의 건강 문제로 영성학교를 추천하였는데, 몇 년의 시간이 지나면서 중간에 많은 위기들이 있었지만 처제가 많이 건강해져서 일상생활을 하는 데 지장이 없게 되고 또한 기도생활도 같이 잘할 수 있게 되어서 감사합니다. 할렐루야! 그래서 처가 가정이 화목하게 되어 너무 감사합니다. 저희 가정에도 많은 변화가 있었는데, 기도하기 전에는 판단과 생각의 기준이 세상의 지혜였다면, 지금은 하나님을 중심에 놓고 하나님께서 원하시는 것이 무엇인가 생각하게 되고 서로 기도하고 하나님에 대해서 나눌 수 있게 되어 감사합니다. 기도 이후 가족 간에도 더욱 화목하게 지낼 수 있게 되어 감사합니다. 아이가 중2 시절에 약간의 위기가 있었지만 잘 지나가고 있어서 감사합니다. 저 개인적으로는 마음의 불편함 등 마음으로 짓는 죄들이 지금도 완전히 없지는 않지만 많이 줄었습니다. 그리고 삶 가운데 복잡하거나 할 때도 언제나 기도하면 평안한 마음을 주셔서 감사합니다. 그리고 삶 가운데의 일이나 문제가 있을 때 기도하고 하나님을 믿고 의지하면 해결해주심을 경험하게 되었습니다. 영성학교 이전의 신앙생활이 추상적이라면, 영성학교 이후의 신앙생활은 말씀과 기도와 삶이 실제로 이어지는 신앙생활로 계속 체험할 수 있게 되어서 감사합니다. 부족한 것밖에 없는 저를 여기까지 인도해주신 하나님께서 진정 내 삶의 주관자가 되어주시길 바랍니다. 앞에서 저희를 하나님께 중매해 주시는 목사님, 사모님, 수석코치님들, 수고해 주시는 분들 감사합니다.

❖ 29 ❖
첫사랑 주님 끝까지 가고 싶어요
_ 마르지 않는 샘물

　결혼 후 난 시댁의 시누이 형님의 권유로 교회를 나가게 되었습니다. 그 첫 예배 때 하나님은 아무것도 몰랐던 저의 마음을 만지셨고… 콧물, 눈물이 너무 나와서 창피할 정도로 주님의 살아 계심을 체험했습니다. 교회 나오기 전에 둘째 시숙께서 사업을 하셨는데 남편이 내가 모르게 보증을 서주고 빚을 갚지 못해서 우리 집으로 차압 쪽지가 날아오고 회사로도 월급 압류가 되고, 설상가상으로 IMF가 터지고 사표를 내고 우리가 살던 아파트는 세를 주고 상가를 얻어서 장사를 하고, 상가에 붙은 방에서 아이 둘과 우리는 그렇게 시련 속으로 들어갔습니다. 그렇게 시작된 교회를 정말 열심히 다녔습니다. 처음 순수했던 믿음이 어느덧 내 의가 되고 교만이 되고 나만큼 못하는 사람을 판단하는 죄악을 저지르고도 입으로만 회개하고 같은 죄들을 지으면 내 영혼은 공고하고 메마르고, 성경 속에는 하나님이 계셔도 교회 밖에선 내 힘으로 살아야 하는, 앞뒤가 안 맞고 교회가 왜 이런지, 갈수록 의구심이 들었지만 어디에서 속 시원히 알려주는 사람이 없었습니다. 그 무렵 난 종말론의 귀신에 붙잡혀서 인터넷을 뒤지며 이런저런 불안함과 공포와 걱정거리로 안절부절못하는 상태였습니다. 그러다 '충주 시골 한적한 곳의 쉼목사'라는 글을 읽고 한 번 가야지 했는데, 나를 인도하시는 하나님의 은혜로 집사님을 만나고 같이 나의 의지가 되어준 집사님과 같이 갔습니다. 조그만 시골집에서 뻘쭘한 저희를 낯설지 않게 맞아주신 목사님의 배려로 영성학교에 다니게 되었습니다. 그때는 얼른 기도의 강을 건너서 교회에서 눈치 채지 못하게 얼른 가야지 했던 기억이 납니다. 기도 초반에는 잡념과 함께 기침이 끊이지 않고 나오고 침, 가래… 중반에는 빈혈도 생기고 한쪽 눈도 안압으로 인해 물체의 형체가 희미하게 퍼져 보이며 몸이 굳어지고 얼굴이 찌그러지고 혼미하고 어지럽고 기도를 할수록 속에서 센 귀신들이 드러나고 나중에는 머리에 커다란 바위가 있는 것처럼 목과 머리를 눌러서 기도를 못하게 방해를 했습니다. 목사님의 축출기도로 더러운 귀신들이 많이 빠져나가고 머리가 많이 맑아지고 미혹의 영의 양파껍질이 한 겹 한 겹 벗겨지고 있습니다. 남편이 영성학교 가는 것을 극도로 싫어해서 마음이 무거웠고 그렇지만 살아 계신 하나님이 여기 이렇게 살아 계시다는 것을 내가 보았고 체험을 통해서 알았으니 제가 어딜 가겠습니까. 사도행전 29장을 써내려가는 이곳이 내가 있어야 할 곳이고 우리 가족들을 구원해내야 할 사명이라 생각합니다.

그런즉 이 일에 대하여 우리가 무슨 말 하리요 만일 하나님이 우리를 위하시면 누가 우리를 대적하리요 자기 아들을 아끼지 아니하시고 우리 모든 사람을 위하여 내주신 이가 어찌 그 아들과 함께 모든 것을 우리에게 주시지 아니하겠느냐(롬8:31~32). 아멘.

코로나로 지금은 영성학교에 가는 것이 가끔이지만 그동안 들었던 목사님과 코치님들의 코칭을 되뇌며 넘어져도 얼굴을 뻔뻔하게 '하나님, 용서해주세요. 잘못했습니다' 하고 다시 들이밀며 가고 있습니다. 하나님, 나의 첫사랑을 회복하고 끝까지 가고 싶습니다.

❖ **30** ❖

단무지가 답이다

_ 예~랑

　2014년 여름 아내의 청에 마지못해 따라나선 길이 벌써 7년이라는 시간이 흘렀습니다. 소요시간 4시간여, 왕복 7~8시간의 가깝지 않은 거리를 대전까지 매주 왕복을 하며 간판도 없는 한마음교회에 출석을 하였습니다. 교회를 드나든 지가 수십 년이 되었지만 늘 마음 한구석에는 허전함과 공허함으로 채워지지 않는 마음으로 신앙생활 아닌 신앙생활을 하였습니다. 허전하고 공허한 마음을 채우려 새벽에 교회에 나가 모두가 돌아간 후 울부짖어 하나님을 부르며 외쳐보았지만 늘 마음은 공허할 뿐이고 나의 삶은 변화되는 것이 없었습니다. 하나님은 변화를 받으라고 했는데 아무리 해도 나 자신은 변하지 않고 삶도 변하지를 않았습니다. 그러던 중에 한마음교회를 알게 되어 가게 되었는데 엄청난 소리를 들었습니다. 아침저녁으로 한 시간씩 기도를 하고 성경을 읽고 매일 문자로 보고하라는 말씀이었습니다. 정말 난감했습니다. 5분도 힘든데⋯. 처음에는 억지로 자리에 앉아서 하는 흉내라도 내야 문자 보고를 하니 억지 춘향 격으로 시간을 때우며 기도를 했습니다.

135

그렇게 한 것이 벌써 7년이라는 세월이 흘렀습니다. 지금은 기도하는 것이 즐겁고 이렇게 긴 시간을 내가 기도할 수 있다 는 것이 믿겨지지 않습니다. 처음에 단무지과로 기도하라, 기도하는 기계가 되라고 하셨지만 그 말씀이 이해가 되지를 않았습니다. 그러나 지금에서야 그 말씀이 무엇인지 깨달아지며 하나님께서 원하시는 것이 무엇인지를 알게 되었습니다. 내가 할 일은 그저 단순무식하게 기도하는 기계가 되어, 오직 하나님만을 전심으로 주구장창 부르는 무익한 종이라는 마음으로 시간만 나면 기도하며 가고 있습니다. 그러다 보니 그동안 안개 속을 헤매며 막연한 신앙의 길을 걸었던 것이, 이제는 가야 할 길이 너무도 명확해지고, 신앙적인 부분에서는 아내가 저를 인정하지 않았는데, 이제는 아내에게 인정도 받게 되어 수시로 아내와 서로의 신앙을 점검하며 기도로 나가고 있습니다. 그동안 이곳 영성학교를 찾은 이들이 많이 있었지만 이곳에서 요구하는 기도의 분량을 채우기 힘들어 아쉽게도 이곳을 떠나간 분들이 참으로 많았습니다. 하나님께서는 우리에게 쉬지 말고 기도하고, 전심으로 나를 찾으라고 하셨지만 그 말씀을 이루는 것이 결코 쉽지 않음을 우리 모두는 잘 알고 있습니다. 그러나 하나님의 명령이신 자기부인을 하지 않고는 결코 하나님을 만날 수 없고 하나님을 만나지 못하면 천국은 나의 것이 아니라는 것 또한 잘 알고 있습니다. 그러나 자기부인은 결코 내가 할 수 있는 것이 아니기에 오직 하나님께 도움을 바라며 주구장창, 단순하게, 기도하는 기계가 되어 하나님을 부르고 있습니다. 그것만이 내가 할 수 있는 일임을 이곳 영성학교에서 가슴 깊이 새길 수 있음에 진정 감사드립니다.

❖ 31 ❖
고목에 핀 생명꽃

_ 다니엘 7

저는 영성의 고향인 충주 영성학교와 가까운 단양(매포)에서 태어났고, 제천과 충주에서 학교를 다니면서 자랐습니다. 그래서 충주에 있는 영성학교 믿음의 공동체에 갈 때마다 감사하고, 즐겁고 기쁩니다. 신앙에 대해서는 지금 생각해보니 저는 겁이 많았고, 어릴 때 악한 영으로부터 많은 공격을 당해서 늘 괴로웠던 기억이 납니다. 어머니가 절에 다니다가 여호와의 증인 성경공부를 하시면서, 당시 중학생이었던 저에게도 같이 공부를 하라고 해서 늘 토요일이면 골방에서 여호와의 증인 선생님과 '깨어라', '파수대지'를 공부한 기억이 있습니다. 그리고 고등학교에 들어가서 담임선생님 전도로 제천중앙성결교회에 1년간 다니다가 하나님의 존재가 믿어지지 않아서 양심상 교회를 떠났습니다. 교회를 떠날 때 마지막 기도로 "하나님, 진짜 계시면 언젠가 믿게 해주세요" 하면서 떠났던 기억이 납니다. 그 후 친구가 다녔던 절에 다녔고, 그리고 직장을 인천에서 다니면서 결혼하고 아내와 계속 절에 다녔습니다. 그런데 제가 술을 너무 좋아해서 일 년 365일 중 363일은 거의 매일 술에 절어서 술 먹지 않으면 취침을 못 하는 알콜 중독 상태에서 살

137

았습니다. 그래서 술 문제로 거의 매일 아내와 많이 다투었습니다. 아내가 교회에 나가면 남편 술 문제가 해결된다고 이웃사람의 전도를 받고 교회를 나가면서 저도 함께 교회를 다니면서 술과 담배를 33살에 끊게 되었습니다. 그리고 한 침례교회로 옮겨서 약 25년간 신앙생활을 하였습니다. 그런데 저는 주로 신앙을 개인적으로 20여 년 경건서적을 통해서 은혜를 많이 받았습니다. 그리고 하나님께서는 혈기 제거, 판단 정죄하는 작은 죄라도 절대 피해야 하는 무서움, 회개의 절대 필요성, 지옥은 절대 가서는 안 되는 곳, 기도의 권능과 중요성에 대해 삶 속에서 체험하게 해주셨습니다. 또한 지금에서야 확인된 문제가 있었던 교회나 공동체로 제가 가려고 하면 믿음이 약하다고 생각했던 아내가 이상하게 많은 반대를해서, 지금 생각해 보면 많은 인생 낭비를 피할 수 있었던 것 같아 너무 감사합니다. 하나님께서 주신 배필이 왜 필요한지를 지금에서야 겨우 깨닫습니다. 그런데 정년퇴직이 다가오면서 나를 십자가 보혈로 구원해주신 하나님께 감사해서 퇴직 후에 선교나 전도 사명을 열심히 감당하다가 천국가려고 말씀공부를 2년간 집중 공부하는 교회로 아내와 함께 옮기게 되었고, 성경공부에만 집중하는 바람에 25여 년 만에 기도 줄을 놓게 되었습니다. 그리고 공직 38년을 마치고 2020년 6월 말 정년퇴직을 하였습니다. 그런데 2016년 1월 심근경색, 2020년 2월 뇌출혈로 두 번 쓰러져 중환자실에서 겨우 살아나왔고, 두 번째 쓰러진 후 인천 길병원 중환자실에서 하나님께 기도하였는데 성령님이 내 안에 안 계신다는 것에 놀랐고 엄청 두려웠습니다. 이것을 주변 사람들에게 이야기를 해도 안 믿어 답답해하면서 6~7개월을 악한 영에게 쫓기며 고생하던 도중 무지막지 떠내려가는 저를 하나님께서 불쌍히 여기시고 성령님께서 신 목사님 부부를 통하여 직접 준비하시고 세우신 크리스천 영성 학교에 보내 입교하는 은혜를 베풀어주셨습니다.

영성학교에 와서 신 목사님의 10년간 성령 내주기도 체험간증과 함께 성령님의 지시로 기도의 정예용사 배출사역을 하신다는 말씀 에 저는 꿈꾸는 것 같았고, 지금도 꿈속에 있는 것 같습니다. 지옥 불 못을 향하여 떠내려가다가 천국을 향해 다시 산 소망을 붙잡았 으며, 게다가 평소 성경에서 발견한 성령 내주기도 하기를 마음속 으로 간절히 사모하였는데, 성령 하나님께서 인정하시고 보증하신 존경하는 목사님과 코치님들의 본질적이고 효과 검증된 경험을 접 목한 하나님 만나는 귀한 기도 훈련 코칭을 받게 된 것이 너무너 무 기뻤습니다. 저도 기도를 처음 하기 시작했을 때 하품, 트림, 방 귀, 편두통, 무서움, 다리관절 통증이 몇 달간 진행되다가 계속 기 도를 진행하니까 지금은 거의 없어졌습니다. 그리고 기도하고 두 달 만에 불면증에서 해방되었습니다. 저는 예수님 사랑을 닮아가 면서 마지막 때 죽어 떠내려가는 영혼 구원과 잠든 영혼을 깨우는 기도의 정예용사로 불러주셨다는 것을 믿고, 죽기 살기로 기도 정 예용사가 되어, 죽도록 충성하다가 주님께 가는 것을 소원하며 기 도하고 있습니다. 아랫배에 힘을 못 주던 것을 아랫배 힘주면서 온 마음까지 쏟는 기도를 애쓰고, 목사님과 수석코치님께서 방법을 알려주신 혹독하고 과도하게 하는 백치 기도를 하니까 잡념을 많 이 이기면서 기도하게 되었습니다. 오늘이 마지막 날이라는 인식 과, 매일 하루살이 마음가짐은 아직도 많이 부족하지만 노력하고 있습니다. 그리고 미운 사람이 생기면 마5:44 말씀 붙들고 누구누구를 예수님의 이름으로 축복하고 사랑합니다 하는 고백을 미움이 사라질 때까지 반복하여 기도하는데, 계속하니까 요즘에는 2~3시간 반복하면 미운 감정이 정말 눈 녹듯이 사라지게 되었고, 미운 감정 때문에 기도에 방해를 받지 않게 되었습니다. 기도 훈련을 받고 변화된 생활에 대해서는 아내를 약 30년간 속으로 미워했던 생각은 미혹의 영이 맞춤형으로 준 생각이라는 것을 발견하고 그 생각을 약 30년 만에 버렸습니다. 또한 평소 인터넷 상품이 정말 필요해서 사야겠다는 생각이 꼬리를 물면서 나는 정체가 미혹의 영이라는 것을 알게 되었고, 평상시 뜬금없는 우울한 감정, 부정적인 생각도 미혹의 영이라는 것을 알고 예수 피를 외치면서 쓰레기 생각을 버리려고 노력하고 있습니다.

이제는 결과적으로 매일 소망과 승리가 있는 행복한 기도 최우선 중심의 생활을 갖게 되었습니다. 예전에는 주로 해가 저무는 저녁에 악한 영이 공격해오면 속수무책으로 당했고, 저는 성령 내주 기도를 시작한지 얼마 되지 않았기 때문에 몸은 아직 온전하게 되지 않았지만 가끔 미혹의 영과 엎치락뒤치락하면서 지금은 일방적으로 당하지 않고, 가끔 기도 중에 기쁨과 평강도 경험하게 하시면서, 하나님께서는 마침내 중풍병도 완전 치유하시고, 반드시 제 안에 내주하셔서 이기는 기도의 정예용사가 되게 하실 것을 믿고, 늘 감사가 넘칩니다. 늘 예수님의 마음과 사랑으로 코치해주시는 존경하는 목사님, 수석코치님, 교수님과 영성학교 공동체 믿음의 가족들을 만나게 해주시고, 값을 매길 수 없는 엄청난 성령 내주기도 훈련을 받게 하신 주 하나님께 감사와 찬양과 영광을 올려드립니다!

❖ 32 ❖
인생의 목적을 깨닫게 되는 기도 훈련

_ 남이섭

저는 고등학교 때 시골 교회에서 처음 신앙을 접했고 믿음이 무엇인지 모르고 다니다가 적극적으로 다닌 것은 울산에서 개척교회를 다니면서였습니다. 30여 년을 교회 차량 봉사와 안수집사로 열심을 내었지요. 그렇지만 성령의 열매는 없고 잎사귀만 무성한 교회생활이었습니다. 구원의 확신을 가지고 구원을 받는 자는 기쁨과 감사로 충성하라는 가르침이 언제부터인가 의무적이고 종교적이 되었습니다. 믿음으로 충성하다 보면 자녀들은 하나님께서 책임져주시고 축복은 따놓은 당상처럼 생각하고 살았고 내가 구체적으로 하나님 앞에서 어떻게 살아야 하는지 잘 몰랐습니다. 육신은 피곤하고 마음은 허무하고 냉랭하고 건조했습니다. 자녀들은 빗나갔고 경제적으로 채무에 시달렸습니다. 감동이랍시고 무리하게 대출을 받아 각종 헌금을 하고 빚에 허덕이면서도 꼬박꼬박 십일조를 했습니다. 어리석고 무지한 결과는 비참하고 고통이었습니다. 어느 정도 바닥을 치는 상황이 지날 무렵 아내가 먼저 영성학교를 다니게 되었습니다. 아무런 기대도 희망도 없는 저의 모습이었습니다. 그런데 목사님의 칼럼을 읽으면서 마음이 열리고 나도 하나님을 만나는 기도를 하고 싶어졌습니다. 처음에는 가르쳐주신 대로 아침저녁 1시간씩 기도하고 사람을 만나는 일과 필요 없는 일은 가지치기하며 틈만 나면 하나님을 생각하고 예수 피를 부르는 일에 집중하려고 했습니다. 이전보다 평안해지고 걱정, 염려, 근심이 사라지는 것을 경험하던 중에 회사가 부도나고 오랜 울산에서의 삶을 정리하게 됐습니다.

이 기도를 하면서 배운 것 중에 하나는 내가 먼저 계획을 세우고 내 뜻을 앞세우지 않는 것인데 마음이 요동하지 않고 기다리다 보면 생각보다 일들이 순조롭게 되어갔습니다. 목사님과 사모님의 따뜻하신 배려와 사랑으로 영성학교에서 거주하면서 기도의 습관과 자기부인에 대해 실천하는 은혜로운 시간도 주어졌습니다. 오랫동안 고질병이던 고혈압도 좋아져서 약을 끊고 건강해졌습니다. 시키는 대로 잘 따라하는 착한 근성이 있어서 나 스스로에게 이 정도면 잘하는 거겠지 하고 속기도 하고, 끈기나 지혜가 부족함을 많이 느낍니다. 깊이 생각하는 것을 피하고 싶고 대충 넘어가려는 단점이 있습니다. 많이 부족합니다. 아직도 기도의 습관만큼 자아가 깨어지고 변화되지 못한 부분이 많이 있습니다. 2달 전부터는 새로운 곳에서 일을 하게 되었습니다. 더 좋은 환경에서 일하는 것을 바라는 것이 아니라 나의 기도의 삶이 훈련할 수 있는 좋은 환경으로 보내주셨다고 생각하며 감사하고 있습니다. 아내와 매일 같이 지내다가 떨어져서 지내다 보니 아내의 소중함과 사랑도 더 깊어진 것 같아서 감사합니다. 이제는 내가 먼저 성령의 사람이 되는 것과 기도하지 않는 딸이 하나님께 돌아오는 것과 온 가족이 하나가 되어 하나님의 도구로서 살아가는 것이 간절한 소원이고 바람입니다. 날마다 우리를 위해 기도해주시는 목사님, 사모님, 수석코치님, 모든 동역자와 지체분들께 감사합니다. 매일처럼 퇴근 무렵 직접 찾아와 기도와 신앙을 코칭해주시는 안코치님께도 감사합니다.

✤ 33 ✤

나는, 나의 생활은

_ 죽기살기로

ADHD, 왕따, 은따, 학폭 피해자, 그럼에도 불구하고 담임선생의 강제 전학 권유, 개인주의, 이기주의, 이런 사회적 이슈들… 이 모든 것이 우리 아이들에게 있었습니다. 처음 큰아이를 데리고 병원에 가서 검사하고 진단을 받고 돌아올 때 전철에서 꺼이꺼이 울고 집에 도착하고 나서도 한참을 울다 들어간 기억이 있습니다. 아시겠지만 주의력 결핍장애(Attention Deficit _ Hyperactivity Disorder, ADHD)는 완치도 없고 성인 ADHD로 이어질 가능성도 있습니다. 그렇게 평생 같이 가야 하는 병입니다. 이 병은 의학적으로 전두엽의 문제라고만 알려져 있습니다. 그렇게 진단을 받은 후부터 소아정신과를 일주일에 두 번 다니고 소위 서울 강남권에서 공부 잘하는 약으로 불린다는 ADHD약을 우리 아이는 매일 먹었고 심리치료, 집단치료 등 병원에서 권하는 모든 치료를 하였지만 눈에 띄게 좋아지지는 않았습니다. 하지만 그럼에도 그 약을 끊는다거나 병원을 가지 않는다는 것은 생각하지도 못했습니다. 그렇게 힘들고 메마른 저의 생활이었습니다. 그러던 어느 날 형부가 기도 훈련을 얘기하였고 저는 형부의 권유로 이 기도 훈련을 하게 되었습니다.

기도 첫날 지금도 기억하는 것은 기도할 때 무서운 얼굴을 하고 비웃듯이 쳐다본 그 사신(死神)과 손이 너무 간지러워서 피가 나도 계속 긁었던 기억이 납니다. ^^ 기도 훈련은 아이들도 같이 하였습니다. 기도하면서 변화된 아이들의 모습은 제일 먼저 ADHD 진단을 받은 아이의 정상 판정입니다. 기도하면서도 약은 먹었는데 목사님께서는 약을 끊기를 권하셨고 그 후로 병원에서 받은 약을 먹이지 않고 변화만 되어도 감사하겠다 하는 마음으로 기도만 집중적으로 하였습니다. 순종적으로 잘 따라와준 아이를 데리고 병원에 가서 다시 재검을 하였습니다. 그런데 놀랍게도 정상이 되었습니다. 의학적으로 일어날 수 없는 일에 의사는 약간 자존심이 상한 듯, 의아심을 품고 다른 핑계를 대면서 약을 먹기를 권하였지만 듣지 않고 나와서 하나님께 감사하였습니다. 그리고 다른 아이들도 개인주의나 이기주의가 변하여 지금까지 햇살처럼 잘 지내고 있습니다.

저의 신앙생활을 둘로 나눈다면 영성학교를 다니기 전과 후로 나눌 수 있을 것 같습니다. 40년 이상 교회 다녔고 결혼하고 제가 살던 곳에서 제일 큰 대형교회를 다녔지만 진심으로 하나님을 사랑하는 법과 미혹의 영하고 싸우는 법, 귀신에 대해서 들어본 기억은 없는 듯합니다. 그리고 회개기도에 대해서 깊게 들어본 적도 없는 것 같습니다. 영성학교 와서 미혹의 영에 대해 알게 되었고 나의 모습을 보고 회개기도를 하게 되었습니다. 이 기도를 하면서 제가 마음 아프게 회개기도 한 것은 나의 마음이 하나님이 아닌 내 자신으로 꽉 차 있어서 내 중심으로 돌아가는 것이었습니다.

모태신앙이어서 어릴 때부터 들어왔던 잘못된 기복신앙에, 이미 내 안에서 답을 정해놓고 마음이 아닌 겉모습만 하나님께 기도한 나의 가증스럽고 가식적인 모습이 너무 부끄럽고 창피하였습니다. 지금도 그때 깨달았던 마음을 잊지 않기 위해서 매일 하나님을 부르고 심판대 앞에 섰을 때의 두려움과 떨림을 생각하면서 기도하고 하나님께 아뢰는 생활을 하려고 노력하고 있습니다. 믿음은 하나님이 주시는 선물이고 내가 직접 체험해야 한다고 합니다. 여러분의 삶이, 생활이 변화되길 원하신다면 하나님을 진심으로 부르는 기도를 하셔서 하나님의 큰 은혜와 사랑을 직접 체험하셨으면 좋겠습니다.

❖ 34 ❖
기도의 끈을 놓치지 않겠습니다

_ 오뚝이

　안녕하세요? 영성학교 성령이 내주하는 기도 훈련 체험담을 통해 이 기도 훈련을 처음 접하시는 분들에게 도움이 되었으면 하는 마음으로 적게 되었습니다. 저는 대학 입시의 실패로 방황할 때 언니가 교회를 나가보는 게 좋지 않겠냐는 권면으로 예배에 참석하게 되었습니다. 그 당시 교회를 가면 마음이 편안하고 성경공부도 재미있고 좋았습니다. 그래서 성경공부, 새벽기도, 수요예배, 청년부 활동을 언니의 도움으로 시작하게 되었습니다. 하지만 저는 세상적으로 성공하고 싶은 마음이 컸기에 학업에 전념하면서 대학 4년을 보내게 되었습니다. 졸업 후 제가 쌓아온 커리어에 한계를 느꼈고 원하던 대학원에 합격을 하고서도 겁이 나서 학업을 중단했고 돈 벌어야 하기에 직장에 다니기로 하고 회사에 취직을 하였습니다. 사회생활이 서툴고 새로운 사람과 관계를 맺는 것 자체가 저는 스트레스였습니다. 또한 저는 하나님과 세상을 사이에 두고 대립 중이었습니다. 하나님의 손을 잡지 않고 중간에 서서 갈등과 번민으로 하루하루 힘겹게 잠에 들었습니다. 어느 날 성경을 읽는데 내가 죄인이고 지옥에 간다는 것을 깨닫고 그날부터 회개하고 한

　　　　내 영혼을 깨우는 77人의 기도 훈련 체험담

달간 기쁨과 평안 속에서 지냈습니다. 하지만 또 다시 마음은 어두워지고 여전히 낙담과 좌절 속에 있었습니다. 그러던 중, 언니가 칼럼을 보여주면서 목사님의 칼럼을 접하고 저의 모든 삶의 문제들의 원인(귀신)을 알게 되었습니다. 아무런 의심도 없이 목사님의 칼럼 내용에 수긍이 되었고 지금의 기도 훈련을 얼떨결에 시작하게 되었습니다.

저는 인내와 끈기가 아주 부족한 성품을 가지고 있습니다. 역시나 기도 훈련을 여러 차례 포기를 했습니다. 하지만 사모님의 조언과 언니와 형부의 중보기도, 목사님께서 기회를 주셔서 다시 기도 훈련에 임하게 되었습니다. 목사님께서는 마지막이라고 생각하고 기도 훈련에 임하라고 하셨고 "죽기 살기로, 입에서 단내가 나도록, 전심으로, 혹독하게, 쉬지 말고" 기도하라고 말씀하셨습니다. 알려주시는 대로, 시키는 대로, 그대로 해보려고 했습니다. 이 단어들의 뜻을 마음으로 새기고자 국어사전, 영어사전을 찾아가면서 그 뜻을 생각하면서 기도하기도 했습니다. 이 기도를 해보시면 귀신들이 전면에 드러나기도 합니다. 기침, 가래, 침, 가려움, 몸살, 후두염, 두통, 통증, 이상한 소리 나오는 것, 이명 기타 등등 온 몸을 아프게 했습니다. "믿음으로 예수 피를 하라"는 목사님의 가르침으로 지금도 진행 중입니다. 하지만 저는 걱정, 근심, 염려, 불안, 낙심, 절망, 짜증, 분노, 미움, 시기, 질투 등 부정적인 생각과 잘 싸우지를 못하고 있습니다. 또 마음과 육체가 원하는 생각을 여전히 하고 있습니다. 그래서 하나님이 주신 짝을 힘들게 하고 괴롭히고 있었고 귀한 자녀를 사랑하지 않고 방치하고 있었습니다. 그러나 하나님은 죄에서 돌이키고 포기하지 않고 매달리고 울부짖는 자에게 기회를 주시는 분 같습니다. 하나님께서 저를 불쌍히 여겨주셔서 지금까지 이 기도의 끈을 놓지 않게 해주셔서 송구할 따름입니다. 가난한 마음으로 하나님의 이름을 부르며 기도하려는 그 마음을 빼앗는 악한 영과 싸우는 훈련을 끝까지 이 악물고 하여 이기는 자가 되어 생명책에 제 이름이 기록되고 지워지지 않고 성령의 사람으로 다시 태어나는 이 기도 훈련을 마치고 남편과 자녀와 함께 천국을 누리며 살고 싶습니다.

> 그가 아버지의 마음을 자녀에게로 돌이키게 하고 자녀들의 마음을 그들의 아버지에게로 돌이키게 하리라 돌이키지 아니하면 두렵건대 내가 와서 저주로 그 땅을 칠까 하노라 하시니라(말라기4:6).

저도 이 마음으로 하나님의 일에 일꾼이 되어 살기를 소망해봅니다.

하나님과 영원히

_ 시원2

제가 하나님을 부르는 기도를 알게 된 때는 어쩌면 제 인생에서 가장 열심히 하나님을 위해서 일하고, 사랑하고 싶어서 나름대로 몸부림치던 시절입니다. 그래서 거의 교회와 집밖에 모르고 살았습니다. 그런데 언젠가부터 피곤하고 지친 저를 보았습니다. '왜 나는 교회를 대충 다니는 사람보다 행복하지 않을까?', '왜 나는 뭘 해도 기쁘지 않을까?', '왜 나는 이렇게 공허할까?' 등등 수없이 갈등하고 힘들어하면서도 교회 떠나면 큰 일 나는 줄 알고 헌신적이고 희생적인 교회 생활을 했습니다. 그러다가 영성학교와 하나님 부르는 기도를 알게 됐을 때, 평소에 기도하는 것에 관심이 많아서 그런지 별다른 거부감은 없었습니다. 그래서 지역 모임방에 간 것이 계기가 되어서 영성학교도 가게 되고 목사님과 코치님들 코칭을 받으며 기도하게 되었습니다. 저는 그다지 기도하는 것이 힘들다는 생각은 안 했습니다. 왜냐면 교회에선 수많은 활동들도 하면서 기도까지 하는데, 그냥 기도만 하면 된다고 하시니까 오히려 짐이 가벼워지는 느낌이 든 것 같습니다. 제가 힘든 건 주말마다 식구들을 버리고(?) 영성학교 가는 일이었습니다. 저는 혼자서 멀리

가는 것과 식구들을 팽개치고 어딜 가는 것을 너무나 싫어하고 두려워하는데 그걸 동시에 하려니까 죽을 맛이었습니다. 그래서 그 당시엔 제가 차를 몇 번씩 갈아타고 영성학교 가는 것이 믿음을 보이는 것이라는 결심까지 했습니다. ^^ 근데 너무 신기하게도 몇 번 그렇게 하니까 학교에 가는 일이 얼마나 좋은지 지체들과 같이 기도하고 밥도 먹고 잠도 자고 같이 생활하다 보면 집 생각이 거의 나지 않을 정도로 좋고 자꾸 가고 싶어졌습니다. 지금은 최고 안식처를 주심에 감사합니다. 처음엔 제가 너무 목이 마르고 배가 고파서 하나님을 부른다고만 생각했는데 기도할수록 제 안에 넘쳐나는 문제들이 보였습니다. 여기저기 고질병들에, 경제적인 문제들에, 나빠진 사람 관계에, 온갖 부정적인 생각들과 한 몸이 되어버린 대책 없는 자신이 보였습니다. 그래도 감사한 것은 어디서도 배울 수 없는 영적인 세계와 하나님을 사랑하는 것, 그리고 천국에 가려면 어떻게 해야 하는 지에 대해서 자세하게 배우고 행동으로 옮기려고 애쓰게 된 것입니다. 그러다 보니 식구들도 인정할 만큼 경제적인 여유도 주시고, 고질병들도 해결해주시고, 모든 문제의 근원인 제 자신이 평안해지기 시작하니까 식구들과도 더 화목해지고 다른 사람들과의 관계도 더 좋아지고 있고, 기도하면서 자아와 싸우면서 하나님 만나는 것도 더 좋아지고 있습니다. 아직은 모든 부분에 미완성이고 불완전하지만 회개하면서, 죄와 싸우면서 끝까지 가겠습니다. 우리 식구들과 천국 가는 그날까지! 끝으로, 이제는 서툴지만 자가용 운전해서 아름다운 경치를 보며 영성학교로 여행 가게 해주시는 하나님 감사합니다. 사랑해요 ♡

❖ 36 ❖
지금 돌아보면

_ 박착함

지금 돌아보면! 쉽게 기분 나빠하고 쉽게 삐지고, 쉽게 상처받고, 쉽게 서운해하고, 쉽게 자존심 상하는 저였습니다. 지금 돌아보면! 하나님이 아닌 주변 사람에게 잘 보이려는 태도로 이미지 관리하느라 죽을 뻔한 삶이었구나! 군대 제대 후 신앙생활을 시작한 저는 교회 문화가 마냥 신기하고 재미있었습니다. 성경을 읽을 때는 전율을 느끼기도 하며 부흥성회나 기도원에 가서 은혜도 받고 눈물 흘리며 회개하며 감사한 생활을 하게 되었습니다. 그 후로 저는 제가 처음 예수님을 믿게 된 이 교회를 절 때 떠나지 않겠다는 마음에 좋은 보수의 직장의 기회를 여러 번 버리고 교회에서 가까운 곳에 있는 직장을 택하여 다니며 죽어도 예배를 절대 빠지면 안 된다는 생각에 17년 동안 열심히 예배에 참석하며, 차량 운행, 교사, 기관장, 성가대 등 많은 직분을 맡아 열심히 생활하였습니다. 이 교회에서 청년의 시절을 보내고 결혼을 하고 아이 둘을 낳고 생활하고 있었습니다. 목사님과 교인들로부터 1등 신자라는 칭찬이 많았고 이런저런 교회의 일에 적극적으로 참여하며 신앙생활을 했습니다. 그러나 여러 가지 봉사에 힘들어하는 아내와 마찰이 잦았

153

고 그런 아내를 보고 저는 어디 가도 마찬가지라며 이기며 나가야한다는 말만 하고 그렇게 서로 힘들어하며 지내고 있었습니다. 그러던 제가 직장을 금산으로 이직하게 되었고 그때 역시 교회를 떠나지 않기 위해 익산에서 아침 1시간, 저녁 1시간을 출퇴근하면서 교회는 절대 빠지지 않고 생활하고 있었습니다. 출퇴근하면서 차 안에서의 시간이 많아 평소에 기도원에 참석해서 은혜받았던 서울 Y교회 목사님의 설교를 들으면서 다녔습니다. 그런데 그 목사님은 "한번 구원은 영원한 구원이 아니다", "성령이 우리 안에 계시지 않으면 구원받지 못한다", "기도하지 않는 사람은 절대 천국에 갈 수 없다" 등의 설교를 서슴지 않고 말씀하는 것을 들으면서 저는 충격을 받았고 그 설교를 들으면 들을수록 그동안 읽었던 성경과 맞아떨어지니 제게는 두려움으로 다가왔습니다. 그 고민으로 주변의 다른 사람들에게 물어보아도 다 비슷한 말뿐이었습니다(한번 예수님을 믿은 사람은 하나님이 택하신 사람이므로 타락해도 끝까지 포기하지 않으시고 구원하신다). 그때부터 예배에 참석하면 저희 목사님의 설교와 차 안에서 듣고 다녔던 설교와 본문은 같은데 전혀 다른 내용으로 인해 너무 힘든 시간을 보내야 했습니다. 몸은 교회에 와 있는데 설교 말씀에는 전혀 동의되지 않고 은혜도 받지 못하며 생활하였고 그 교회를 나올 때 무렵에는 오직 교인들과 축구를 하는 것이 저의 유일한 희망이었습니다.

그러던 중 먼저 기도 훈련하던 막내 여동생의 권유로 신 목사님의 칼럼을 읽게 되면서 그동안 고민하고 힘들어하며 무엇이 잘못됐는지 등의 의문점이 다 해결되는 마음이었습니다. 사실 제 막내 여동생이 "내가 만약 이 기도 훈련을 우리 가족에게 소개한다면 우리 오빠는 맨 마지막 차례야!" 할 정도로(무슨 의미인지 모름, 어이없음. ㅎ)… 그때부터 아내와 함께 기도 훈련을 시작하게 되었습니다. 기도 훈련을 하면서 정말 많이 싸웠던 아내와 사이가 좋아지고, 드러난 건강의 문제(자가면역질환: 유전인 질병으로 완치 불가), 아이들과의 관계, 영성학교를 죽도록 싫어하시는 엄마와 3년간의 끈질긴 싸움 등이 회복되고 좋아지는 등 많은 감사한 일들이 있었습니다. 기도 훈련 전에는 내 안에서 올라오는 수많은 부정적인 생각들을 받아들여 힘들고 고통스럽게 살았다면 이제는 그 생각을 넣어주는 존재를 알고 싸우고 쫓아내니 정말 살 것 같았습니다. 그러면서 시간이 점점 지나가는데 무언가 빠져 있는, 무언가 모르지만 답답함이 늘 있었습니다. 지금까지의 훈련이 임기응변, 순간을 모면하기 위한 훈련밖에 되지 않았나 하는 등의 복잡한 생각을 코치님께 말씀드리게 되었고, 코치님의 코칭 내용은 "기계의 톱니바퀴 아귀는 잘 맞물려 있는데, 기름이 없다"였습니다. 그때부터 다른 사람이나 환경이나 상황을 보지 않고 문제의 원인을 내 안에서 찾아 하나님께 내어놓고 회개하기 시작했습니다. 내 안의 나를 보려고 파고들어가면서 고질적인 내면의 문제들이 보이기 시작했습니다. 아벨이 의롭다고 인정받는 꼴을 못 보는 가인, 하나님이 함께하시는 다윗이 잘되는 꼴을 못 보는 사울 왕, 자기 어린 아들을 잠자다 깔아뭉개 죽여놓고 이웃의 어린 아들이 살아 있는 꼴을 못 보는, 솔로몬 왕에게 재판받은 창녀의 모습이 제 모습이었고 이 모습은 하나님께서 영광받으시는 꼴을 못 보는 사탄의 모습이었습니다. 내 안의 내 모습을 보려고 한 삽을 팠는데 나온 것이 이것인데 계속 파 들어가면 얼마나 악하고 더러운 것이 가득할까? 그래서 지금 돌아보면! 쉽게 기분 나빠하고 쉽게 삐지고, 쉽게 상처받고, 쉽게 서운해하고, 쉽게 자존심 상하는 모습이 저였습니다. 지금 돌아보면! 하나님이 아닌 주변 사람에게 잘 보이려는 태도로 이미지 관리하느라 죽을 뻔한 삶이었구나 하는 것입니다. 이런 나를 구원하시려고 기도 훈련을 하게 해주신 하나님! 먼저 이 길을 가시고 우리를 이끌어주시는 목사님, 사모님, 그리고 네 분의 수석코치님들! 그리고 영성학교 식구들! 제게는 정말 좋은 아군이 많아 능히 이 길을 완주하리라는 소망이 가득합니다. 이후에 다시 기도 훈련 체험담을 쓰게 된다면 그때는 하나님과 진정으로 만나고 동행하며 일꾼으로 사용되고 있는 모습을 감격스러워하며 쓰고 싶네요!

✤ 37 ✤
슬픔이 변하여 기쁨으로

_ 하늘기쁨

2020년 작년 한 해는 제 삶에 있어서 큰 획을 그을 수 있는 귀한 한 해였습니다. 영성학교 오기 전까지는 교회 전도사 사역을 하였습니다. 자의 반, 타의 반으로 등 떠밀리다시피 시작된 전도사 사역은 쉬운 일이 아니었습니다. 삶에 찌들고 가난하고 병들고 사회에서 소외된 사람들 중 엑기스만 모아놓은 교회였기 때문에 강한 피해의식에 사로잡혀 있었고 여러 가지 삶의 문제들이 해결되지 않는 사람들 틈에서 저는 서서히 지쳐가기 시작했습니다. 처음 시작은 이분들을 잘 섬기며 목사님을 도와서 교회를 부흥시키는 것이 하나님의 뜻이고 하나님이 기뻐하신다고 생각하여 열심을 내었습니다. 저의 주요 사역은 심방, 구역예배 인도, 목사님 출타 시 수요예배 설교, 금요예배 설교, 그리고 교인들 간 분쟁이 있을 때 중재자 역할과 교인들이 목사님을 향해 총알을 쏠 때 대신 맞아야 하는 총알받이 역할 등, 지금 생각해보면 교회 안에서 행해지는 것들이 전부 비본질적인 것들 위주로 흘러가고 진정 하나님이 원하시는 것들이 무엇인지 모른 채 사역했던 것 같습니다. 나중에 영성학교 훈련을 받으면서 교인들의 삶이 고단하고 팍팍했던 이유를 알게 되었습니다. 이러한 사역을 감당하면서 몸도 마음도 지치고, 해결되지 않는 성도들의 문제들을 보면서 낙심하며 전도사 사역을 내려놓고 싶다는 생각을 수없이 하면서도 내려놓지 못하는 교회의 상황들이 자꾸만 저를 힘들게 했습니다. 교회 권사님들은 저를 보면 전도사님 같은 분은 무슨 삶의 걱정거리가 있겠냐며 마치 아무 부족함 없이 사는, 팔자 좋은 전도사 취급을 합니다. 그러면서도 전도사 사역만 안 하면 편하게 살 수 있는 분이 교회일로 이리 뛰고 저리 뛰고 하는 모습이 안타까우면서도 고마우셨는지 저를 많이 의지하시고 좋아해주셨습니다. 그렇게 한 해, 한 해를 버티며 보냈는데 더 이상 버틸 수 없는 한계에 부딪치며 이대로는 살 수 없다는 절박한 마음과 함께 빨리 교회 사역을 벗어나 내가 살아야 한다는 몸부림이 있었습니다. 교회만 벗어나면 살 것 같았습니다. 그렇게 곪을 대로 곪아터진 마음의 상태일 때 일은 엉뚱한 데서 터졌습니다. 7년 전부터 몸의 여러 가지 증상들과 정신적인 문제들로 힘들었던 딸이 그런 대로 나름 잘 생활하고 좋아지나보다 했는데 완전히 걷잡을 수 없이 힘든 상황이 되어버렸습니다. 밤에 잠을 잘 수도 없고 일상적인 생활을 할 수 없는 모습을 보면서 두려움과 낙심, 그리고 내가 전도사 사역을 안 하려고 하니까 이런 일이 터졌나 자책하면서 밤마다 교회에 가서 힘든 딸과 함께 기도하면서 1년을 보냈습니다. 이대로는 안 되는구나 생각하고 있을 때 딸이 말합니다. 자기는 크리스천 영성학교에 가야지 해결이 될 것 같다고 말하는 것입니다. 딸은 본인의 증상들을 검색해보면서 신 목사님께서 그런 증상들은 귀신 때문에 일어난 일이고 기도 훈련과 함께 축출기도를 받아야 해결될 문제라는 것을 들은 후로 무려

10개월 동안을 영성학교의 글들을 접하고 있었습니다. 나중에 알고 보니 영성학교 모든 정보에 박사님이 되어 있었더라고요. 어느 누구도 이 정신적인 증상들에 대해 귀신이라고 말하는 사람이 없는데 귀신이라고 말씀해주시니 딸의 입장에서는 속이 시원했던 모양입니다. 딸의 문제만 해결할 수 있다면 어떤 일이라도 할 수 있을 것 같았습니다.

이번 기회에 전도사 사역을 내려놓고 일단은 딸에게 집중해야겠다고 생각하여 목사님께 말씀드리니 상황이 상황인지라 저를 붙잡을 수 있는 명분이 없으셨는지 저는 그렇게 딸의 문제를 기회삼아 모든 것을 내려놓고 딸과 남편과 함께 영성학교에 방문하게 되었습니다. 신 목사님과 면담할 때까지만 해도 기도 훈련을 어떻게 해야 하는지도 몰랐기에 딸의 문제를 해결하고자 하는 마음에 딸과 함께 기도 훈련을 하겠다고 했습니다. 기도 훈련의 내용은 시간적으로 만만치 않음을 알게 되었지만 딸의 문제 때문에 평생 마음 고생하며 사느니 기도하면 된다니까 지금보다 더 힘들 것 같지는 않았습니다. 문제는 나는 죽기 살기로 한번 해보겠는데 딸이 과연 힘든 몸으로 축출기도를 받으며 기도하는 과정을 잘 버틸 수 있을지가 문제였습니다. 결론은 아무리 기도 훈련과 목사님의 축출기도로 좋아진다는 결론을 가지고 있더라도 본인이 힘들어서 도저히 못 하겠다고 하면 그만둘 생각이었고 본인이 한다고 하면 끝까지 해보자 하는 마음이었습니다. 그러나 감사하게도 딸은 그렇게 몸이 힘든 상황인데도 기도 그만하겠다고 하는 소리를 한 번도 안 했습니다. 지금 생각해보면 기적의 시작이 그때부터 일어났나 싶었습니다. 신기하고 대견했습니다. 딸의 말을 빌리자면 이렇게 힘들게 사는 것보다 기도해서 좋아진다면 기도하는 것이 쉬운 일이라고 말을 하였을 때는 고난이 유익이라는 말씀이 생각이 나서 환난 중에 소망을 품고 기도 훈련을 할 수 있는 계기의 발판이 되었던 것 같습니다. 작년 1년 동안은 두 모녀가 엎치락뒤치락하면서 영성학교 기도 훈련을 하였습니다. 딸은 영성학교 오기 전에는 밤에 잘 수도 없었는데 두 달 후에는 잠을 잘 수 있게 되었고 그 뒤로도 서서히 힘든 가운데서도 일상생활을 하면서 꾸준하게 기도 훈련과 자기부인 훈련을 하면서 알게 모르게 좋아지면서 올해는 힘들었지만 원하는 대학에서 공부를 하면서 강의가 없는 시간에는 날마다 수시로 기도의자에 앉아서 기도를 합니다. 아직도 갈 길이 멀지만 힘들 때마다 예수 피로 싸우며 이겨내며 기도하는 딸을 보고 있으면 기특하고 감사합니다. 저 또한 딸과 함께 기도 훈련과 자기부인훈련을 하는 기간 동안 하나님이 만들어놓으신 수술대 위에서 철저히 도려내야 하는 죄들을 보면서 1년 동안 처절한 싸움을 했던 것 같습니다. 많은 것들을 나열할 수는 없지만 그 과정들을 통해서 지난날 죄를 죄로 인식하지 못했던 것들을 회개하면서 도려내야 할 것이 많아서 많이 아팠습니다. 작년 12월 목사님과 코치님들의 축출기도를 기점으로 많은 것들이 변했습니다. 날마다 감사와 평안, 기쁨을 누리며 생활하는 지금이 행복합니다. 지금은 저에게 맡겨진 훈련생들에게 어떻게 동기부여를 줄지 고민하며 기도하고 있고 앞으로 영성학교 사역의 지경이 넓어질 때를 대비하여 내가 준비해야 되는 것들을 생각하며 기도하게 되었습니다. 슬픔이 변하여 기쁨을 주신 하나님께 감사드리고 처음 신 목사님께서 기회가 주어졌을 때 기회를 잡으라는 권면 감사합니다.

　　　　　内 영혼을 깨우는 77人의 기도 훈련 체험담

❖ 38 ❖
충성~ 영성학교 재입학생입니다

_ 아내사랑

　얼마 전 아버지께서 소천하셨습니다. 하지만 눈물과 슬픔보다는 하나님을 바라보면서, 하나님을 의지하고 있는 고요하고 잔잔한 저의 마음을 발견할 수 있었습니다. 정말 패역무도하고 먼지만도 못한 저에게 성령이 내주하는 기도 훈련을 할 수 있도록 이끌어주신 거룩하신 하나님을 찬양하며 그 체험담을 나누고자 합니다.

　하나님의 은혜로 쉰목사님의 대전 원룸 1호 가정으로 출발을 했지만, 크리스천 영성학교 사역이 열리고 얼마 지나지 않은 시점에 아쉽게도 말없이 영성학교를 떠났습니다. 하지만 영성학교를 떠나 있었지만 쉰목사님께서 외롭게 묵묵히 걸어오신 그 길을 알았기에 그것을 떠올리면서 기도의 끈을 놓지 않고 매일 촘촘하게 기도 훈련을 하고 있었습니다. 그렇게 3년 정도 흘러갈 즈음에 "쉰목사님이 나의 영적 아버지였구나" 하는 마음이 계속해서 강하게 들면서 하나님께 눈물의 회개를 하게 되었습니다. 그 마음이 더 강해지면서 아내에게 "이제 영성학교에 가야 할 때가 된 것 같다"는 이야기를 하고, 아내가 흔쾌히 동의할 수 있는 시간을 기다려주면서,

드디어 3년 8개월 만에 죄인의 모습으로 쉰목사님과 사모님을 찾아뵐 수 있었습니다. 그렇게 저희 가정은 크리스천 영성학교 신입생으로 재입학을 할 수 있었습니다. 목이 뻣뻣하고 교만이 하늘을 찌를 듯한 저의 성품을 너무도 잘 알게 되었기에 모든 것이 조심스러웠습니다. 그래서 저는 두 가지 원칙을 세웠습니다. 첫 번째는 "돌다리도 두드리면서 한 발짝씩 걸어가자." 두 번째는 "아직 마음 밭이 옥토가 아니라서 어렵겠지만 낮은 마음으로 김 코치님과 김 교수님의 경험을 적극적으로 듣고 그분들께 먼저 다가가서 듣자." 그리고 곧바로 실행했습니다.

새롭게 시작한 영성학교의 생활! 조심스럽게 4~5개월이 흘러가면서 "이제 이대로는 안 되겠다" 하는 생각이 점점 강해지면서 2020년 2월 충주에 원룸을 얻게 되었으며, 공교롭게도 2020년 3월 5일 회사에 사직서를 내게 되면서 자의 반 타의 반 기도 훈련에 전념할 수밖에 없는 상황이 만들어지게 되었고, 영성학교 재입학생으로서 기도 훈련의 여정을 출발하게 되었습니다. 2020년 3월 말 일요일, 영성학교 일정을 마치고 원룸에서 기도하는데, 머리가 너무 아파서 기도 후에 방바닥에 쓰러지고, 쉰목사님께 문자를 보내고 통화를 하였습니다. 쉰목사님께서 "기도하다가 죽은 사람 없다"면서, 다음 주부터 축출기도를 해주겠다고 말씀을 해주셔서, 이 기회를 정말 헛되지 않게 하겠다는 마음으로 2020년 4월 첫 주부터 축출을 받으면서 두 가지 원칙을 세우고 기도 훈련의 여정을 새롭게 출발했습니다. 첫 번째, "1시간 기도 후에 바닥에 쓰러지자." 두 번째, "영성학교에서 하는 기도의 강도 그대로 집에서 똑같이 훈련

한다." 그렇게 3~4개월 정도 흘러가면서 저의 마음이 이전과 같지 않다는 것을 깨닫게 되면서 집중기도의 시간을 더 촘촘하게, 기도의 강도를 더욱 거세게 하면서 맞불작전으로 대응하기 시작했습니다. 시간이 흘러가면서 마음이 가볍게 날아가는 듯하고, 아내와 아들에게 나도 모르게 존칭어를 쓰게 되고, 다른 사람을 위해 값 없이 주고 싶어지고, 평안한 마음의 시간이 길어지고~ 시간이 더 흘러가면서 아내와 아들에게, 쉰목사님과 사모님께도 제대로 눈물로 용서를 빌 수 있었습니다. 그러면서 어떻게 하면 하나님의 말씀대로 하루를 살 수 있을까 묵상하고 간청하게 되면서, 하나님께 더 잘 보이기 위해 더 노력하게 되었고, 그런 날들이 차곡차곡 쌓이기 시작하면서 언젠가부터는 저도 모르게 자기부인을 하고 있는 저의 모습을 볼 수 있게 되었습니다. 지난 기도 훈련 여정의 핵심은, 예수님께서 십자가에 달리시는 여정의 모습을 묵상하면서 집중력을 기르려고 기도시간마다 발버둥을 쳤으며, 그 분을 닮고 싶은 마음으로 회개기도를 시작하면서 통곡하게 되었고, 가장 낮은 자의 모습을 묵상하면서 자아를 죽여달라고 간청하고, 부패한 마음에 대해 통회하면서 새롭게 해달라고 소리를 지르면서 간청하는 기도가 기도시간의 전부였습니다. 지금은 어느새 기도가 곧 나의 생명줄이라는 것을 가슴으로 느끼게 되면서 하루를 기도로 준비하고 시작합니다. 5시에 기상해서 기도하고 말씀을 읽고, 또 다시 집중기도하고 출근을 하고, 점심식사 후에는 자동차 안에서 또는 대청호가 보이는 벤치에서 집중기도 후에 오후 일과를, 퇴근 후 저녁기도로 하루 일정을 마무리하고 있습니다. 그런 일정이 3개월째 흘러가면서 쉰목사님 말씀대로 기도한 것밖에 없는데, 저도 모르게 회사의 흘러가는 전체적인 분위기가 하나님의 손길이 아니고는 있을 수 없는 상황이 되어 있음을 조심스럽게 발견하게 됩니다. 영적 전쟁의 전선에서 물러섬이 없이 더욱 기도의 고삐를 조이고 있으며, 주변과 방문 이용객의 일상을 보면서 마귀들에게 고통당하는 모습에 나도 모르게 눈가에서 눈물이 흘러내리는 횟수가 많아지고 있습니다. 마귀들을 멸하시기 위해 이 땅에 오신 그분을 따라가면서, 그분의 마음을 닮아가는 것이 최고의 목표가 되어버렸습니다. 쉰목사님의 하나님에 대한 그 깊은 충성심과 사랑을 넘어서 모세와 같은 하나님의 충직한 종을 묵상하면서~ 영적 진보를 위해 오늘도 나아갑니다.

내 영혼을 깨우는 77人의 기도 훈련 체험담

구원의 예수그리스도

_ 종예

　구원의 예수그리스도! 청년이 되도록 하나님을 잘 모르고 살았습니다. 교회는 어린 시절에 한두 번 나갔던 희미한 추억의 장소였습니다. 소년 시절부터 좌우명은 일체유심조였고, 사람은 자기의 주관과 신념에 의해 변하지 않는 의지를 가질 수 있다고 생각했습니다. 그러나 삶은 그렇게 자기의 의지로 만들어낼 수 있을 만큼 만만한 것이 절대 아니었습니다. 결혼을 한 해 앞둔 어느 날, 우연히 따라 나간 어느 교회에서 하나님의 임재라고 생각될 수 있는 강력한 표적을 경험하고 그때부터 뜨내기 교인이 되었습니다. 하나님을 잘 모르는 남녀가 만나 마련한 신혼 전셋집은 깡통전세가 되어버렸고, 직장주택조합은 사기조합이 되어 그때부터 하염없이 떠내려가는 인생이 시작되었습니다. 나름 번듯한 직장을 다녔지만, 돈으로 꼬여버린 인생을 일으켜보려고 모든 대출을 끌어서 주식에 올인한 어느 날 국가부도 사태를 만나, 직장인으로는 상상할 수 없는 몇 억의 빚을 진 신세가 되고 말았습니다. 교회는 나갔지만 교적도 없이 나가는 가나안 교인 생활이었고, 삶의 피폐로 하나님만 간절히 찾아다닌 세월이었습니다. 일어서보려고 온갖 사업을 해보며 애쓰고 애썼지만 인생의 내리막은 브레이크 없이 떠내려갔습니다. 죽음의 그림자가 술잔 속에서 아른거렸고 그렇게 못난 한 사람의 삶은 끝이 나버렸습니다. 남아 있는 것은 패배와 죄만을 남겨둔 이십여 년의 세월이었습니다. 신용불량과 빨간 딱지로 이제 어느 곳 하나 기댈 곳이 사라져버린 삶. 모질지 못해서 생의 마감도 스스로 하지 못하고 서서히 폐인이 되어가던 어느 날, 그렇게 육신의 소망을 일으켜달라고 뜨내기 교인이 부르던 하나님이 그때는 내 삶으로 부를 수 있는 마지막 지푸라기였습니다. 그때 비가 내리고 밤이 깊어가던 날, 우산을 비스듬히 들고 손에는 깡소주를 들고 하나님, 하나님, 이렇게 인생을 살려고 살아온 것이 아닌데, 제가 폐인이 되었습니다. 저를 불쌍히 여겨주시옵소서. 다시 인생을 살아갈 수 있게 해주시옵소서. 많이 울면서 오직 하나님만이 나를 구원해주실 수 있다는 생각으로 가득 차 있었던 것 같습니다. 그리고 기적처럼 술과 담배를 끊고 새 직장에도 하나님이 만들어주신 우연으로 들어가게 되었습니다. 그리고 그때부터 오직 하나님만을 목이 차도록 부르고 부르며 기도했습니다. 내가 육신의 소망을 기도하고 부르면 하나님이 어느 새인가 하나님만을 부르게 하고 계시는 것을 보게 되는 시간들이었습니다. 그렇게 하나님만을 부르고 기도하며 약 오 년여의 시간이 가고, 하나님이 열어주신 영적인 삶과 사업은 이제 새싹이 펴고 있었습니다. 저도 교회에 정식으로 등록하고 교회생활을 하고 있었지만, 하나님의 뜻과는 다른 시각들을 많이 보게 되었습니다.

　제가 다음 카페에서 예사전선교회를 운영하던 어느 날, 모 카페를 통해 쉰목사님의 칼럼을 보게 됩니다. 그리고 많은 이들이 기도 훈련을 배우고 모임이 시작됨을 보게 되었습니다. 저는 하나님을 부르며 기도한 지가 약 삼사 년이 넘어가던 시점이었고, 목사님을 나중에 알게 된 것이 참으로 안타까웠습니다. 저도 목사님을 일찍 알았더라면 가르쳐주는 이 없이 혼자 기도와 말씀을 담아오는 데에서 오는 영적 혼란이 많이 줄었을 것이라는 안타까움이 있었습니다. 목사님의 가르침이 교인을 양육하는 모범적이고 성경적인 바탕임을 보게 되고, 또한 기도의 모범도 분명하심을 알게 되어 성남 기도모임에 참석을 시작하였습니다. 성남 기도모임의 존속이 어려워지게 된 어느 날, 저는 목사님께 제가 이어서 방장을 하게 되면 어떤지 의견을 여쭙고 감사하게도 응답을 주시어 크리스천 영성학교의 일원으로 참여하게 되었습니다. 혼자서는 아무리 하나님의 은혜가 깊어도 하나님의 깊이를 따라갈 수 없습니다. 저는 크리스천 영성학교를 통하여 악한 영의 미혹과 계략을 비로소 처음 올곧게 배웠습니다. 우리에게 나쁜 시그널을 주는 세상의 유혹은 너무나 많습니다. 이 유혹의 시작이 사단의 미혹임을 알게 되었습니다. 그 미혹을 예수 피로 치고 끊임없이 하나님을 불러야 함을 배웠고 실천해올 수 있었습니다. 지금은 언제나 하나님을 부릅니다. 부단하게 들어오는 미혹의 잡생각을 사단의 공격으로 인지할 수 있습니다. 우리가 호흡하는 그날까지 사단은 미혹을 멈추지 않을 것입니다. 쉬지 말고 기도하는 훈련이 되어야 우리는 마지막까지 승리하는 경주자가 될 수 있습니다. 저같이 죄 많은 자를 불러주신 하나님을 찬양합니다. 저같이 볼품없는 자를 크리스천 영성학교에 붙어 있게 해주신 하나님께 감사합니다. 어느덧 세월은 모진 풍파를 넘어갔지만, 저는 이제 경주의 시작점에 있습니다. 저의 버킷리스트는 믿음의 경주가 끝나는 날까지 오직 주 예수그리스도만을 생각하며 주님을 따라가는 것입니다. 크리스천 영성학교는 올곧은 기도의 훈련소입니다. 제대로 된 영성을 사모하고 올바른 기도로 하나님의 뜻으로 살아가기를 바라는 이들은 크리스천 영성학교에서 배움을 시작해야 합니다. 우리는 이 땅에서 주님 대신 사는 사람이어야 합니다. 그것이 사명감이 되고 자기 십자가를 감당하게 해달라고 기도하는 원천이 될 것입니다. 그렇게 모인 이들이 주 예수그리스도를 올바르게 전파하는 사명자로 살 수 있을 것입니다. 항상 부족한 성남 기도 훈련 모임을 주님의 시선으로 바라봐주시며, 하나님과 동행하는 영성을 가르치는 목사님과 코치님, 교우님께 감사와 송구함을 올립니다.

❖ 40 ❖

딸아 고맙고 사랑해

_ 백일홍

저는 1녀 2남을 둔 평범한 엄마이며 작은 시골 교회를 다니는 집사로 나름 열심히 하나님을 섬겼습니다. 그저 가족이 건강하고 하나님을 잘 믿는 게 최고지 하면서 욕심도 부리지 않고 살았습니다. 첫째인 딸이 중학교 때 친구 관계, 학교생활에 고민하며 스트레스를 많이 받는다고 하더니 행동이 잘 되지 않았습니다. 선생님의 권유로 정신과에 가보니 조현병이란 진단을 받았습니다. 약을 먹으면서 중학교를 졸업했지만 고등학교는 다니지 못했습니다. 저는 딸아이를 고쳐보려고 금식기도, 치유 집회를 다니다가 알게 된 안 집사님의 권유로 다음 카페의 영성학교를 알게 되었습니다. 남편과 딸과 함께 충주에 가게 되었고 기도 훈련을 받았습니다. 매주 목요일이면 가방을 챙겨 목금토일을 영성학교에서 보내면서 기도 훈련과 축출기도에 참석했습니다. 하나님을 전심으로 부르고 코칭을 들으면서 무엇이 잘못되었는지 저를 살펴보는 시간을 갖게 해주었습니다. '하나님이 보시는 것은 마음인데 하나님의 이름을 부르면서 간절히 나에게 오시도록 마음과 뜻을 다해 부르는 것이다.' '일상생활을 하면서도 기도하는 이 마음이 떠나지 아니하고 계속 집요하게 끈질기게 조르는 것이다.' 잘 되지 않았지만 그냥 했습니다. '그저 불쌍히 여겨주세요', '하나님 저를 버리지 마세요' 하는 마음으로 그때는 할 수 있었던 것이 기도밖에 없었습니다. 말씀을 읽으면서 죄에 대해 알게 하시고 피조물인 나를 지으신 목적이 하나님을 찬송하는 자요, 섬기는 자로 하나님을 기쁘시게 하는 것인데 그것을 모른 채 껍데기에 충실했던 저를 불쌍히 여겨달라고 기도했습니다. 조그마한 일에 대해 걱정과 염려에 불안해하고 두려움과 무서움, 분노, 교만으로 가득 찬 저를 보았습니다. 예수 피로 쫓고 싸우는 기도를 하며 구토, 가려움증, 배의 소리, 통증, 두통, 기침, 콧물, 가래, 머리 묵직함 증상이 나타났습니다.

영성학교가 있는 곳은 산과 들과 강이 있어 풍경이 참으로 아름답습니다. 금요일과 토요일은 맛난 점심 식사를 하고 산에 등산도 다니고 산림공원, 충주호를 다니며 시골길에 예쁘게 피어있는 꽃을 보면서 마음의 여유와 육체의 쉼을 가졌습니다. 시간은 흘러 같이 기도하고 움직이던 딸이 말도 하고 스스로 행동도 하게 되었습니다. 공부할 수 있는 능력과 은혜를 주셔서 검정고시에 합격하고 또 대학에 다니고 있습니다. 자기주장과 고집이 센 남편도 기도하기 시작했고 남동생 둘도 영성학교에 가게 되었고 얼떨결에 기도하게 되었습니다. 가까이에 있는 누나의 모습을 보며 기도를 하니 조금씩 변화하기 시작했습니다. 막내가 축구 운동을 하다가 그만두었고 인문계 고등학교에 진학했습니다. '공부할 수 있을까?'라는 의문이 들었지만 지금 학원에 다니면서 열심히 자신만의 공부 방법을 찾고 있습니다. 집중력이 향상되고 마음이 평안하다니 다행입

내 영혼을 깨우는 77人의 기도 훈련 체험담

니다. 딸을 통해 저희 가정을 구원하시려고 기도하게 하신 하나님께 감사드립니다. 언젠가 목사님이 "딸에게 고맙다고 말할 날이 온다"라고 하시던 말씀이 생각나네요, "딸아, 이쁜 딸, 우리 딸아 고맙고 사랑해요. 우리 가족을 위해 고등학교도 못 가고 고난과 고통의 시간들에서 잘 견디어주었구나." 하나님을 믿는 지인들을 보면 하나님 부르는 기도, 칼럼, 전도책 등을 주고 싶고 또 알려드리고 싶은 마음이 생겼습니다. 직장에서 제가 할 수 있는 일은 언제 생명이 떠날지 모르는 자에게 조용히 옆에서 "하나님 부르세요"라고 권유하는 것입니다. 날마다 저를 죽이지 않으면 제가(귀신) 다시 살아나서 죄짓고 넘어집니다. 마음이 어두워지고 "어? 이거 아닌데" 하며 깨닫고 "난 먼지이구나, 안개이지… 도저히 죄를 이길 수 없구나." "하나님 저를 불쌍히 여겨주세요." 십자가에 흘리신 보혈의 의미를 가슴에 새깁니다. 나 같은 죄인에게도 하나님을 부를 수 있는 기회를 주신 하나님의 사랑과 은혜에 감사드립니다.

> 내가 그리스도와 함께 십자가에 못 박혔나니 그런즉 이제는 내가 사는 것이 아니요, 오직 내 안에 그리스도께서 사시는 것이라. 이제 내가 육체 가운데 사는 것은 나를 사랑하사 나를 위하여 자기 자신을 버리신 하나님의 아들을 믿는 믿음 안에서 사는 것이라(갈라디아서 2장 20절).

✤ 41 ✤
나는 먼지이다

_ Dream

　내 50대의 삶은 지옥이었습니다. 저녁에 잘 때에 다음 날이 오지 않기를 바랐고 자살하는 사람이 너무나 부러웠습니다. 그러나 자살하면 지옥인데… 결혼과 동시에 교회생활을 했던 나는 친정 어머님과 같이 세례를 받았습니다. 내 안에 성령님이 계신다는 전도사님의 말씀에 "아! 그렇구나!" 하면서… 그럼 나는 천국 가니까 이제 "하나님의 뜻대로 살자" 하는 마음으로 무던히도 열심히 교회생활에 온 마음과 정성을 쏟았습니다. 그러나 잘못된 판단과 실수로 악성 부채에 시달리면서 죽지 못해 살고 있었습니다.

　나는 그동안 참으로 남편을 미워하며 많은 못된 짓을 하였고 친정 식구들을 힘들게 하였으며 남들이 보는 나의 겉모습과는 다르게 "나 자신이 이렇게까지도 악한 마음과 악한 죄를 수도 없이 지을 수가 있구나." 나 자신을 보면서 할 말을 잃었고 당황스러웠으며 낭떠러지 위에 서 있다는 것을 알게 되었고 이 상황을 어떻게 해야 할지 몰라서 불안과 두려움으로 하루하루를 지내고 있었습니다.

그러던 어느 날 지인으로부터 영성학교를 소개받게 되었습니다. 목사님의 칼럼은 참으로 놀라웠습니다. 지금까지 교회에서 들어보지 못한 내용이었으며 그동안 들어왔던 영적 세계에 대한 해답을 얻을 수가 있었습니다. 또한 나에게는 이미 귀신의 증상이 있었고 내가 지금까지 고통받고 살았던 정확한 이유에 대하여 알 수 있었습니다. 오직 내가 살 수 있는 길이 있음을 감사하면서 하나님의 이름을 부르기 시작했습니다. 입에서 침이 수도꼭지 물이 흐르듯이 하염없이 흘러나왔기 때문에 변기통을 붙잡고 하나님의 이름을 불렀으며 일상생활도 지장이 많았습니다. 침이 나오지 않고 대화하는 사람이 너무나 부러웠습니다. 내가 살기 위해서 악착같이 기도했습니다. 그러다가 남편에게 "내가 도저히 살 수가 없으니 영성학교에 가야 내가 살 수 있을 것 같으니까 나 좀 데려가달라" 하고 부탁하였습니다. 살기 위해서 기도에 매달렸습니다. 그 길밖에 없었습니다. 기도가 안 되는 것 같고 앞으로 진전이 되지 않는 것 같은 상황이 올 때에라도 내 마음에서 놓지 않았던 것은 나를 수도 없이 속인 귀신을 생각하면서 기도를 해야 된다는 끈을 놓지 않았으며 하나님을 만나지 못하면 나와 내 가족은 지옥인데 그렇게 되면 절대 안 된다 하면서 오뚝이처럼 일어나라고 했으니 일어나자 하는 것이었습니다. 이 기도를 하면서 흐르던 침도 그치고 남편의 용서도 받고 딸아이가 취직도 하게 되었으며 악성 부채도 해결이 되었습니다. 내가 하나님을 사랑하지 않았음을 알게 되었고, 내가 지었던 수많은 죄들은 내가 하나님을 마음에 두기 싫어한 결과임을 알게 되었습니다. 계명을 지켜야지만 하나님을 사랑하는 것이라는 성경말씀을 보았지만 그동안 눈에 들어오지 않았습니다. 내가 하나님을 사랑하는 줄 알았는데 내가 했던 교회에서의 모든 신앙행위는 나의 만족이었고 "내가 이런 사람이야" 하는, 다른 사람에게 보여주는 나의 의였음을 알게 되었습니다. 결론적으로는 나의 신앙행위로 인하여 내 스스로 흡족해 있었다고 보아야 할 것 같습니다.

 하나님을 전심으로 불러야 하는데 마음을 다하여서 기도해야 하는데… 그렇게 하면 참으로 좋겠는데… 기도를 하면 수많은 잡념들 때문에 너무나 힘들었습니다. 마음을 쏟는 것이 너무나 어려웠습니다. 그게 무엇일까. 연애할 때의 마음으로 기도하라고 하는데 나는 제대로 된 연애를 한번도 해본 적이 없는데… 그 마음이 짐작이 가지 않았습니다. 내가 영성학교에까지 와서 기도하면서 예전과 같은 기도행위로 끝나면 안 되는데… 그러면서 내가 하나님을 진짜로 만나고 싶은 건지 내게 질문을 던져보았습니다. 내가 귀신들에게 당한 것을 생각하면 꼭 만나야 하는 당위성은 있는데 나는 이렇게도 많은 죄를 많이 지었는데 나 같은 사람도 만나주실까…. 이런 마음이 들 때에는 요한복음 3장 16절 말씀으로 싸웠고, 내가 예전으로 돌아가면 나와 가족은 끝장이다. 귀신이 나를 수도 없이 속인 것을 기억하면서 기도하면서 습관을 고치며 말씀 순종하려고 애쓰면서 나를 부인하려고 시도하고 시행착오를 겪으면서 기도를 했습니다. 그러면서 머리를 하얗게 하고 하는 백치기도를 권면받게 되었고 해보았습니다. 감사하게도 답답했던 마음이 풀렸고, 잡념도 들지 않았으며 내 생각이 나뉘면서 생각대로 행동하지 않는다는 것이 무엇인지를 알게 되었습니다. 이제는 하나

내 영혼을 깨우는 77人의 기도 훈련 체험담

님의 뜻대로 사는 것이 무엇인지를 배우고 알았기 때문에 내 자아를 붙잡고 하나님의 뜻대로 살기 싫어하는 내 생각은 붙잡지 않고 진실하게 "하나님의 뜻대로 살고 싶어요. 어떻게 해야 될까요?" 선하신 하나님의 인도하심을 구합니다. 내가 무엇인가 했을 때에 생각지도 않았던 나의 의의 마음이 슬그머니 내 마음에서 머리를 들이밀 때는 "하나님. 나는 이 죄를 미워하고 싫어하고 저주하고 중오합니다. 내가 이 죄를 미워하는 것을 아시죠" 하면서 몸부림치면서 예수 피로 싸웁니다. 하나님을 사랑하기 위해서 성경 보고, 찬송하고, 축출기도 하고, 하나님의 이름을 부르면서 하나님을 사랑하고 이웃을 내 몸같이 사랑하게 해달라고 기도하고 있습니다. 적잖은 시간이 흘렀지만 참고 기다려주시는 예수님께 감사드리며 나에게 내일은 없다, 오늘 죽기 살기로 기도하자는 마음으로 결단하고 실행하면서 말씀 순종하면서 살아가려고 몸부림치고 있습니다. 그동안 시행착오도 많이 겪었으니 이제는 오로지 하나님만 바라보며 하나님을 사랑하는 마음을 품고 계명 순종하면서 예수님을 닮는 자가 되기 위해 몸부림치면서 싸우겠습니다. 영생의 길을 알게 하시고 참 목자를 만나게 해주신 하나님 정말 감사합니다. 사랑합니다.

❖ 42 ❖
어둠에서 빛으로

_ 오렌지나무

나를 지금까지 영성학교의 공동체로 남게 해주시고 훈련시켜주신 것은 전적으로 하나님의 은혜임을 고백한다. '어둠 속에서 헤매고 있는 저를 이끌어내신 하나님께 영광과 찬양을 올려드립니다.' 결혼생활은 해가 거듭될수록 악화되었고, 나의 불행은 모두 남편 탓이라는 생각으로 가득 차 있었다. 그러면서 가끔씩 보였던 불안증은 점점 더 심해졌다. 한번 발작을 시작하면 집안을 강시처럼 콩콩거리며 뛰어다니지 않으면 견딜 수 없을 정도까지 되었다. 아들은 발달이 조금 늦은 아이라고 생각했었는데 유치원에 들어가면서부터 다른 아이들과의 차이가 두드러지기 시작했다. 선생님의 지시에 잘 따르지 않으며 친구들과 어울려 놀지 못했고 감정표현도 거의 없으며 원하는 것이 안 될 때는 자해행위도 했다. 특히 말을 잘 하지 못했다. 남편은 항상 직장생활에 불만이 많았고 퇴사와 이직을 반복했다.

기도 훈련을 시작하자 가지고 있던 고질병들이 전부 악화되어 한동안은 하나님의 이름은 부르지도 못하고 예수 피 기도하기도 힘들었다. 남편은 내가 기도하는 걸 끔찍이 싫어했다. 기도하는 모습을 보면 불같이 화를 냈고 기도를 못 하게 했다. 그 전에도 교회 생활에 충실했기 때문에 늘 기도를 해왔지만 하나님 부르는 기도를 하는 것에는 반응이 완전히 달랐다. 눈에 불을 켜고 못하게 했다. 영성학교에 계속 다닐 거라면 이혼을 해야 한다고 까지 얘기했다. 그때는 남편 말이 너무 두려웠다. 그러던 어느 날 기분이 이상했다. '어? 뭐지?' 불안 증상이 없어진 것이다. 발작이 멈춘 것이다! 그다음 날도 그다음 날도 나는 불안하지 않았다. 나의 증상을 코치님께 말씀드리자, 나를 붙들고 있던 귀신이 나간 것이라고 말씀해주셨다. 그때 처음으로 귀신의 존재를 마음으로 깨달았던 것 같다. 허리가 갑자기 아파서 목사님께 축출기도를 받게 되었는데, 하나님께서 아들을 만져주기 시작하셨다. "엄마, 이거 주세요. 엄마, 저거 주세요"라는 말만 하던 아들이 "엄마, 속도가 느려요, 빨리 뛰어오세요"라는 말을 하는 것이 아닌가! 나는 내 귀를 의심했다. 그 뒤로 아들은 매일매일 새로운 어휘를 말했고 그렇게 나는 매일매일 기적을 경험하며 아들의 질병은 치유되었다. 남편의 직장 문제도 하나님께서 해결해주셨다. 남편이 원하는 일자리를 주셨고 지금까지 잘 다니고 있다. 지옥처럼 살다가 지옥에 갈 수밖에 없었던 나를 불쌍히 여겨주셔서 영성학교로 이끌어주신 하나님께 감사하지 않을 수 없다. 내가 뭐라고 하나님의 이름을 부르는 기도를 허락하셨을까? 생각하면 가슴이 먹먹해진다. '평안하냐?'라고 쓰여진 예수님의 말씀에 '네!'라고 대답할 수 있음에 감사하고 또 감사하다. 친정 식구들과 원수처럼 느껴졌던 시댁 식구들의 영혼이 한없이 불쌍해져 중보기도도 하고 있다. 매일매일 하나님께 지은 죄가 보여 가슴을 치며 용서해달라고 울며 기도하고 있다. 이제 겨우 말씀 한 구절 붙들고 잘 지켜보려고 바둥거리고 있다. 이제 내 소망은 하나님께서 나를 영성학교에 부르신 뜻대로 정예용사가 되는 것이다. 정말 그렇게 되고 싶다!

❖ 43 ❖
하나님 바보가 되고 싶어요

_ 엄마의 기도상자

교회를 제대로 다닌 적도 없고 하나님을 알지도 못했던 저는 남편을 통해 목사님과 사모님을 알게 되었습니다. 그 당시 남편에 대한 실망감이 커져만 갔고 신뢰가 없었기에 목사님을 만났을 때 시큰둥했고 속으로 '이번엔 또 뭐지? 무슨 생각으로 이분들을 모시고 온 거지' 이러면서 경계를 했습니다. 어느 날 남편이 목사님 교회에 가자고 해서 아이와 함께 갔는데 교회는 안 가고 주택가 골목으로 들어가고 어느 원룸 문 앞에 서 있는 것이었습니다. '설~마 여~기~가 교~회?' 아무리 봐도 십자가도 없고 무슨 점집도 아니고 이상하다. 여기가 말로만 듣던 그 이단? 혼자 속으로 별 생각을 다 했습니다. 그렇게 우여곡절 끝에 교회를 다니게 되었습니다. 지금 생각하면 하나님의 크나큰 은혜였던 거지요. 이젠 그 조그마한 원룸이 아련한 추억이 되었습니다.

3년이 훌쩍 지난 후에 죄송함을 무릅쓰고 영성학교를 다시 오게 되었습니다. 그 옛날하고 많이 바뀌었고 사람들도 많고 모든 것이 낯설고 제 마음이 불편했습니다. 무엇보다 '기도 훈련'을 시작해야 하는데 적잖은 마음의 부담으로 다가오기 시작했습니다. 남편의 적극적인 권유로 마음을 다잡고 충주에 원룸을 얻고 새롭게 시작을 했습니다. 매주 금요일에 1시간 정도 조퇴하고 금토일 영성학교 다니면서 기도 훈련과 말씀 읽기에 집중을 했습니다. 이왕 시작한 거 어영부영 시간만 보내기 싫었고 대충 하기 싫었습니다. 끝장을 보고 싶었습니다. 이 기도 훈련을 시작하면서 남편의 놀라운 변화를(천지개벽) 옆에서 지켜보면서(옛날에는 사람의 성격이 어떻게 변하겠어. 타고난 천성인데 절대로 못 버리지 하고 귀신이 넣어주는 생각을 아주 고이고이 붙들고 있었거든요) '어, 뭐지, 뭐야. 이렇게 완전 스윗하게 변하고 있는 거 맞아? 헐! 진짜! 대~박! 정말 하나님 살아 계신 거 맞네, 맞아' 하면서 그냥 생생하게 눈으로 보고도 믿기지가 않았어요. 동시에 저도 정신이 번쩍 나면서 하나님을 전심으로 부르기 시작했습니다. 처음에는 습관이 안 들었기에 무조건 의무적으로라도 아침저녁 기도시간을 정해놓고 하나님을, 예수 피를 외쳤습니다. 감사하게도 저는 옆에서 남편이 많은 힘이 되어주었고 동기부여가 되었고 조언도 아끼지 않았기에(뼈 때리는 코칭) 포기하지 않을 수 있었던 것 같습니다.

저의 하루는 다음과 같습니다.

① 아침 기도 끝나고 출근 준비를 마치고 차를 타면 "하나님, 저 출근해요. 안전운전 할 수 있도록 지켜주세요" 하고 출발하고 출퇴근 시(35분 정도 소요) 차 안에서 하나님을 맘껏 부르고 예수 피를 큰 소리로 외치며 오고가는 그 시간이 참 행복하

고 집중이 잘 됩니다. 직원들 오기 전에 조금 일찍 출근해서 20~30분 정도 말씀 보고 업무를 시작합니다.

② 아주 사소한 거라도 제 생각, 제 반응, 제 마음상태를 수첩에 메모합니다. 아침에 가족들하고 얘기 중에 반응을 보였던 제 마음상태라든지 업무 중에 있었던 일이나 사람과의 관계에서 느꼈던, 혹은 미혹의 영에게 당했던 제 마음상태를 꼼꼼히 메모합니다. 바쁜 업무 중에 혹시라도 하나님 생각 놓칠까봐 '기도 먼저', '예수 보혈'을 적어서 컴퓨터 모니터, 키보드, 전화기, 결재판에 붙여놓고 손은 바빠도 눈으로는 볼 수 있기에 그렇게라도 해서 항상 제 마음이 하나님과 함께하고 싶었습니다. 가급적 1분 이상 생각에 빠지지 않으려고 합니다. 하나님 생각 외 다른 모든 잡생각이나 걱정은 저의 힘을 빼는 '독'이라고 생각하고 예수 피로 쳐내고 있습니다.

③ 저녁 기도 시 하루 일과를 메모했던 내용을 보고 제 잘못된 말과 행동을 하나님께 고백드리고 꼼꼼히 회개를 합니다. 잠자리에 들 때 '하나님 감사합니다! 이렇게 평안한 하루를 마감할 수 있게 은혜 주셔서 감사합니다. 꿈속에서도 만나주세요, 하나님…' 하면서 고백드립니다.

오늘도 하나님을 생각하며 기도할 수 있다는 게 얼마나 감사한지요. 이 세상 떠나는 날까지 하나님과 동행하는 그런 제 삶이라면 이보다 더 큰 축복이 있을 수 있을까요? 이 세상 모든 당연한 것이라고 생각했던 것들이 당연한 것이 아니고 하나님의 은혜였다는 것을 이제야 이 죄인 고백합니다. 하나님! 하루하루를 감사함으로 채우는 그런 제가 되기를 소망합니다. 하나님! 사랑합니다. 영원히!

❖ 44 ❖
사로잡힌 자를 사로잡으시고

_ *행29

† 훈련 전의 상태

영성학교 오기 7, 8년 전에 쏟아질 듯이 꿈이 많았는데 우리 가족 안에 영적인 문제가 있다, 나는 부족하다는 메시지 같았습니다. 그래서 다시 훈련을 받으러 다니기 시작했지만 꿈의 내용은 변하지 않았습니다. 그 후 수술을 받았는데 종일 머리가 빙빙 돌아서 어떤 글도 읽거나 이해할 수가 없었으며 사직을 고민할 정도로 안 좋았으나 온몸에 약침을 맞으면서 버텼습니다. 친하게 지내던 동생이 이름 없이 기도하는 분에게 저의 이름을 알려주며 기도를 부탁했는데 그분이 저에 대해 이 사람은 안 아픈 데가 없다고 했지만 저는 그 정도는 아닌데 하고는 대수롭지 않게 여겼습니다. 또 영성학교 오기 1, 2년 전에 똑같은 꿈을 연속해서 이틀간 꿨는데 그 내용은 이러했습니다. 제가 차를 몰고 직장 정문에 내렸는데 갑자기 펑 하고 타이어가 터졌습니다. 다음 날에 똑같이 제가 차를 몰고 직장 정문에 내려서 타이어를 가까이에서 살피고 있는데 4개 모두 바람이 빠져 있고 너무 낡아서 도저히 쓸 수 없는 상태였습니다. 저는 몸 상태가 안 좋아서 이런 꿈을 꾸나보다 하고 생각했는데 돌이켜보면 저의 영적 상태에 대해 알려준 것 같기도 합니다.

† 기도 훈련의 시작과 가족의 합류

겨울방학을 2주 앞둔 어느 날, 평소에 늘 받고 싶었던 기도 훈련을 검색해서 크리스천 영성학교 카페를 알게 되었는데 모든 글에 신뢰가 가고 귀신에 관한 이야기는 처음 듣는 얘기지만 언니가 오랜 기간 우울증과 정신분열증을 앓던 터라 가서 직접 확인하고 싶다는 생각이 들었습니다. 그런데 그날 저녁부터 극심한 두려움이 올라와서 밤에 자지 못했고 그게 2주간 지속되어 꼭 가겠다고 다짐하게 되었습니다. 방학하자마자 곧바로 영성학교에 갔는데 그날 밤부터는 다시 잠을 잘 수 있게 되었습니다. 목구멍 바로 아래부터 아랫배까지 꽉 막히는 체기가 한 달 넘게 지속되고 나아지는 듯하다가 여러 번 반복되어 숨을 제대로 쉴 수 없고 어떤 자세로든 편히 지낼 수 없는 증상이 계속되었지만 매주 영성학교에 가는 것이 즐겁고 행복했으며 집중이 잘되지는 않았지만 기도하는 것도 좋았던 것 같습니다. 기도 훈련 시작한 지 2주 후에 오빠 집을 방문했다가 올케와 두 조카가 이 기도 훈련에 합류했습니다. 3달 후 졸업이라는 것을 했고 가족을 위해 매일 몇 분간 이름을 부르며 불쌍히 여겨달라고 중보기도를 하는데 시편 한 구절이 가슴에 꽂히면서 중보기도 할 때마다 계속 생각이 나고 그 짧은 시간 동안에 눈물이 펑펑 쏟아지곤 했습니다. 저는 가족을 사랑하거나, 가족을 위해 기도하는 사람이 전혀 아니었는데 그랬습니다. 그 무렵에 엄마와 언니에게 하나님 불러보라고 예수 피 해보라고 권했습니다. 그러다가 언니, 엄마, 남동생이 자발적으로 기도 훈련에 합류했습니다. 가족이 합류할 때마다 힘들긴 하지만 이 기도를 계속하면 행복해질 테니까 제발 화내지 말고 싸우지만 말았으면 좋겠다는

내 영혼을 깨우는 77人의 기도 훈련 체험담

것이 유일한 바람이었습니다. 하지만 가족 간에 골이 깊었고 귀신, 미혹의 영이 가득한 상태에서 함께하다 보니 관계를 통한 공격이 많았고 내공이 전혀 없어 늘 넘어지고 미끄러지고를 반복하면서 진도가 안 나가고 있었습니다. 가족 간에 화, 분노, 원망, 미움, 강박증, 불안증, 이간질, 자기연민 등이 가득해서 어떤 대화도 되지 않았고 조급하고 이기적이고 자기중심적이고 분노를 절제하지 못하고 사납게 서로를 몰아세우고 감정의 기복이 심하고 변명하고 자기합리화를 하고 거짓말을 하고 공동체에 민폐를 끼치고 불순종하고 자기연민에 빠지는 등 많은 문제 가운데에서 기도의 행위만 하고 있었습니다. 게다가 계속되는 수많은 증상과 통증으로 지쳐갔습니다. 그러는 가운데 이제 영성학교에 그만 오라는 통보를 받아 고향과 집에서 각각 기도하다가 다시 영성학교에서 훈련하기를 반복하게 되었고 지금은 동생은 제외하고 기도의 끈을 놓지 않고 계속 기도하는 중입니다.

† 감사

언니의 20년 넘은 우울증과 정신분열증이 나았습니다. 양쪽 어깨뼈와 신경이 심각한 상태라 수술이 꼭 필요했던 엄마는 수술하지 않고도 나았습니다. 하나님께서 불쌍히 여기셔서 베푸신 기적이었습니다. 개인적으로는 기도하기 훨씬 좋은 근무지와 주거환경을 허락해주셨습니다. 가족 안에 역사하는 미혹의 영의 실체를 눈으로 확인했고 수많은 코칭을 통하여서 제 안의 미혹의 영의 실체를 조금이나마 인지하게 되었습니다. 기도하면서 깊이 숨어 있던 수많은 고질병과 마음의 병이 드러나고, 그것들이 모두 귀신의 소행임을 함께 기도하는 가족을 통해서 확인할 수 있었습니다. 함께 하기에는 너무나도 힘든 가족이라 가족이 없다고 생각하고 단절하며 지내던 저는 가족에 대한 무관심으로 가족이 어떤 사람인지조차 알지 못했는데 함께 지내면서 알아가게 되었습니다. 미움이 가득하고 대화가 없고 화만 내고 도저히 함께할 수 없었던 가족이었는데 서로의 아픔과 필요를 알아가게 되고 이제는 연락하고 대화도 하고 서로를 존중하며 지내고 있습니다. 깊이 사랑하는 단계는 아니지만, 가족이 좋아져 다정하게 대해주려고 노력하고 있습니다. 저는 이 기도를 하기 전에 대인관계에서 꼭 고치고 싶은 게 있었는데 유연성이 너무나도 부족한 부분이었습니다. '어쩌면 저럴 수 있을까? 도대체 왜 저러는 것일까?' 하는 생각과 판단이 들면 넘어가지 못하고 생각에 빠지고 그게 너무 깊어져서 오랜 기간 불면증이 있었습니다. 하나님 부르는 기도를 계속하면서 내 안에 무수히 많은 틀이 있었고 그게 저를 묶고 있다는 것을 알게 되었습니다. 알아도 고치지 못했는데 수많은 과정 후에 '그럴 수도 있겠다. 내가 옳다는 생각이 들지만 내가 틀릴 수 있겠지. 나는 언제나 맞다고 생각해왔지만 사실 항상 대부분 틀렸잖아, 내가 모르는 것도 있겠지' 하는 생각이 자연스럽게 들어 깊은 생각에 사로잡혀도 수 초 혹은 며칠 싸우면 물러가는 것을 경험하면서 자유로운 부분들이 생겼습니다. 또한, 복음을 알고 있다고 생각했고 기독학교에 있을 때 십수 년간 제자 양육을 했지만 정작 저는 예수님의 제자가 아닌 귀신의 사람이었고 복음을 제대로 알지 못했음을 알게 되었습니다. 영성학교에서 오랜 시간 기도 훈련을 받고 말씀을 새롭게 듣고 보면서 복음이 무엇인지 알게 되었습니다.

† 소망

  예전에도 문장으로 기도해본 적이 거의 없었고 다른 사람처럼 기도했다가 저의 진심이 아닌 것 같아서 금방 그만두곤 했습니다. 그래도 하나님께 친밀함을 느끼던 대학 시절에 마음을 담아 올려드린 기도, 계속 생각나는 기도가 있습니다. "제가 훈련받을 수 있는 공동체를 주세요." "시키시는 일 할 터이니 가족을 책임져주세요." "제가 하나님 나라의 리더가 되겠습니다." 교사를 하던 시절에는 "예수님처럼 권위 있는 자의 가르침을 갖게 해주세요" 하며 간간이 기도했던 것이 생각납니다(권위 있는 자의 가르침이 무엇인지 알지도 못하고 구했던 것임을 영성학교 와서야 알게 되었습니다). 오랜 기간 훈련받았음에도 불구하고 부족한 성품과 열매 없음으로 누구에게도 아무런 도움도 못 되고 공동체에서도 짐만 되는 사람이지만 친밀히 만나주신 하나님께 마음을 올려드린 것처럼 평생 하나님께 사로잡힌 하나님의 사람이 되어 복음을 전하는 자로, 많은 열매를 드리는 자로 살아가고 싶습니다. 너무 느리고 더디지만 포기하지 않고 끝까지 하나님을 붙들고 하나님만 바라보며 그분의 뜻과 계획대로 살기를 소망합니다. 항상 기도해주시며 어디에서도 들을 수 없는 귀한 영적 가르침을 주실 뿐 아니라 가르침대로 몸소 본을 보여주시는 목사님과 사모님 감사드립니다. 부족한 자를 향해 변함없는 인내와 수고로 섬겨주시는 네 분 코치님들께 감사를 드립니다. 영적 여정을 함께하는 모든 지체분들 고맙고 감사합니다.

❖ 45 ❖
영원한 생명으로 인도하시는 하나님
_ 하늘풍경

　저는 하나님을 믿지 않는 가정에서 태어났습니다. 청년 시절에 교회를 다니신 적이 있으나 신앙생활을 하지 않으셨던 아버지 손에 이끌려서 8살부터 동생과 함께 주일학교에 나가기 시작했습니다. 그 무렵 엄마도 옆집에 사시는 집사님의 전도를 받고 교회에 다니기 시작하셨습니다. 초등학생 때 하나님께서 계시다는 것을 체험하여 알았기 때문에 평생 하나님을 절대 떠날 수 없다고 생각하며 신앙생활을 하였습니다. 그러나 가족들이 너무 열심히 하나님을 믿는다고 생각하신 아버지의 핍박이 시작되어서 중학생이 되면서부터 교회에 다닐 수 없었고, 집에서 엄마의 주도하에 아버지 몰래 가정예배를 드리고 기도하면서 신앙을 지켜나갔습니다. 아버지는 가부장적인 권위로 모든 것을 통제하였기 때문에 늘 불안, 염려, 근심, 걱정, 우울, 분노, 미움, 불평, 원망, 두려움, 스트레스 속에서 살아야 했습니다. 이 모든 것이 죄인 줄도 모르고, 매일 밥 먹듯이 죄를 짓고 살면서도 회개할 생각도 없었고, 하나님을 섬긴다고 생각하면서 내 방식대로 신앙생활을 하였습니다. 대학을 졸업하면서부터 아버지의 눈을 피해서 몰래 교회와 기도원을 다니기 시작했습니다. 물 만난 고기처럼 그토록 다니고 싶었던 교회에 나가면서 주일학교 교사와 성가대원으로 활동하며, 새벽기도부터 주일 저녁 예배까지 참석하여 직장에 출근하는 날보다 더 바쁜 주일을 보냈습니다. 그러던 어느 날 병에 걸려서 병을 고치려고 기도원을 찾아다녔고, 영적으로 무지하여 거짓 선지자들의 예언을 하나님의 말씀이라고 생각하여 그대로 믿고, 그에 따라 순종하면서 살았습니다. 성경을 매일 읽으면서도 성경 속에 나오는 거짓 예언자가 내가 다니는 교회나 기도원의 목사님이라는 생각은 꿈에도 하지 못했습니다. 어느 날 새가 그물에 걸리듯이 마귀가 오랜 시간 동안 쳐놓았던 올무에 걸려들어서 직장도 그만두고, 삶의 여러 가지 문제로 고통받았습니다.

벼랑 끝에서 온갖 문제로 고통받다가 우연히 목사님 칼럼을 읽고 영성학교를 알게 되었습니다. 그 당시 사정이 생겨서 다니던 교회에 잠시 나가지 못하고, 임시로 집 근처에 있는 가장 큰 교회에 나가서 주일 예배를 드렸는데, 예배만 드리고 교회 등록하라고 붙잡을까 봐 도망치듯이 교회를 빠져나오곤 했습니다. 엄마는 저보다 3개월 먼저 영성학교를 알게 되셨는데, 너무 멀어서 포기했다고 하셨습니다. 제가 영성학교 얘기를 하니까 꼭 가보고 싶다고 같이 가보자고 하셨습니다. 원래 다니던 교회로 다시 돌아갈 생각만 하고 있다가 어느 날 은혜가 전혀 안 되는 동네 교회에 가니 엄마 모시고 한번 가보자는 생각이 들어서 충주 영성학교에 왔습니다. 목사님, 코치님과 상담 후에 엄마의 권유로 기도 훈련을 시작하였습니다. 기도 훈련을 시작하자마자 가래, 기침, 헛구역질, 소리 지르기 등을 하였습니다. 마지못해 기도 훈련을 시작한 지 3일 정도 후에는 내가 내 나름대로의 방식으로 종교 생활을 하고 있었고, 귀신은 귀신대로 나를 죽일 작업을 하고 있었음을 깨닫게 되었습니다. 하나님께서 나를 불쌍히 여기셔서 급히 영성학교로 이끌어 내셨음을 깨닫고 나서 하나님께 진심으로 감사드렸습니다. 목사님의 사랑과 배려 가운데 영성학교 기도 훈련에 빠르게 적응할 수 있었고, 축출기도도 받으면서 기도 시작한 지 얼마 안 되어서 고혈압과 빈혈 등이 치료되었습니다. 사모님께서는 미인이신데 음식 솜씨도 좋으시고, 온화하신 성품으로 우리를 격려해주시고, 끼니마다 진수성찬을 차려주셔서 황송한 마음으로 식사를 했습니다. 내친김에 기도 훈련에 더 매진하고자 충주로 이사도 왔습니다. 하나님께서 산과 강이 있는 충주에 영성학교를 세우셨는데, 새로 이사 온 우리 집도 산과 남한강이 보이는 천국같이 아름다운 곳입니다. 영성학교에서 기도 훈련을 받으면서 나의 죄를 보게 되었습니다. 법 없이도 살 수 있다고 생각했고, 성경에 나오는 악인은 하나님을 믿지 않는 세상 사람들이라는 착각 속에 살았는데, 주일학교에서 외웠던 시편 1편 말씀에 나오는 악인이 바로 나였다는 것을 깨달았습니다. 성경을 읽어도 지식 속에 쌓아두고, 내 삶에 적용을 하지 못했고, 내 죄를 바로 못 보고, 미혹되어 죽을 길로만 달려가고 있었습니다. 현재 고통스러운 환경 속에서 살아가고 있는 것이 나의 죄 때문임을 알게 되었고 회개하고 있습니다. 기도 훈련 받는 것이 쉽지 않고, 하나님께서 원하시는 수준의 기도도 잘하지 못합니다. 천사와 씨름하던 야곱처럼 기도하려고 씨름하는 장면을 상상하면서 기도하기도 하고, 절벽 낭떠러지 끝에 있는 심정으로도

내 영혼을 깨우는 77人의 기도 훈련 체험담

기도하였습니다. 그러나 오늘 하루 그런 기도를 했어도 내일도 나 자신과 싸워야 합니다. 내가 무엇을 잘한 것도 아닌데 하나님께서는 좋은 것으로 삶의 문제들을 해결해주셨습니다. 모든 문제가 다 해결된 것은 아니지만 좋은 직장을 주셔서 편한 환경에서 근무하면서 기도 훈련받고 있습니다. 직장에서 다양한 사람들과 생활하면서 내가 고쳐야 할 것들을 깨닫게 되어 매일 나 자신과 싸우고 있습니다. 때로는 하루 종일 직장 업무에 시달려서 낮에 기도를 잘 하지 못할 때도 있으나 집에 돌아와서 또 다시 기도하며 회복합니다. 하나님은 나의 소원을 이루시는 도우미라고 생각했던 마음을 깨트리고, 하나님의 영광을 위해 쓰임 받기를 소망하면서 오늘도 기도하면서 나아갑니다.

✤ 46 ✤
길 잃은 내 영혼의 지도자를 만나다

_ 국화

　순탄치 않은 삶 속에서 나이 40세를 바라보게 되었을 때, 이렇게 살다가 지옥으로 가게 될 것을 생각하니 너무 억울하고 서러워서 예수 믿고 꼭 천국에 가야겠다는 결심을 하게 되었습니다. 예수님만 믿으면 무조건 천국에 가는 줄 알았습니다. 그러던 중에 우리 가족은 수원에서 인천으로 이사를 가게 되었는데, 마침 옆집에는 여의도 순복음교회에 다니시는 집사님 부부가 이사를 오시게 되었습니다. 그 집사님은 처음 보는 나에게 교회에 나가자고 했고, 저는 흔쾌히 받아들였습니다. 인천에 살면서 여의도 순복음교회까지 가기에는 너무 멀어서 구역 예배만 참석했는데도 너무 좋았고, 시간 나는 대로 성경을 읽었습니다. 예수 믿는 것을 반대하던 남편이 갑자기 세상을 떠났고, 나는 은혜를 사모하여 사람이 많이 모이는 기도원을 찾아다니며 그곳의 가르침을 따라 살던 중에 건강에 적신호가 왔습니다. 그때 영성학교를 인터넷에서 알게 되어서 찾아왔습니다. 상담도 없이 축출기도에 참석했고, 기도시간에 목놓아 울었습니다. 한없이, 한없이. 두 번째로 그다음 주일에 또 찾아갔습니다. 목사님께서 친히 오셔서 이것저것 물으시며, 목금토일 4일간 축출기도를 받으라고 하셨고, 바로 기도 훈련을 받게 되었습니다. 그리고 3년이 흘렀습니다. 어찌 그리도 죄악 속에서 살아왔는지 이곳에 와서야 알게 되었고, 나름대로 신앙생활을 잘하고 있었다고 자부했는데, '나 행한 것 죄뿐이니'라는 찬송가의 가사가 꼭 내게 합당한 가사였습니다. 지난날 미혹의 영의 종이 되어서 시키는 대로 순종하며 살았고, 나의 신앙생활은 하나님과 관계가 없었음을 깨달았습니다. 삶은 날로 고통스러워지고, 건강은 악화되었지만 지도해주는 사람도 없이 목자 없는 양같이 길을 잃고 헤맸습니다. 이곳 영성학교에 와서 잘못 살아온 신앙생활을 눈물로 회개하며 말씀으로 많은 위로를 받으며 악화되었던 건강도 많이 좋아졌습니다. 목사님이 쓰신 저서 중에서 '예언노트'를 반복해서 읽으면 너무 은혜가 됩니다. 나 같은 죄인 살리시려고 십자가에 못 박히사 권세 있는 예수 이름과 능력 있는 보혈을 주신 예수님께 감사드립니다. 답이 없는 인생을 불러모아 영육으로 보살펴주시는 목사님, 사모님께 감사드립니다.

�֍ 47 ✦
저희 가족 3가지 이야기 모음
_ 보혈강물

† 하나님의 일하심의 기적

기도하기 전에는 반항적이고 말을 잘 안 들었다. 그리고 나의 잘 못을 잘 못 보고 내가 하는 행동이 진짜 잘 안 고쳐졌고 공부를 못했다. 뭐만 하면 짜증내고 내 존재 자체를 잘 몰랐던 것 같다. 그리고 감기로 자주 아팠다. 거의 병원을 일주일에 두 번씩 갔다. 기도하고 나서는 몸이 정말 많이 건강해졌고 내 습관이 잘못되었다는 걸 인지하기 시작했고 성적이 30점대에서 90점대로 많이 올랐다. 의욕이 생기고 짜증이 많이 줄어들었고 그냥 내가 할 수 있는 모든 일을 하고 싶다는 마음이 들었다. 기도 초반에는 너무 기도가 즐겁고 매일매일이 평안했다. 말씀도 좋았다. 지금은 좀 떠내려갔지만 다시 올라갈 것이다. ㅎㅎ

† 사랑하고 싶은 하나님

저는 이 기도를 하기 전에는 늘 우울하고 마음이 어두웠습니다. 그런데 언니가 먼저 이 기도를 하고, 저도 하나님 만나고 싶은 마음에 같이하게 되었고 어떻게 죄와 싸우고 귀신들이 죄를 짓게 하

는지 알게 되었고 영성학교에서 이 기도 훈련을 하면서 감사하게
도 하나님의 은혜로 병도 낫게 해주시고 놀랍게도 기적처럼 제게
아파트를 해주셨습니다. 사랑하고 싶은 하나님. 하나님 은혜에 감
사합니다.

† 하나님밖에는 없습니다

사랑이 많으시고 맏며느리로서 시부모님이 돌아가실 때까지 모
시며 큰일들을 치르셨던 엄마와 그런 엄마를 가장 사랑하고 가족
들 생일 케이크까지 손수 다 챙기는, 가정적이셨지만 훈육 시엔 큰
소리로 너무 엄하게 무서웠던 아빠 아래에서 삶의 큰 어려움 없
이 살았고 초등학교 때 엄마와 할머니를 따라 교회를 나갈 때마
다 온 가족을 향한 아빠의 날카로운 핍박에 눈치를 보면서도 나름
성실하게 교회에 다니다가 대학교에 들어가면서부터 내 인생은 나
의 것을 실천하며 살게 됩니다. 애주가인 아빠의 유전자를 물려받
아 성인이 되고 나서 본격적으로 술자리라면 빠지지 않고 어디서
나 스스럼없이 유쾌하게 잘 어울려 술 잘 마시고 술도 잘 사는 성
격 좋은 사람의 모습으로 살았습니다. 교회를 떠나 있었지만 크게
불편해하지 않다가 급작스런 아빠의 말기암 진단으로 인해 정신없
이 병원을 들락거리다 다시 교회를 다니기 시작하며 죽음을 앞둔
아빠가 하신 유언에 따라 세상을 떠나시기 전에 서둘러 결혼을 하
게 됩니다. 결혼 후 2주 뒤 아빠가 돌아가시고 어린 남동생을 대신
해 상주 역할을 해준 고마운 남편은 정반대의 가정에서 자라 연애
땐 보이지 않던 모습들에서 갈등 속 분냄을 시작으로 아이를 낳고
몇 개월 뒤 몸이 아픈 시누이를 본격적으로 돌보기 시작하면서 겉

으로는 착하게 잘 사는 모습이었지만 힘들고 지칠 때면 나오는 성격 때문에 너무나 괴로우면서도 자존심에 어느 누구에게도 얘기하지 못하고 그럴 때마다 토 나오게 더러운 나를 남몰래 자학하고 눈물 흘리며 나는 왜 이럴까, 영혼이 핍절했습니다. 지금 생각해보면 그러한 거슬림이 나를 불쌍히 여기사 하나님이 내려주신 동아줄이었음을 알기에 감사드립니다. 하나님을 만나는 것만이 답이라는 것을 알게 해주셨고 가슴을 쥐어뜯으며 눈물로 제발 만나달라고 기도했지만 아무 일도 일어나지 않아 갈급한 마음으로 하나님을 만나는 법 등 인터넷을 검색했고 어릴 때부터 들어 아는 내용들이라 그냥 읽고 지나가다가 쉰목사님의 칼럼은 시원한 냉수처럼 나도 모르게 마음속으로 들어오기 시작했고 그때부터 새벽까지 몇 주 동안 칼럼들을 읽고 또 읽었습니다. 나도 이렇게 꼭 하나님을 만나고 싶어 기도하고 싶은데 면허도 없고 거리도 먼 영성학교는 도저히 못 가겠고 혼자라도 해보자 싶어 기도 자세로 짐작되는 글들을 다음 카페에 가입해 찾아 읽은 후 아침저녁 1시간씩 알람을 맞추고 태어나서 생전 처음 기도라는 것에 집중해서 해보는데 방귀, 트림, 콧물, 기침, 눈물, 땀범벅이 되어 '아… 하나님을 찾고 부르는 기도가 이렇게 힘든 거구나…' 하면서도 이 기도를 절대 포기하지 말아야겠다는 결심을 주셨습니다. 기도를 못 하게 하는 영적 전쟁이 시작되었지만 이미 다 공격이라는 것을 읽었기에 떨리는 손으로 보이지 않는 예수님을 꼭 붙잡는 심정으로 매 상황마다 기도하고 매달리며 전진할 때 딸과 시누이도 영성학교를 같이 다니며 이 기도를 할 수 있게 인도해주셨습니다. 시누이는 1년에 한 번, 심할 땐 두 번도 응급실과 입원을 반복해 어린 딸을 두고 남편과 번갈아 간병을 해야 했는데, 본격적으로 기도를 시작한 후 한 번도 응급실을 간 적이 없고 당뇨병이 낫고 다른 병들도 더 이상 심해지지 않고 최상의 상태로 유지, 관리되고 있고 올해는 국가에서 아파트도 임대되어 하나님께 맡기며 서서히 독립을 준비하고 있습니다. 초등학교 5학년 때부터 기도해 현재 중1인 딸은 스스로 계획을 세우고 공부하는 습관이 자연스럽게 들어 좀 쉬면서 공부하라는 잔소리 아닌 잔소리를 들어도 할 건 해야 된다며 열심히 공부와 기도와 말씀 읽기를 습관화하고 여타 세상의 아이들보다는 순종적이고 착한 편이지만 하나님의 자녀 된 우리는 말씀이 기준이 되어야 하기에 더 고삐를 조이고 하나님이 하라고 하신 그분의 뜻에 따라 살기 위해서 매일 싸우고 있습니다. 기도 초반 물질적으로 너무 궁핍한 상황 속에서 차비가 없어 영성학교 가는 버스표도 살 수 없을 때 딸이 할머니에게 받은 용돈을 수시로 줘서 기도하러 갈 수 있었고 나중에 물어보니 그냥 엄마가 밖에서 배고프게 다니실 것 같아서 드리고 싶었다고 하는 얘길 듣는데 엘리야에게 까마귀를 보내사 먹이시고 살리신 하나님이 떠올랐고 너무 많아 나열할 수 없이 많은 경험들을 통해 당장 눈에 보이는 돈이 없어도 근심이 되는 것이 아니라 하나님이 허락하신 상황에 감사하고 기도하며 그 분의 주권에 맡겨드릴 때 이끄시는 대로 가는 것이 가장 지혜로운 길이라는 것을 알게 해주셨고 주변에서 아무리 뭐라고 해도 운전에 관심도 없던 내가 하나님이 무엇을 시키시든 그 일을 하기 위해서는 필요하겠다는 마음을 주시니 순종하여 일을 다시 시작하고 면허를 따고 차를 사고 운전하여 영성학교를 편하게 다닐 수 있게 하셨습니다. 더 큰 변화는 말씀을 묵상하고 영성학교의 코칭을 통해 하나님이 싫어하시는 죄의 기준을 배우고 죄를 부추기는 마귀의 계략과 그것을 좋아하는 죄 덩어리인 나를 볼 수 있는 눈과 오직 예수님 십자가에서 흘리신 그 보혈의 공로를 붙잡고 의지하여 기도할 때 승리하게 하시는 영적인 세계를 알게 하신 것입니다. 초반에는 내공이 없어서 넘어지고 터지고 자괴감으로 괴로워하기도 하며 상처투성이로 어찌할 바를 몰라 당했지만 그래도 포기하지 않고 하나님께만 매달리며 나갈 힘을 주셔서 이제는 미리 방어하고 죄 지었을 때에도 즉시로 회개하고 오뚝이처럼 벌떡벌떡 일어나 회개하고 그로 인해 진정 나의 영혼이 쉼 있고 평안한 상태를 경험하게 되었고 또 그것이 너무 좋고 기도 전의 삶은 떠올려 지지도 않을 만큼 습관이 되어 감사로 하루하루 숨 쉬고 있는 것입니다. 하나님이 오시기를 그토록 바랐던 가장 근본적인 나의 죄의 뿌리인 말과 행동 역시도 말씀에 비추어 정결해지려면 더 미치도록 애쓰며 나아갈 길이 멀지만 기도 전 종교생활을 취미생활처럼 하며 내가 주인이 되고 동시에 또 내가 나를 죽이는 미치광이 살인자처럼 살아가며 괴로워했던 것을 상기해볼 때 상상할 수 없을 만큼 회복이 되었고 그로 인해 그전보다 가정은 더 화목해지고 있고 사람에게 보이는 것이 아닌, 날 사랑하시는 절대자 아버지 하나님 앞에서 일대일로 독대하여 하나님이 싫어하시는 것과 계속 싸우며 새 마음을 먹기 위해 날마다 진행중입니다. 영성학교를 친히 세우시고 나같이 냄새나고 토악질 나오는 죄인에게 하나님을 만나 동행할 수 있는 이 기도를 할 수 있게 일생일대의 기회를 주신 하나님께만 온전히 영광 올려드리며 여호수아처럼 바라고 바라며 마음놓고 편히 쓰실 수 있도록 더 자기를 부인하고 하나님이 명령하고 기대하시는 영혼 구원의 전사로 나를 더 깎고 잘라내어 절대 복종하신 예수님을 본받아 가려고 계속 정진하겠습니다. 온갖 더러운 것들을 다 받아 감당하시고 하나님의 사랑으로 안아주시고 때론 날카로운 돌직구로 깨우쳐주시는 목사님과 수석코치님, 이하 코치님, 동역자님들과 저를 보듬고 키우시고 자라게 하시는 영성학교 모든 지체분들께 마음을 담아 고개 숙여 깊이 감사드립니다. 미치도록 사랑합니다!

❖ 48 ❖
나의 유익이 아닌 오직 하나님의 유익을 위해

_ 시윤서빠

6년 전 저는 현재의 삶에 안주, 만족하고 있었습니다. 제 생각에는 사람이라면 누구나 희노애락, 기쁨과 노여움과 슬픔과 즐거움을 갖고 있는 것이 당연하다고 생각했습니다. 강해지려면 화도 내고 사람들에게 뒤처지지 않는 모습을 보여야 그것이 참된 길이고 무시당하지 않는 삶이라 생각했지요. 비록 가끔씩 사람들과 싸우고 화내더라도 어차피 나는 하나님을 믿고 예수님 믿고 있으니… 성경에 누구나 믿음 있으면 멸망치 않고 영생을 얻는다고 하셨으니… 즉, 내 생각대로, 내 맘대로의 믿음생활을 살고 있었습니다. 그런 나와 달리 아내는 계속 갈급하고… 뭔가 채워지지 못하는 그 무언가를 찾아다니기 시작했습니다. 사회적 풍조는 이미 기독교인을 개독교라고 칭하며 목회자, 장로, 교인 등등 사건사고가 끊이지 않았고, 아내는 본인이 무늬만 크리스천이 아닌가 하는 생각에 사로잡히고 있었나 봅니다. 그런 아내에게 저는 "마음이 약해서 그런거다." 권면하고 정죄하고… 그러면서 부부간의 믿음을 잃어가고 있었습니다. 저는 보험으로 일주일에 한 번 거우 교회를 가는 교인이 되어가고 있었습니다. 최소한의 것만 하면 천국은 가겠지 하면

내 영혼을 깨우는 77人의 기도 훈련 체험담

서…. 그러면서 가장의 책임감으로 처자식은 굶기지 말아야 한다는 일념으로 밤늦도록 일하고(12시 퇴근은 기본) 그렇게 하다가 스트레스가 쌓이니 휴일에는 집에서는 TV 보고, 캠핑 가고, 다시 아침 일찍 출근하는 것을 반복하고 있었습니다.

하지만 아내의 덕택으로 영성학교를 가게 되었고 처음 갔을 때 목사님께서 저에게 말씀하시길, '성령님이 함께하십니까? 예수님을 믿는 믿음이 있습니까?' 물어보시길래, 당연히 성령이 있으니 예수님을 믿고 교회도 열심히 나가고 봉사도 열심히 했었고 주일 성수는 빼먹지 않고 하고 있다고 말씀을 드리니, 그러면 '성령이 본인 안에 있다는 증거를 보여달라. 예를 들어 마음에 평안과 기쁨이 넘치고 하는 일마다 형통한 성령의 증거가 있냐'고 물어보시더군요. 음… 그래서 '어쩔 때는 평안하고 기쁘고 어쩔 때는 화도 잘 내고 싸우기도 하고 그런 게 사람이 아닐까요? 어떻게 항상 형통할 수가 있나요?' 말씀드리니 그냥 단박에 '당신은 성령이 없습니다. 그래서 천국 백성이 아닙니다' 하시더라고요. 전 속으로 어이가 없었지만 그냥 웃는 모습으로 말씀을 들었고 목사님은 계속해서 성경에 나온 이야기라고 하시면서 말씀을 이어가셨습니다. '나더러 주여 주여 하는 자마다 다 천국에 들어갈 것이 아니요 다만 하늘에 계신 내 아버지의 뜻대로 행하는 자라야 들어가리라(마7:21)' 하셨다고… "그래서 하나님의 뜻대로 하셨냐?" '하나님의 뜻?' "매일 기도하고 기도의 내용이 나의 유익이 아닌, 하나님의 나라와 의를 구하셨냐? 영혼 구원에 관해 기도하셨는지?" 목사님의 말씀이 틀리진 않는데 '왜 기존 교회와 다르지?' 많이 혼란스러웠습니다. 그래서 '한번 영성학교에서 하는 훈련을 하면 진짜 성령님이 임재하실까? 일단 해보고 아니면 도망가면 되니까…' 하면서 훈련을 시작했습니다. 이왕 하는 거 진짜 시키는 대로 제대로 해보자 하면서 기도를 해보았는데, 진짜 말씀해주시는 대로 트림에 방귀… 심지어 설사까지 나오니 정말 어이가 없었습니다. 내 안에 귀신이 있다는 사실을 예감했지만 왠지 씁쓸해지더군요…. 이 귀신들을 다 물리쳐야겠다고 다짐을 하고 일단 코칭에 무조건 올인해보자라는 생각이 갑자기 밀려와 있는 힘을 다해 기도 훈련에 임했습니다. 축출기도시간에 제정신이 들지 않을 정도로 몸도 흔들어대고 죽어라고 예수 피를 외치기도 하고, 매주 영성학교를 갔다 오면 제 목은 쉬어서 제대로 된 목소리가 나지 않았습니다. 그렇게 정신없이 보내다 갑자기 허리가 아프기 시작하더군요. 정말 기도 의자에 30분을 앉지 못해 나중에는 거의 뒤의 받침에 걸치다시피 하여 겨우겨우 기도를 하고, 축출기도는 역시 또 고래고래 예수 피를 외치고… 허리는 나았는데 이번엔 목이 아프고… 다시 귀가 아프고… 증상이 이리 갔다 저리 갔다 저를 정신 못 차리게 했습니다. 그래도 기도의 끈을 놓아선 안 된다는 목사님의 문자 코칭을 보고 귀신과의 전투에서 절대 지면 안 된다는 다짐을 하던 중, 예수… 예수 보혈을 온몸을 다해 외치니 온몸이 땀으로 젖었지만 아픈 모든 증상들이 단번에 사라지게 되었습니다. 할렐루야!

그렇지만 좋아하는 것도 잠시, 이제부터가 긴 여정의 시작이었습니다. 단지 군대 가서 4주의 기초 군사 훈련만 받은, 진짜 시키는 대로만 한 훈련병이었던 것이지요. 스스로 뭔가 되었다고 생각

내 영혼을 깨우는 77人의 기도 훈련 체험담

했을 때가 가장 위험한 시기여서 기도의 끈은 잘 잡고 있었지만 진짜 성령의 사람이 가질 만한 성품은 전혀 나타나지 않았습니다. '이대로 기도하면 언젠가는 하나님이 고쳐주실 거야. 그런 마음을 주실 거야' 하며 스스로 위안을 삼으면서 묵묵히 매주 영성학교에 다니고 있었습니다. 어느 순간부터인가 단지 기도의 방법 습관만 들었지 다시 예전 교회 마당만 밟고 다니는 그런 신자로 다시 돌아가려고 하는 순간마다 뭐가 잘못되었는지 알 수 없었습니다. 결국 모든 문제는 제 안에 있었습니다. 시작부터 단지 기도하는 행위로만 나의 또 다른 만족을 채웠음을 인정합니다. 그래서 코치님들에게 다시 배워 진정 본인이 바뀌려면 자기부인을 통해서만, 예수님의 길을 나도 따라가야만 진정한 성령의 사람으로 거듭날 수 있음을….

마음을 바꾸는 훈련을 다시 했습니다. 작은 것부터 내가 하고 싶은 습성, 내가 좋아하는 음식, 내가 싫어하는 것, 내 방식대로의 삶을 바꾸는 훈련을 코치님을 통해 배우고 훈련했습니다. 밥 2공기씩 먹었다면 1공기만 먹어보기, 커피 4잔씩 마셨다면 1잔만 마셔보기, 아내와 아이들에게 목소리 낮춰서 이야기하기, 피곤해서 눕고 자고 싶을 때 기도 5분 더 해보고 눕기 등, 작은 것부터 시작했는데 점점 확장하여 나중에 큰 것으로 진행했는데… 억울한 마음 올 때 1분 동안 예수 피로 눌러보기, 진짜 내 생각이 맞다고 생각해도 그냥 내가 틀렸다고 해보기 등. 처음 훈련할 때는 '이게 맞아? 이게 무슨 자기부인 훈련인가' 했는데 나중에는 혹시라도 하나님이 이렇게 하라고 하실 수도 있으니 '해볼게요. 내가 좋아하는 것,

싫어하는 것 아무것도 없이 그냥 하나님에 초점을 맞춰서 할게요'
하는 마음으로 했는데 처음에는 뭔가 이상하다고 생각했지만 점
점 너무 마음이 좋아졌습니다. 이러한 훈련에 너무 자유함이 없고
나 스스로를 감옥에 가두고 나를 너무 억압하는 것 아닐까 했는
데… 그 안에서 하나님을 위해 나의 무언가를 꺾어나갈 때 마음이
감사함을 느꼈습니다. 하지만 저에게는 진짜 큰 쓴 뿌리가 있었습
니다. 바로 화! 정말 마음이 안 좋거나 억울하거나 특히 나와 아내
와의 생각이 너무 다를 때, 또는 아내가 진심어린 충언을 해주는
데도 내 마음이 쓰레기통이라서 무슨 이야기를 들어도 고깝게 들
리고 나한테만 싫은 소리를 하고 왜 나한테는 예쁘고 사랑스럽게
이야기를 안 해주나, 왜 나는 영성학교에서 많은 시간 동안 충성스
럽게 일을 하는데 칭찬에 인색하고 꼭 지적만 하는지, 문제는 저에
게 있는데, 그것을 아내가 저렇게 하기 때문에 나도 이렇게밖에 할
수 없다고 정당화를 시키면서 아내를 정죄하고 폭언에 때로는, 같
이 차를 타고 가다가 막 내려서 가버리는 일도 있었습니다. 이러한
일이 계속 반복되었고 전 '난 모르겠어요. 내가 잘못한 게 아니잖
아요. 왜 저한테만 그러세요' 하며 코치님께 대든 적도 있었습니다.
결국 인생의 채찍을 맞으며 혼미한 영에 당하고… 기도는 점점 힘
들어지며 하나님의 경고가 계속 인지가 되어, 다시 회개하고 돌이
켜 '하나님 진짜 잘못했어요. 아직 전 멍청이고 뭘 할 수 없는 바보
입니다. 살려주세요. 제가 어떻게 해야 할까요? 진짜 모르겠어요.
한 번만 도와주세요…' 울며 기도하고 또 회개하고… 이렇게 한다
고 하나님께서 뿅 하고 마음이 바뀌거나 주변을 만져주시거나 뭔
가 알려주시지 않았습니다. 제가 다시 할 수 있는 방법은 코치님

께 배운 자기부인을 다시 처음부터 하는 것이었지요…. 이제는 형식적으로 누가 시켜서 하는 것이 아니라 스스로 변화를 받아, 나를 위해서가 아니라 오직 하나님을 위해, 하나님을 기쁘시게 하는 자녀가 되기 위해 나를 죽이자 하는 심정으로 그냥 나를 죽여보았습니다. 그리고 내가 먼저 사랑을 받으려고 하지 않고 내가 먼저 사랑하자…. 코치님이 전에 이야기하신, '아내에게 그 어떤 말이라도 칼을 받는 심정으로 억울해하지 말고 달게 받자, 사랑하는 마음으로 내가 다 받자.' 그렇게 내가 스스로 바꾸니 점점 어떤 이야기를 들어도 나쁘게 들리지 않고 '그럴 수도 있지' 하면서 아내 또한 저에게 너무도 잘해주고 관계도 좋아지게 되었습니다. 부부가 회복하니 아이들도 회복하고 부모님께 잘 순종하는 아이들로 점점 변해감을 느끼고 있습니다. 이제는 영성학교 지체들 관계에서도, 그리고 회사 동료들에게도 아내에게 하듯 동일하게 해나가려 합니다. 나를 위해서가 아닌 하나님을 위해서…. 그런 행위를 통해 하나님의 계명에 순종하고 하나님의 마음을 알아보려 더 나아 가겠습니다. 내가 힘들면 다른 사람이 덜 힘들겠지…. 내가 집안일을 더 해야 내 아내가 덜 힘들겠지…. 직장 상사가 좀 말도 안 되는 억지를 부리거나 일을 시켜도 일단 "네 해보겠습니다. 네 알겠습니다…." 내 생각으로는 진짜 아니어도 내 생각이 틀릴 수도 있다고 생각하며 바꾸자….

사환들아 범사에 두려워함으로 주인들에게 순종하되 선하고 관용하는 자들에게만 아니라 또한 까다로운 자들에게도 그리하라 부당하게 고난을 받아도 하나님을 생각함으로 슬픔을 참으면 이는 아름다우나 죄가 있어 매를 맞고 참으면 무슨 칭찬이 있으리요 그러나 선을 행함으로 고난을 받고 참으면 이는 하나님 앞에 아름다우니라(베드로전서 2장 18~21).

나의 유익이 아닌 오직 하나님의 유익을 위해 오늘도 나를 죽이고 하나님의 마음을 더 읽어보려고 더 귀 기울이며 노력하겠습니다. 하나님 앞에 가는 날까지 계속….

내 영혼을 깨우는 77人의 기도 훈련 체험담

✣ **49** ✣
여호와는 나의 목자시니 내게 부족함이 없으리로다

_ 하나님의 기쁨

　영성학교가 농가 주택에 있을 때 칼바람이 부는 추운 겨울 1월 1일 새벽에 영성학교 문을 두드렸을 때 목사님과 사모님께서 잠결에 맞이하던 때가 엊그제 같은데 시간이 흘러 어느새 두 자녀를 두어 가정을 이루고 있는 제 모습을 볼 때면 기적으로 일하시는 하나님께 늘 감사함을 드립니다. 기도 훈련하기 전 저는 늘 어둠 속에서 지내어 건강은 악화되어 있었고 주변 환경은 늘 부정적인 일들로 넘쳐났습니다. 되돌아보면 귀신들의 삶에 놀아났던 것이었습니다. 전에 다니던 교회의 전도사님이 영성학교 카페를 알려주었는데 그때는 글을 보고 혼자서 해보았습니다. 기도시간을 확보하기 위한 삶의 가지치기도 쉽지 않았고 기도하면 바로 꿈나라로 가기 일쑤였습니다. 그런데 기도를 하다 보니 좋지 않은 일들이 많이 생기게 되어 '아! 나에게도 귀신이 있구나… 어떡하지?' 하면서 기도훈련 한다고 문자를 보내기를 수없이 망설이다가 떠오르는 생각들을 버리고 목사님께 코칭 받겠다고 문자를 보내었습니다. 건강상태는 너무 안 좋았고 밖의 일은 늘 고단하였기에 기도 자리에 앉는 것조차 버거웠습니다. 그러나 제가 기도를 할 수 있게 버틸 수 있었던 것은 목사님의 칼럼 글 중에 '이틀만 기도 안 해도 성령님이 떠나가신다'라는 말씀이 뇌리에 박혀 있었기에 하나님에 대한 경외 감이 원동력이 되었습니다. 회사 내에서 접촉사고도 많이 내어 정신없게 만들기도 하고 운전하고 가다가 앞차가 갑자기 서서 욕하기도 하였습니다. 영성학교에 가서 축출기도 할 때면 입이 찢어져라 하품을 크게 하였으며 트림도 엄청나게 나오기도 하였습니다. 늘 소화불량에 시달리고 오른쪽 근육이 경직되어 있었던 저는 기도 훈련을 하면서 아주 조금씩 조금씩 회복이 되기도 하였습니다. 하루를 버티는 것이 저에게는 전쟁이었습니다. 그러나 영성학교에 가서 기도 훈련을 하면 그 모든 것들을 잊을 수 있고 교회에서 배우지 못한 것들을 배우니 깨닫는 즐거움이 생기게 되었고 성경을 읽는 즐거움을 알게 되었습니다. 그러다가 영성학교에서 한 여인이 눈에 들어와 결혼을 하게 되었습니다. 하나님께서 선물로 주신 보금자리는 꿈만 같았습니다. 하지만 저의 기도는 늘 떠내려가고 있었습니다. '기도시간도 지키고 있는데 왜 건강은 나아지지 않고 있지? 기도하고 있는데 열매는 왜 없는 걸까…' 시간이 흐를수록 육체는 쇠약해지고 부부관계는 나아질 기미가 보이지 않았습니다. 저 자신을 보는 것을 거부하였고 늘 환경과 상대방 탓을 하였습니다. 그리고 제가 기도를 하는 것은 하나님을 진정으로 사랑하지 않고 숙제처럼 하였고 기도를 마친 다음에는 보상심리로 웹 서핑이나 유튜브를 즐기던 제 자신을 보니 한숨이 절로 나왔습니다. 문제는 스스로 무엇이 문제인지 알지만 죄와 싸우는 것을 싫어하였고 더욱이 놀라운 것은 기도 자리에는 앉아 있지만 전심으로 하나님을 만나야겠다는 마음이 없다는 것이었습니다. 미혹의 영은 저를 가지고 놀고 있었습니다. 기도를 하면서 상대방을 평가하면서 비교하는 마음을 가지기가 일쑤였고 영성학교에 가면 '목사님께서 질문을 하면 무슨 말을 해야 할까' 하면서 피해다니기도 하였습니다. 어느새 영성학교에 적응해버린 제 모습은 가난한 마음들이 없었습니다. 기존의 교회처럼 영성학교를 다닌 제 모습이 보이기 시작하였습니다. 몸은 좋아졌다가 나빠졌다가 반복되었으며 기도하기 전에 운동도 열심히 한 다음 기도를 할 때면 몸이 좋아지는 것 같지만 근본적으로는 해결이 되지 않는 게 문제였습니다. 몸이 너무나도 쇠약해 있었기에 집에서는 육아를 함께하지 못하여서 늘 아내에게 미안함이 가득했습니다. 모든 것으로부터 떠나고 싶었으며 기도를 포기하고 싶은 마음이 굴뚝같았습니다. 그럴 때 저는 기도하기 전 지옥 같은 삶을 살았던 날들을 떠올립니다.

알콜 중독의 아버지로 인하여 어머니는 어렸을 때 집을 나가셨으며 15년 만에 다시 만났을 때에는 무속인이 되어 있었고 가정 경제는 최악이었습니다. 19살에 카센터에 취업을 하였고 궂은일들을 겪어왔습니다. 다니던 교회가 있었는데 '하나님께 열심히 봉사하고 예배에 참석하면 지금보다 삶이 조금이나마 나아지겠지?' 하는 희망이 있었습니다. 헌금도 많이 드리면서 속내로는 부자가 되고 싶은 마음이 컸습니다. 어디 하나 의지할 것 없었던 마음에는 공허함이 너무나도 커서 그 무엇으로도 만족함이 없었습니다. 그러나 하나님을 부르는 기도를 하면서 성경을 보니 말씀이 살아서 움직여 굳어 있던 마음들을 녹였고 예수님 십자가 보혈의 의미가 가슴속에서 조금씩 새겨지니 억울함, 우울증, 탐욕, 질투, 자기연민, 간음, 위선 등 이 모든 것들이 악한 영들이 주는 것임을 알게 되었습니다. 늘 과거의 증오에 사로잡혀 있는 습관이 있었기에 좋지 않았던 생각만 하여도 신물이 올라오고 근육이 경직되며 소화불량과 불면증이 있었습니다. 악한 영과 싸우면 싸울수록 공격은 더 거세졌습니다. 증오의 생각이 떠오를 때마다 어금니 꽉 깨물고 온몸에 힘을 주며 예수 피를 외쳤습니다. 그러던 중 연락을 끊고 지내던 아버지로부터 연락이 왔습니다. 몸이 안 좋으셔서 병원에 입원하면서 아버지와 함께 있을 수밖에 없었던 일이 있었습니다. 아버지로부터 상처를 많이 받아왔었기에 왕래가 거의 없었습니다. 그러나 누워 있는 아버지의 모습을 보면서 예전의 일들이 기억이 나지 않고 그의 영혼이 불쌍히 보였습니다. 정말 신기했습니다. 하나님을 부르며 예수 피를 부르는 이 기도의 위력이 저의 마음을 변화시키고 있었던 것이었습니다. 퇴원했을 때 아버지를 꼭 안으면서 '사랑합니다, 아버지'라고 했을 때 굳어 있던 마음도 녹았습니다. 요즘에는 아내가 아버지를 더 잘 챙겨줍니다. 꼬박꼬박 간식 챙겨드리고 전화 통화 할 때면 '아버님! 사랑합니다'라고 꼭 말해주는 모습을 볼 때 하나님께서 세상에서 가장 아름답고 사랑스러운 천사를 보내주셨음을 느낍니다. 세상을 향한 문을 닫고 하나님을 향하여 문을 열었을 때 하나님께서 움직이시는 것을 체험합니다. 11년 동안 직장 상사로부터 시달림을 받았을 때 수없이 자기부인을 하며 싸우다 보니 까다로운 사람들을 섬길 수 있는 마음과 인내를 주셨고 그 덤으로 다른 팀으로 배정받기도 하였습니다. 그리고 이따금 소화불량이 찾아올 때면 싸울 수 있는 힘을 주심을 느낍니다. 아직도 걸어가야 할 길이 멉니다. 길을 걷다가 넘어지기 쉬운 부분들이 많습니다. 하나님을 전심으로 사랑하지 않는 것과, 기도는 하되 쉬지 않고 기도하는 것을 싫어하는 것과, 늘 감사하지 못하고 보이지 않는 하나님께 잘 보이기보다는 사람들에게 잘 보이려는 위선된 저를 봅니다. 성경을 읽을 때 제일 좋아하는 구절이 무익한 종의 모습이 나오는 부분입니다. 저도 무익한 종이 되고 싶다고 하나님께 고백을 합니다. 세상 물질의 만족으로 오는 평안보다 하나님께서 주시는 평안을 조금 맛보았기에 종이 되어 쓰임 받아 열매를 맺을 수 있다면 그 무엇도 바라지 않습니다. 예전보다는 많이 좋아졌다 하더라도 여전히 건강이 저를 가로막고 있지만 그래도 하나님을 찬양하며 기도하며 감사하며 아름다운 하나님의 이름을 부를 수 있는 오늘을 주심에 하나님께 감사를 드립니다.

❖ 50 ❖
그가 나를 단련하신 후에는
내가 순금같이 되어 나오리라

_ 하늘시선

그날도 변함없이 주일 오후 찬양예배를 인도하고 내려와 자리에 앉았는데 갑자기 머리에서 너무나 크게 또렷이 욕이 생각났습니다. '이게 뭐지?!' 놀라고 당황스러웠지만 저는 금방 내 머리에서 욕을 하는 놈들의 정체를 눈치 챘습니다. '귀신이다! 진짜 내 안에 귀신이 있었구나…' 귀신이라고 바로 확신했던 이유는 이미 3년 전부터 알고 있었던 영성학교 신 목사님의 칼럼 덕분이었습니다. 영성학교 카페를 알고 있었고 칼럼과 여러 코칭 후기들을 보고 집에서 기도하면서 아랫배에 힘주고 하나님을 간절히 부르는 기도와 회개로 하루하루를 보내고 있었던 때였습니다. 갈급하고 갈급했던 저에게 영성학교 카페와 목사님의 말씀은 제게 오아시스 같았습니다. 돌려서 어렵게 말하지 않고 직설적이고 명쾌해서 좋았습니다.

어렸을 때부터 막연하게 내 안에 다른 '나'가 있는 것 같다는 생각을 많이 했습니다. 자꾸 거짓말하고, 사람들에게 잘 보이려고 갖가지 포장을 하고, 하지 말아야 할 일인데 어느새 나는 그 일을 하고 후회하고, 저의 선택은 언제나 그렇게 후회와 실패뿐이었습니다. 난 하나님을 믿고 교회를 열심히 다니는데(엄마가 제가 교회 다니는 것만큼 공부를 했으면 서울대를 갔겠다고 할 만큼) 왜 이렇게 살까? 행복하지 않았던 우리 집, 술 먹고 비틀거리는 아빠를 동네에서 마주치면 전봇대 뒤에 숨었고 집에선 술 취한 아빠를 보고 싶지 않아 자는 척했고, 엄마는 냉랭했고 무서웠습니다. 늘 엄마, 아빠의 따뜻한 사랑과 표현에 목말랐고, 불행해 보이는 엄마에게 착한 딸이 되고 싶어 노력도 했지만 노력으로 안 되자 나중에는 거짓말하고 속이기도 하면서 어느새 저는 거짓과 위선의 삶을 살고 있었습니다. 교회에서는 나를 칭찬해주고 예뻐해주고 인정해줘서 좋았는데 그럴수록 더 열심히 충성되게 했던 희생적인 신앙행위는 오히려 점점 더 하나님께 관심이 없게 만들었습니다. 세상에서도 다 아는, 착하고 좋은 이미지로 대표되는 교회오빠랑 살면 행복할 줄 알았는데 제가 만난 교회오빠는 착하지도 않았고, 결혼해서 진짜 외로움이 무엇인지 알 정도로 행복하지 않았습니다. 또 잘못 선택한 직업은 빚까지 지게 하며 저를 점점 깊은 수렁으로 이끌었습니다. 그런데 잊을 수 없는 2014년! 그해의 어떤 일을 계기로 저는 제가 죽으면 지옥 가겠다는 확신이 들었고 이대로 살면 안 되겠다는 생각에 남편과 어린 자녀와 매일같이 가정예배를 드리며 회복하고 싶어 애쓰고 있었던 중에 오아시스를 만나게 된 거였습니다. 사실 남편도 그즈음부터 조금씩 착해지고 있었고 관계도 많이 회복되어가는 중에 저에게 귀신이 드러났던 거죠. 그렇게 저는 귀신의 도움(?)으로 영성학교에 오게 되었습니다. 영성학교 가기 전 혼자 기도할 때 한 달 정도 침이 많이 나왔고, 축출기도시간에 헛구역질과 기침이 좀 나온 것 외에 이후로는 별다른 증상이 없었습니다. 제가 영성학교 가고 한 달 조금 지나서 생각지도 못하게 참 감사하게 남편도 아이도 함께 훈련을 받게 되었습니다. 지난 4년간 훈련한 내용들은 매일 기도 보고하기, 윗몸 일으키기 기도, 계수기 사용하며 예수 피 하루 종일 부르기, 목사님 기도 자세 배워 기도하기, 부부코칭, 하루 종일 하나님 얼마나 생각하는지 하루 일과 타임 테이블 작성하여 보고하기, 15가지 자기 주도적 체크리스트 매일 점검하기, 가족모임 등 영성학교는 쉬지 않고 기도하고 죄와 싸우고 자기부인 하는 것을 성경말씀 그대로 순종하고 삶에서 살아내는 방법을 정말 쉬지 않고 가르쳤고 훈련시켰습니다. 이 모든 방법들이 포장은 다르지만 결국은 하나님을 사랑하려고 하나님 닮으려고 하나님을 향한 전심(나의 온 마음)을 끌어올리기 위한 방법들이었습니다. 그런 훈련들을 열심히 했습니다. 시키는 대로 했습니다. 그리고 제가 귀신이 드러난 것 외에 저의 세 식구는 특별히 문제나 어려움 없이 기도 훈련을 했습니다. 하지만 딱 거기까지였습니다. 더 이상 하나님께 더 나아가지 못하는, 정체되어 있는 저를 보게 되었습니다. 평안과 기쁨이라는 이름으로 감추어진 안일함, 조급하지 않은 성품에 감추어진 나태함, 걱정, 근심, 염려가 별로 없고 밝고 낙천적이라는 좋은 성품에 감추어진 현실을 직시하지 않고 결단하지 못하는 우유부단함(그래도 내가 영성학교 다니고 기도하고 있으니까 언젠가는 성령의 사람이 되겠지 하는 생각), 내 들보를 다 빼지 않고 어느 순간 남편과 아이의 티끌을 빼내려고 했던 교만함과 나의 의…. 그리고 무엇보다 저는 영성학교 오기 전부터 카페에서 비춰진 영성학교 공동체가 참 좋아 보였고 다니고 싶었기에(귀신이 드러나기 전까지 원래 다니던 교회에 뼈를 묻을 생각을 하고 있었기에 영성학교를 갈 생각은 1도 없었습니다) 제가, 우리 세 식구가 영성학교에 기적적으로 온 것만으로 열매라고 생각했습니다. 이 모든 게 다 미혹이었죠. 기도하면 할수록 내가 얼마나 하나님을 마음에 두기 싫어하는지, 하나님을 사랑하지 않고 나는 나만 사랑하는, 세상에서 가장 이기적인 자요, 믿음이라곤 1도 없는 자임을 뼛속 깊이 알았다는 것이 어쩌면 기적일지도 모르겠습니다. 왜냐하면 대부분의 크리스천들은 하나님을 믿고 사랑한다고 착각하며 사니까요. 그 어마어마한 기적을 매일같이 경험하고도 광야에서 이스라엘 백성들이 불평불만하고 모세에게 대들고 우상 섬기는 장면에서 '어머! 진짜 미쳤다 미쳤어! 아니 도대체 얘네들 왜 그러는 거지?' 했는데 미혹된 이스라엘 백성들이 제 모습이고, 인자가 올 때 믿는 자를 보겠느냐 하신 말씀이 내게도 해당되는 말씀임을 알며, 천국은 들어가기를 애써도 들어가기 힘들다는 말씀도 내게 해당되는 말씀임을 이제는 가슴깊이 알며 인정하게 됐습니다. 그러나 너무 좋으시고 선하신 하나님은 어쩌면 교묘히 감추어져 있어서 드러나지 않아 미혹된 채로, 이 기도를 하면서도 지옥 갈 수도 있을 뻔한 우리 가족을 작년 겨울부터 시작된 아이의 반항과 방황을 통해 문제를 드러내주셨고 수술할 기회를 주셨습니다. 감사합니다. 아이를 통해 하나님의 마음을 조금이나마 느끼며 몇 달을 눈물로 회개하며 통곡했습니다. 불순종하고 내 마음대로 사는 것이 얼마나, 얼마나 큰 죄인지, 내가 얼마나 하나님 마음을 아프게 하고 하나님을 기만했는지, 아이가 제게, 우리 부부에게 하는 말과 행동과 태도가 하나님께 제가 그동안 했던 모습이었습니다. 아이의 죄를 저의 죄로 그대로 동일시하며 아이가 나쁘게 행동할 때마다 제가 회개했고, 모세처럼 제가 아이 대신 지옥 가겠다고 살려달라고 애원했고, 저와 아이에게 우리 가족에게 고난과 고통을 달라는 기도를 하게 되었습니다. 고난과 고통을 통해서라도 하나님을 만날 수 있다면, 하나님 앞에 바로 설 수 있다면 그것이 복임을 알기 때문입니다. 이 과정에서 아이의 문제가 모두 남편 탓이라는 생각과, 우리 부부가 영성학교에서 학생들과 청년들을 맡고 있는데 정작 네 자녀가 이런 상태인데 너는 부끄럽지도 않느냐고, 자격 없는 거 아니냐고, 영성학교와 목사님의 사역에 피해를 입히는 거라고 참소하는 귀신들이 넣어주는 생각과 싸우는 과정에서 넘어짐도 있었습니다. 그럼에도 불구하고 저와 남편은 지난 몇 개월간 하나님의 사랑이 어떤 것인지, 사람을 두고 하나님의 군대와 악한 영이 싸우는 영적 전쟁이 어떤 것인지, 온전히 부부가 하나가 되는 것이 무엇이고 어떤 의미인지, 인내가 무엇인지, 어떻게 남편과 자녀를 사랑해야 하는지 이론이 아닌 실제로 배우고 훈련할 수 있었습니다. 정말로 빡세게 훈련시켜주신 하나님 감사합니다! 우리 아이는 하나님께 맡기고 저는 이제 영성학교의 모든 아이들을, 학생들을, 청년들을 품겠다는, 그들을 품고 섬기고 사랑하겠다는 고백을 드립니다. 더 나아가 마지막 때가 다가올수록 세상에 유리하고 방황하는 자녀들이 더 많아질 텐데 우리 부부가 그 아이들을 하나님의 사랑으로, 예수님 닮은 모습으로 품고 영혼 구원의 도구로 쓰여지길 소망하며 기도하고 있습니다.

> 그러나 내가 가는 길을 그가 아시나니 그가 나를 단련하신 후에는 내가 순금같이 되어 나오리라(욥23:10).

순금같이 되어 하나님이 기뻐하시고 하나님이 요긴하게 쓰시는 사람이 될 때까지 하나님 저를 훈련시켜 주세요! 포기하지 않고 끝까지 훈련하고 또 훈련하겠습니다! 저 혼자가 아니라 함께 같은 마음으로 훈련하는 소중한 우리 영성학교 식구들이 있기에 감사하고 힘이 되고 행복합니다.

✤ 51 ✤
나를 사랑하시는 하나님

_ 행복한 여자

　오랜 세월 동안 교회를 다녔습니다. 그러나 제 모습은 달라지지 않았고 성경에 나와 있는 말씀들은 하나도 지킬 수 없었습니다. '왜 나는 하나님을 믿는다고 하는데 성경에 나와 있는 말씀대로 살 수가 없고 내 배에서 생수의 강이 흘러나오지 않는가? 왜 나는 바울 사도처럼 그렇게 살 수 없는가?' 고민이 되었습니다. 담임목사님을 보아서는 말씀대로 살 수 있는 것을 가르쳐 주지 못할 것 같았고 어떻게 해야 하나 고민할 때 제 영혼이 천장에 부딪치고 그 이상 날아가지 못한다는 생각에 가슴이 너무 답답했고 그 후로 저는 하나님을 만나기 위해 여기저기 다녔습니다. 저 혼자서는 말씀도 몰랐고 어떻게 해야 하나님을 만날 수 있을지를 몰라서 앞서 가신 목사님을 찾아, 말하자면 진리를 찾아 헤매고 또 헤매고 다녔습니다. 헤매던 중에 이단에도 빠졌지만 하나님의 긍휼하심으로 그곳에서 빠져나오게 되었고 지금의 신상래 목사님의 칼럼을 누군가가 카톡으로 보내주어서 보게 되었습니다. 하나님의 이름을 부르기만 하면 하나님을 만날 수 있다는 말씀이었습니다. 저는 기뻤고 그 뒤로 목사님에게 문자를 보내면서 하나님을 부르기 시작했습니다. 이단 교회에서 8년 동안 있으면서 억눌리고 두렵고 걱정근심이 저를 사로잡았습니다. 귀신의 공격으로 밥도 잘 못 먹고 위궤양과 빈혈 공격으로 몸이 굉장히 약해지고 몸무게도 많이 줄어들고 그야말로 걸어다니는 시체처럼 된 몸으로 하나님을 부르기 시작했습니다. 악한 영의 공격은 심해졌고 늘 걱정, 근심, 두려움, 의심, 낙심 이런 것들로부터 공격을 계속 받았습니다. 그러나 기도의 끈을 놓지 않고 예수 피 하며 하나님을 불렀습니다. 죽을 것같이 힘이 들고 너무 버겁다는 생각도 수도 없이 들어왔고 낙심과 두려움과 의심의 공격이 수도 없이 들어왔습니다. 그러나 저는 계속해서 예수 피로 싸웠고 하나님을 불렀습니다. 죽기 살기로 예수 피 하며 하나님을 불렀습니다. 시간이 많이 지나면서 하나님께서는 낙심될 때 위로의 말씀을 주셨습니다. "더 내 앞으로 나오라" 하고 힘을 주셔서 더 하나님을 불렀습니다. "너희가 온 맘으로 나를 찾고 찾으면 만나리라." "믿음이 없이는 하나님을 기쁘시게 못하나니 하나님께 나아오는 자는 반드시 그가 계신 것과 자기를 찾는 자들에게 상 주심을 믿어야 할지니라." 이 말씀을 되뇌고 또 되뇌면서 하나님을 부르고 예수 피로 싸웠습니다. '하나님! 저는 하나님 없이 못 살아요! 저는 하나님 보고 싶어요. 하나님 알고 싶어요. 저는 하나님 만나서 하나님과 교제하며 다윗 왕처럼 하나님을 정말 사랑하므로 하나님 앞에서 춤출 거예요~ 하나님! 저에게 와주세요. 저를 만나주세요. 저는 절대 포기 못 해요!' 이렇게 울부짖으며 몸부림치면서 하나님을 부르고 또 부르고 있습니다. 지금은 마음도 많이 평안해졌고 악한 영의 공격이 올 때 전심으로 싸웁니다. 지금까지 저의 삶을 지키시고 인도하시고 보호해주시는 하나님을 경험하면서 넘어질 때 다시 알게 해주시고 다시 힘내서 하나님께 갈 수 있도록 저를 훈련하시고 하나님의 사람으로 만들어가시는 하나님을 찬양하고 영광을 올려드립니다. 결국은 하나님의 사람이 되어 영혼을 구원하는 하나님의 마음을 시원케 해드리는 사람으로 빚어주시는 나의 아버지! 감사와 영광을 올려드립니다.

❖ 52 ❖
돌아온 탕자

_ 이름 없이 빛도 없이

저는 교회를 다니기는 했지만, 아내의 성화로 마지못해 다닌 터라 예배시간에 졸기 일쑤였고, 성경책은 그저 교회 출입증일 뿐 남들이 볼까 들고 다니는 것도 싫어했습니다. 저는 하나님을 몰랐고 알고 싶지도 않았으며, 당연히 내 안에 믿음도 사랑도 없었습니다. 참 오랜 시간을 부모 형제에 대한 미움과 분노, 세상에 대한 피해의식, 사람들에게는 거짓과 위선으로 치장하며 세상적인 유흥과 쾌락을 좇아 그렇게 인생을 좀먹고 있었습니다. 물론 착하게 살고는 싶었습니다. 이제는 아내 피눈물 나지 않도록 좋은 남편, 자상한 아빠가 되고 싶었지만 오래가지 못했습니다. 좋게 시작했어도 대부분 결과는 제가 화내는 것으로 끝났습니다. 그때는 그게 잘못된 줄 몰랐습니다. 남들도 그렇게 사니까, 그렇게 싸우다가도 화해하고 무슨 일이 있어도 없는 것처럼 사니까, 나 혼자 흠 많고 더러운 것이 아니니까 스스로 위안하며 살았습니다. 그러다가 우연히 아내에게서 처형에게 귀신이 있다는 얘기를 듣게 되었습니다. 참 놀랐습니다. 다른 사람도 아닌 처형 같은 분이 어떻게? 그럼 나한테는 얼마나 엄청난 많은 것들이 들어 있을까? 그동안 지은 죄를 아는 터라 두려워졌습니다. 그런데 얼마 후 하나님을 부르며 기도하니까 귀신이 나갔다고 합니다. 세상에 이런 일이… 참 염치없지만 나도 그렇게 되고 싶고, 나도 직접 해보고 싶어졌습니다. 내 영혼을 살리고 싶다는 열망이 생겨났습니다. 그리고 얼마 후 하나님께서는 말도 안 되는 상황을 만들어주셔서 처형을 통하여 하나님 부르는 기도를 알게 해주셨고, 마침내 기도하기로 마음먹은 순간! 하나님께서는 술, 담배, 음란, 게임 등 끊기도 힘들고 끊을 마음도 없었던 유흥과 쾌락의 습관들을 즉시 끊어주시며 하나님께서 존재하심을 깨닫게 해주셨습니다. 그렇지만 기도 훈련이 처음부터 순탄하지만은 않았습니다. 롯의 아내처럼 전에 몸담았던 세상을 돌아보고 싶은 마음이 계속 들어왔고, 흠잡을 곳이 없어서 늘 시기하고 이유 없이 미워했던 동서 형님이 기도 코칭을 맡게 되어 일거수일투족 리포트를 보내서 나의 치부를 드러내야 한다니 한숨부터 나왔습니다. 하지만 하나님께서는 나의 죄악된 삶은 지난날로 족하다는 말씀을 떠오르게 해주셔서 많은 유혹을 뿌리칠 수 있게 해주셨고, 마치 의사 선생님께 나의 상태를 솔직히 얘기해야 병을 고칠 수 있는 것처럼 교수님께 숨김없이 드러내려고 애쓰게 되었으며, 처음부터 내 생각은 썩었다는 사실을 믿음으로써 내 생각대로 하지 않으려고 늘 교수님께 묻게 되고, 기도와 말씀을 가까이 하려 애쓰며 그렇게 하나님의 은혜로 참으로 값지고 행복한 4년이 흘렀습니다. 기도 훈련을 하면서 참 많은 일들이 있었습니다. 키우던 반려견을 정리하면서 시작된 가족의 건강과 관계 회복, 주위 가족들과의 관계 회복, 끊임없는 교통사고와 입원, 전혀 예상하지 못한 직장과 거주지의 변화 등 이 모든 일들이 하나님의 선한 이끄심이었음을 깨달았습니다. 그중에서 가장 큰 변화는 하나님을 경험하면서 변화된 제 마음입니다. 모든 것들을 대하는 내 마음가짐이 바뀌었습니다. 아내와 아들을 대하는 마음, 부모 형제를 대하는 마음, 주어진 일과 사람들을 대하는 마음, 하나님 이름을 부르는 내 마음이 바뀌었습니다. 삶을 대하는 목적과 목표가 바뀌었습니다. 전에는 그렇게 죽을 것 같았던 것들이 이제는 아무렇지 않게 되었고 전에는 관심 없던 것들을 이제는 나의 일처럼 대하게 됩니다. 시냇가에 심은 나무처럼 제 마음이 하나님만으로 풍족하고 위안이 되고 기쁘고 감사하니 어찌 나같이 참을 수 없는 죄인에게 이것은 기적입니다. 여전히 내 마음은 죄악됨으로 썩어 있지만, 이 썩은 마음을 변화시켜주신 하나님을 어찌 찬양하지 않을 수 있겠습니까. 인생의 끝자락에서 나침반 없이 표류하던 제 인생에 찾아와주셔서 예수 보혈로 나의 죄를 씻어주시고 인생의 목적을 알려주신 나의 하나님, 목사님과 사모님, 코치님들의 가르침을 본받아, 거저 받았으니 거저 주라는 말씀을 이름 없이 빛도 없이 순종하겠습니다.

❖ 53 ❖
사망의 음침한 골짜기에서 건져내주신 하나님

_ 무익한 종

수년 전 어느 가을 늦은 밤 숙소에서, 계속 입안에 침이 고이고 딱히 뭐라 말할 수 없는 불편함에 잠 못 들고 뒤척이다 머릿속의 별의별 잡생각에 매여 답답함과 눌림에서 벗어나고자 끝내는 잠자리를 박차고 일어났지만, 깊은 밤이라 어찌할 바를 모르다가 정상 호흡이 안 될 정도로 너무 가슴이 답답하여 무작정 밖으로 나와 만취한 사람처럼 눌림과 답답함을 해소하고자 지리도 익숙하지 않은 숙소 주변을 목적지 없이 무작정 걷기 시작하였고, 얼마 후 눈에 띄는 편의점에 들어가서 소화제를 먹고 어찌어찌해 다시 숙소에 돌아와 마음을 진정시키고 늦은 새벽에서야 겨우 잠자리에 들었습니다. 그날 이후부터 평생 처음 겪는 공포 그 이상의 고통을 겪기 시작하였습니다, 이 지구라는 곳이 마치 비눗방울 안과 같이 여겨지고, 나는 그 안에 갇혀서 호흡하면 할수록 더 호흡이 어렵고 답답한 게 이루 말할 수 없는 공포와 두려움으로 다가왔습니다. 죽음보다 더한 극한 고통으로 여겨지면서 죽음으로도 이러한 상태에서 벗어날 수 없을 것 같은 공포와 두려움이 몰려왔습니다, 혹여 상태가 괜찮을 때 그 증상을 이겨보려고 그 상황을 상기할라

치면 또 다시 어마어마한 눌림이 있어 감히 생각조차도 못하게 할 정도였습니다. '아~ 이래서 사람들이 이러한 극한 상태에서 극단적인 결단도 하는가 보구나'라고 일면 이해가 되는 듯도 했습니다. 지하철이나 집에 가기 위해 버스를 탈 때면 폐쇄적인 공간에 갇힌 것처럼 여겨져 호흡이 힘들어지고 두려움에 매여 '그냥 무작정 내려서 걸어가야 하나?' 할 정도였습니다. 이 증상에 대해 정신질환으로 알기는 했으나 감히 정신병원에 갈 엄두도 내지 않고 있던 중 공황장애임을 알게 되었고, 영성학교를 통해 공황장애를 일으킨 그들의 실체를 바로 보게 되었습니다. 그 실체와 어찌 싸워 이겨내야 하는지도 알게 되었습니다. 영성학교에서 목사님과 코치님들의 기도와 그들과 맞서 싸우는 방법에 대한 가르침, 그리고 하나님의 도우심을 구하며, 시도 때도 없는 이들의 공격에 맞서 물러섬이 없이 피하지 않고 맞불을 놓았고, 숙소에 혼자 있을 때 한밤중에 공격이 시작되면 굴하지 않고 자다가 벌떡 일어나 예수 피의 능력을 힘입어 싸우던 중 어느 순간 하나님의 도우심으로 악한 영이 쫓겨나가 싸움이 끝났음을 알게 되었습니다. 물론 이것이 이 싸움의 궁극의 끝이 아님을 알고 있습니다. 또 다른 형태로 공격하고 흔들어서 어떻게든지 나를 넘어뜨려 지옥으로 끌고 가려 할 것입니다. 지금 이 순간도 내 영혼을 놓고 하나님의 진영과 사단의 진영이 맞붙어서 싸우고 있는 그 중간에 제가 서 있음을 봅니다. 하나님께서 저에게 예수십자가 보혈의 공로로 구속하여주시고 날마다 죄와 싸워 이기도록 힘주십니다. 허나, 사단의 악한 영들은 결코 포기하지 않고 제 주위를 배회하면서 호시탐탐 노리다 제가 죄를 받아들이도록 세상이 주는 즐거움, 쾌락, 탐욕과 유익에 취하도록 유혹하고 있으며 올무를 놓고 빠져들기를 기다리고 있습니다. 이들은 부정적인 마음과 생각, 적대적인 주변의 환경과 상황, 그리고 이웃들을 부추겨 공격하는 행태를 알고 있음에도 옛 습관에 따라 죄를 좋아해서 넘어지기도 합니다. 특히, 가장 가까운 이웃인 아내와 자녀들에게 잘못했었던 죄들을 인정하고 용서를 구합니다. 아내에게는 부부코칭을 받으면서도 미혹된 심령 때문에 제가 무엇을 잘못했는지, 어떻게 아내를 힘들게 했는지를 알지 못하여 바닥까지 긁게 하고, 이 지면을 통해 제가 지은 죄를 인정하고 용서를 구합니다. 그리고 최고의 아내를 주신 하나님께 감사드립니다. 자녀들에게는 내 중심의 그릇된 사랑으로 대하여 책임과 의무감에 가까운 무미건조한 행태를 벗어버리고, 제가 행한 행위에 대해 변호하려하고 남들에게 보여주기 위해 가식적으로 행하였던 그릇된 행위와 제가 지은 죄로 인해 힘들어했던 지난날들에 대해 회개합니다. 이제는 가족에게 참 마음으로 대하여 이 땅에서 천국을 이뤄가기에 힘을 쏟겠습니다. 그동안 지옥에 갈 정식코스를 밟아왔었던 저를 사망의 음침한 골짜기에서 건져주시고 이 길에서 돌이켜주신 하나님께 감사와 찬양을 드립니다. 제 무능함과 연약함에 대해 인정하고 제가 할 수 있는 것은 날마다 자복하여 회개하고 또다시 범죄하지 않도록 하나님의 절대적인 도움을 구하며 의지합니다. 오직 마음을 쏟아 전심으로 쉬지 않는 기도로 나갈 수 있도록 하나님의 도우심을 구합니다. 이제는 절치부심하여 또다시 범죄하지 않으려 싸우고 말씀에 순종하는 삶으로 나가겠습니다. 할렐루야!

54

미혹된 길에서 진리의 길로

_ 우림과둠밈Kang

하나님을 믿은 지 어언 50여 년이 되어갑니다. 어렸을 적에는 매년 결산 때마다 최우수상, 대상을 놓치지 않고 받았고 중고등부 때에는 5년 동안 여부회장을 지내며 지역연합회 임원으로 활동해왔으며 결혼하여 19년간 다녔던 교회에서 최연소 권사 임직을 받았을 정도로 인정과 사랑을 넘치도록 받았고, 교사, 여전도회장, 성가대장, 지휘자, 솔리스트, 찬양인도 등 각종 봉사로 몸이 모자랄 정도로 바쁘게 또 혼신을 다해서 하나님을 섬기는 마음으로 수고하며 살았습니다. 또한 틈나는 대로 말씀을 즐겨 읽었으며 기도도 또한 열심히 해서 방언, 방언 찬양, 대여섯 나라 방언을 유창하게 하면서 마음으로는 하나님을 찬양하며 늘 눈물로 하나님을 바라고 성령님의 위로하심을 구하며 기도하였습니다. 또한 어려운 살림을 돕기 위해 약한 몸으로 분식, 길거리 스낵카, 남자들이 주로 하는 기계조작일 등, 지치고 힘든 일들을 억척스럽게도 감당해가면서 가족을 위해서 당연한 수고라고 생각하며 일했고 그렇게 하는 것이 남편에게 하나님께 하듯 하라는 하나님의 명령으로 여겨졌습니다. 천국 가는 길이 어디 쉬운 길이겠느냐면서요. 이렇게 살다가 하나님 나라에 가는 거겠지 스스로 위로하면서요. 그러다가 19년 동안 가족처럼 즐겁게 다니던 교회가 이단 교회에 팔아넘겨지게 되었고 양들이 흩어지는 여러 가지 사건들이 한꺼번에 생겨 결국 유리하고 방황하는 영혼이 되어 이 교회 저 교회 기웃거리며 3개월을 허리가 끊어지도록 눈물로 회개하며 기도하였습니다. 하나님께서 용서해주시지 않을 것 같고 지옥에 갈 것 같은 두려운 마음이 생겨서 몹시도 애통했습니다. 그래서 유튜브, 인터넷을 다 뒤져보면서 천국과 지옥에 대한 내용들을 찾아보고 간증들을 보던 중 모 카페에 올라온 쉰목사님의 칼럼을 읽었는데 흥분을 감출 수가 없었고 "하나님께 감사합니다"가 절로 나왔습니다. 그래서 크리스천 영성학교 카페에 가입하여 매일 맛난 과일을 아껴가며 몰래 먹는 기분으로 읽어나갔고 지역 모임방이 하나둘 생기던 즈음에 안산이나 시화에도 모임방이 생기면 좋겠다고 했는데 바로 다음날 안산 모임방이 올라오더군요. 할렐루야! 모임방에서 목사님과 상담하던 중 "그렇게 신앙생활 하다가 지옥 갑니다"라고 저에게 던지신 첫 번째 돌멩이에 삼 일 밤낮을 두려운 마음으로 고민하다가 충주로 내려가는 버스에 몸을 싣고 깜깜한 밤에 농가 주택에 도착했던 게 저의 기도 훈련의 첫 발걸음이 되었습니다. 난 꼬옥! 천국에 가고 싶었습니다. 그래서 목사님이 코칭하시는 대로 죽기 살기로 몸부림치면서 기도했습니다. 그랬더니 내 속에서 귀신들의 증상이 나타나기 시작했습니다. 트림, 방귀, 눈물, 콧물, 머리를 팽이처럼 돌리기 등 기도하려고 눈을 감으면 수많은 뱀들이 여기저기서 나한테 달려들고 특히 연두색과 노란색을 띤 독사들이 덤벼들고 그러면 예수 피로 계속 쳐내고… 삼 개월을 치열하게 기도한 끝에 졸업을 하게 되었고 한참을 떠내려갔다가 6개월 만에 다시 영성학교를 다니게 되었으나 포기를 모르는 귀신들의 무차별 공격에 속수무책으로 당하고, 또 당하고, 결국 또 목사님으로부터 돌멩이가 아닌 묵직한 돌로 한 대 맞은 걸로도 부족해서 귀신들은 이때다 싶었는지 지인들을 통해서 이 기도를 포기하도록 불화살을 쏘아댔습니다. "그런 소릴 듣느니 나 같으면 차라리 관두겠다"는 등 내 가슴을 후벼파는 말들로 내 마음은 온통 벌집이 되어가고 있었고 엎친 데 덮친 격으로 한번도 내게 험한 말 하지 않던 남편 또한 계속 다닐 거면 이혼하자고 협박해왔습니다. 너무나 사랑하는 남편이지만 난 절대로 지옥 가기 싫어서 포기할 수 없었습니다. 그렇게 뭐가 어떻게 되고 있는지, 머릿속도 삶도 환경도 기도 훈련도 모두 엉망진창이었습니다. 그동안 교회에서 잘 나가던(?) 일등 신자가 영성학교에 와서 꼴등으로 간당간당 붙어 있었습니다. 사랑과 칭찬에 길들여져 있던 터라 나 자신과 이 상황이 도대체 이해가 안 되었고 받아들이기가 너무 힘겹게만 여겨졌습니다. 그러나 오직 하나님을 구하고 바라는 이 기도와 말씀 훈련 하는 이 길이 진정으로 구원으로 가는 길이라는 확신이 점점 더 생겼고 시간이 흐른 지금은 바르지 못했던 신앙생활로 인하여 굳어져있던 죄악된 모습들을 보게 되니 얼마나 더럽고 악취가 느껴지던지요. 영성학교 쉰목사님을 만나지 못했다면 지금도 어느 교회에서 열심히 냄새나고 썩은 내 모습을 포장하기 위해 회칠하면서 수고하고 무거운 짐들을 짊어지고 귀신의 이끌림을 받으며 지옥으로 향하고 있었겠지요. 이제는 말로 표현 못 하는 영성학교의 귀한 가르침들로 진리의 길을 가게 됨을 감사드리며 살아 계신 하나님을 찬양드립니다. 변화된 나의 삶에는 이런 은혜들로 가득 넘쳐납니다. 40여 년을 소화가 잘 안 되고 자주 체하는 소화불량이 완전히 없어졌습니다. 디스크가 터졌던 사실도 모른 채 오랫동안 살다가 기도 훈련 중 알게 되었고 재발했었으나 지금은 건재합니다. 자궁에 폴립이 있었으나 완전 사라졌습니다. 공황장애 증상 사라졌습니다. 분노조절장애 증상 사라졌습니다. 축농증 사라졌습니다. 만성 기관지 염증으로 늘 피로했으나 거의 나아가고 있습니다. 가족이 더 화목해지고 돈독해졌습니다. 빚지지 않고 넉넉하게 살게 해주셨습니다. 자녀들이 부모를 너무나 귀하게 여깁니다. 보이지 않는 하나님보다 사람에게 칭찬받으려고 하던 모습을 벗어버리게 되니 더없이 마음이 평안해졌습니다. 종종 기적 같은 은혜로 소소한 필요를 채워주심을 경험하는 것 등등…. 끝으로 지극한 하나님의 자비로우신 사랑하심과 하나님과 동등하게 여기지 아니하시고 십자가에서 죽기까지 하나님께 순종하심으로 하나님과 우리를 화목하게 하사 죄의 담을 허시고 우리를 예수의 이름으로 담대하게 하나님께 나아가게 하신 나의 주 예수그리스도와 또 하나님께서 예수 이름을 모든 만물 위에 뛰어나게 하시고 심판자로 다시 오실 때까지 우리를 도우시며 내 연약함과 부족함을 대신하여 눈물로 하나님께 아뢰어주시며 하나님의 사랑의 뜻을 이루시기 위해 오늘도 친히 도우시는 성령 하나님의 인도하심이 우리 모든 영성학교 식구들, 그리고 앞으로 영성학교 식구가 될 모든 분들에게 영원토록 있어지길 기도하며 바라마지 않습니다. 이젠 모든 죄악과 허물이 예수 피로 인하여 벗어던져지길 소원하며 우리 목사님처럼 수많은 어떤 귀신들도 능히 예수 이름으로 물리치며 뭇 사람들을 구원의 강가로 이끌어내시는 깊은 내공을 닮고 싶어서 오늘도 내 속에, 우리 가정에, 내 주변에서 속삭이고 괴롭히는 더러운 귀신들의 정체를 밝혀내고 싸우면서 우리 목사님 닮은 정예용사가 되기를 소망해봅니다. 할렐루야!

55

나의 죄 짐을 맡으시는 하나님

_ sk777

　저는 오랫동안 마음이 어둡고 우울한 상태로 지내왔고 병원에서는 정신분열로 진단받았습니다. 동생의 권유로 카페에서 목사님 칼럼을 읽게 되었고 또한 예수 피 하나님 부르는 기도를 해보라고 해서 한두 번 거절하고는 뒤에 혼자서 이 기도를 시작하게 되었습니다. 이 기도를 하면서 이전에 좀 사라진 줄 알았던 증상들이 더 심하게 나타나게 되었고 혼자만의 기도로는 감당할 수 없는 상황에 이르러 영성학교에 와서 목사님의 축출기도와 코치님들의 코칭을 받으면서 기도 훈련에 참여하게 되었습니다. 기도를 하면서 시간이 흐르자 귀신의 존재를 알게 되었고 또한 실감하게 되었습니다. 기도 훈련을 계속 받는 것이 결코 쉬운 것은 아니었고 혼자만의 힘으로는 도저히 할 수 없는 일이었지만 목사님, 사모님, 코치님들, 그리고 가족들과 더불어 영성학교 식구들의 관심과 사랑으로 계속 훈련에 동참할 수 있었습니다. 지난 수십 년간 몸이 계속 아팠고 귀신에 짓눌려 마음이 어둡고 답답하고 가족관계도 원만치 않아 고통스런 시간을 많이 보내며 살아왔으며 때로는 자포자기 마음으로 살기도 하였습니다. 그러나 예수 피와 예수 보혈, 하나님을 부르는 기도와 목사님과 코치님들의 도움으로 지금은 마음이 어두움에서 많이 벗어났고 육체적 질병의 고통에서도 많이 나음을 입었습니다. 지난 시간 하나님을 안다고 생각했지만 그것은 저 혼자만의 생각에 지나지 않았고 하나님이 어떤 분이시라는 것을 잘 알지 못했고 하나님을 품고 산다고 여겼지만 너무나 모자라다는 것을 알게 되었습니다. 지금 하나님을 믿고 의지하며 살면서도 여전히 해결할 수 없는 고통 가운데 있는 분들, 메마른 심령과 갈급함에 굶주리는 크리스천들, 그리고 믿지 않는 분들이 예수 보혈을 부르고 하나님을 찾는 기도를 함으로 하나님을 알고 동행하는 삶으로 나아가시길 바랍니다.

❖ 56 ❖
하나님 감사합니다

_ 무형무취

감추고 살던 죄들로 내 실체가 드러나고 이로 인해 죽을 것 같고 남편도 아이들도 죽을 것 같고, 이렇게 마지막 손가락 끝마저 벼랑에서 미끄러지며 떨어지던 찰나에 하나님을 부르는 기도를 알게 되고 기도 훈련을 시작했습니다. 부부가 깨지고 자녀들이 깨지고 경제가 파탄나고…. 그럴수록 고된 신앙의 행위를 더하게 되고, 이런 열심인 신앙의 뒷면에 쇠 목줄에 매인 개처럼 죄인 줄 뻔히 알면서도 질질 끌려가는 나 스스로를 보면서 죄짓고 회개하고 죄짓고 또 짓고 또 짓고… 벗어나고 싶은데… 문 밖에서 두드리신다는데… 문을 열라고 하시는데 문을 여는 방법이 뭔지, 어떻게 열어야하는 건지 벗어나는 방법을 도대체 알 수가 없었습니다. 목사님, 사모님과 첫 만남에서 제가 너무 아름답게 들었던 하나님의 음성을 귀신이라고 하셨고, 당연히 전 속으로 '아닌데요' 했지요. 그러나 훈련 첫날 하나님을 부르는 기도를 하는데 5분도 못 부르고 잠자고 있는 나를 보고는 '어, 이상하다, 이 기도 뭔가 있나보다' 했습니다. 모태신앙인데 하나님을 부르자니… 하나님 생각이 안 났습니다. 그래서 하나님을 부를 수가 없어 예수님만 주구장창 부르기도 했고, 하나님이 생각이 안 나 문장으로 "내 죄를 용서해주기 위해 예수님을 보내주신 하나님", "나를 위해 십자가에 달리신 예수님" 이렇게 문장으로 기도할 수밖에 없었던 날들이 많이 있었습니다. 하나님을 부를수록 저에게는 지독한 증상들이 있었고, "넌 내 딸이었어, 다 죽일 수 있었는데" 등등 귀신의 독설이 영음으로 저를 위협하며 강하게 존재를 드러냈습니다. 억지로 배를 쥐어짜며 몸에 힘을 주고 예수님을 부를수록 나의 본성은 사탄의 본성이고 미혹의 영이 바로 나라는 것이 선명히 보였습니다. 그러면서 하나님 앞에서 심각하게 해결해야만 하는 질문들을 하게 되었습니다.

"이렇게 많은 귀신들이 어떻게 내 안에 들어온 거지?" "귀신이 다시 내 안에 못 들어오게 하려면 어떻게 해야 하지?" "기도가 진짜 내 마음이라는 것을 하나님께 어떻게 보여드리지?" "하나님의 도우심을 받으려면 어떻게 해야 하지?" "내가 미혹되었다는 것을 어떻게 알지?" 등등….

지금은 질문들에 대한 답이 모두 같다는 것을 알게 되었지만, 그 당시는 답을 모르니 남편에게 도움을 받고 점검을 받으며 배를 쥐어짜가며 머리를 하얗게 까맣게 예수 피 하나님 하며 버둥거렸습니다. 하나님께서는 이런 저를 불쌍히 여기셔서 회개해야 할 죄들을 계속 비춰주셨고 죄가 보일수록 아무렇지도 않게 하던 행동들이 점점 아무렇지도 않은 게 아닌 것으로 되어갔습니다. 직장에서 사람들과의 관계를 위해, 분위기를 위해 사소하게 하던 농담들, 정확하지 않은 얘기에 맞장구치던 평상시의 행동들이 왠지 걸려 '내가 이 말을 왜 했을까, 굳이 하지 않아도 되는 말을 해서 무엇을 얻으려고 한 거지? 내 안에 어떤 게 있어서 이 말을 하게 됐을까, 내가 하나님을 어떻게 여기고 있어서 이런 말을 하게 됐을까' 하며 칡넝쿨 캐며 들어가듯이 내 안에 어떤 근원이 있어 이런 말들을 하게 되는지 내 모습을 보려고 하며 회개하였고 보이는 것마다 하나님께 가식 없이 솔직하게 말씀드리고 용서를 빌고 반복되지 않도록 애쓰며 도움을 간구했습니다. 전에는 남편이 맘에 안 들 때마다 무시하였지만 하나님 부르면서는 그럴 수가 없었습니다. 그렇지만 저절로 딴 사람이 되는 게 아니었습니다. 어떨 때는 정말 나를 꺾기 싫고 예전처럼 막 따지며 다다다 하고 싶었지만 억지로 꺾으려고 '남편 안에 계신 하나님께 복종합니다. 제 앞에 계신 하나님께 복종합니다.' 속으로 중얼거리고 주먹 쥐고 예수 피 하며 그 순간을 모면하곤 했습니다. 그렇지만 그 순간을 모면해도 모양만 다를 뿐 다시 남편이 거슬리는 일들이 또 생기니 그런 모습에 자꾸 걸리는 나를 해결해야만 했습니다. 나를 거슬리게 하는 남편을 고치는 게 아니었습니다. 내 안의 들보를 빼는 거였지요. '도대체 내 안에 뭐가 있어서 또 이럴까. 이 말이 왜 서운하지? 왜 듣기 싫어하지? 이 생각은 어디서 나온 거지? 뭘 위해서 이렇게 상황 설명을 하고 이유를 대고 싶은 거지?' 하며 문제의 원인이 나에게 있다고 생각하며 없애야 할 나를 보려고 하며 기도 자리에 앉았습니다. 이렇게 할수록 보기 싫지만 볼 수밖에 없고, 인정하기 싫은 무언가가 내 안에 있었고, 해결할 수 있는 방법은 오직 한 가지밖에 없었습니다. 하나님과 나 사이에 있는 미혹을 해결하는 과정이었습니다. '내 안에 미혹이 숨어 있다는 것을 어떻게 알 수 있지?'란 질문에는 '미혹된 줄 모르니까 속는 것이다. 옳고 그름이 중요하지 않다. 그것을 옳다고 가지고 있고 주장하는 것이 죄이다'란 코칭에서 힌트를 주셨습니다. '하나님만이 옳으신데 내가 옳다고 여기는 그 무언가가 있다면 그게 기준이 되겠구나, 그럼 상대에게 기준을 들이댈 것이고 내 기준에 맞지 않으면 못마땅하거나 툭 걸리거나, 거슬리거나 서운하거나 그러면서 결국은 이래라저래라 하며 내 생각을 드러내겠구나'라고 생각하니 딱, 살아오면서 가족을 힘들게 하고 관계에서 어려움을 겪게 되는 원인이란 걸 알게 되었습니다. 그래서 마음에 거슬리는 일이 생기면 그곳을 시작점으로 삼고 거기서부터 캐고 들어가며 회개하였고 행동을 바꾸고 내 자아가 생각하는 것의 반대로 하며 나를 주인의 자리에서 끌어내리는 훈련을 하였습니다. 이런 훈련이 너무 과하고 이렇게 사소한 것까지 해야 하나 싶을 때도 있었고 자유가 없어 보인다는 말을 듣기도 했지만, 작은 죄를 대수롭지 않게 여기는 미혹의 습성이 내 삶을 어떻게 망쳤는지를 이미 너덜너덜하도록 경험하였고, 미혹의 사슬에서 벗어나 하나님과 함께 할 수만 있다면 이런 내 몸을 쳐 복종시키는 훈련은 얼마든지 감당하겠다는 결심을 하고 또 하며, 하나님은 마음을 보신다고 하였으니 제가 어떤 마음으로 이 죄와 내 속내를 캐며 자백하고 나를 버리려고 하는지 아실 거라 여겼습니다. 아이러니하게도 하나님 부르며 이런 빡센 훈련을 하는 과정을 통해 끊고 싶어도 끊어지지 않던, 반복되는 죄와 싸워 이기는 일들이 늘어났습니다. 평생 나를 위해 사는, 죄짓는 기계로 훈련되어진 나를 없애고 '하나님이 하라시면 할게요, 말라시면 말게요' 하는 자기부인 과정을 통해 오히려 저는 사람의 눈치로부터, 나 스스로의 틀로부터, 미혹으로부터 자유로워지게 되었습니다.

　이렇게 하나님 이름에 매달리고 회개로 더러운 나를 비우고 기도가 오히려 죄가 되지 않도록 일상에서 자기부인 하는 훈련 과정을 통해 나 자신의 모습을 보게 되어서야 상대의 마음이 보이기 시작했습니다. 상대의 마음이 보이니 겉으로 드러나는 행동이나 말로 관계가 어려워지는 것이 현저히 줄어들었습니다. 미혹의 영은 어느 쪽이 옳은지 관심 없고 나와 상대방 모두를 죄짓게 한다던 코칭 말씀이 정말 그렇구나 공감되었습니다. 지금은 나(내 생각)로 인해 깨어졌던 남편과 자녀들과의 회복, 10년 가까이 언니란 호칭도 쓰지 않을 정도로 깨어졌던 큰 동생과의 회복도 주셨고 가족들이 모두 하나님의 이름을 부르기 시작하게 되었습니다. 기적 같은 일들과 많은 은혜를 주신 하나님께 참으로 감사합니다. 그런데 나도 모르게 은혜와 응답을 곱씹어 생각하고 말하는 새 또다시 부유한 마음과 자기 의로 변해버리고 넘어졌던 시행착오를 겪으면서 알게 된 것은, 하나님 부르는 기도를 하며 가난한 죄인의 마음으로 끝날 때까지 가야 한다는 것입니다. 하나님의 이름을 부르는 기도 훈련은 하나님을 사랑하는 훈련이라고 생각합니다. "보이지 않는 나를 사랑하는 방법은 내 말을 듣는 것이란다. 내 말은 사람(이웃)을 사랑하는 것이란다. 이웃을 사랑하는 것은 바로 나처럼 하는 것이란다. 나를 따라하려고 하면 된단다. 나를 닮거라. 하려고만 해라. 내가 도와줄게"라고 하시는 것 같습니다. 아버지를 잃어버린 채 아버지의 원수로 살고 있던 저에게도 "내가 너의 아버지야"라고 하나님의 모습을 보이셨던 것처럼, 하나님은 지금도, 하나님을 모르지만 하나님의 형상이 있는 그 누군가에게, 그 사람의 일생에 단한 번만이라도 하나님 아버지의 모습을 보이고 싶어 하실 것 같습니다. 사랑이든, 단호함이든, 기다림이든, 부드러움이든, 경고든… 동그라미든, 세모든, 뾰족한 뿔 모양이든 그 사람에게 어떤 모습으로 나타내 보이시는 게 최상일지는 하나님이 정하실텐데 만약 그때 이미 가지고 있는 나의 모양이 조금이라도 있다면 하나님이 주물럭주물럭 만드셔서 하나님을 보여주고 싶어 하시는 모양이 제대로 나올 것 같지 않습니다. 하나님의 모습을 나타내 보이고 싶어 하시는 자에게, 하나님이 원하시는 모습으로 주물럭주물럭 만드셔서 사용하시는 재료가 되기를 소망합니다. 솔직히 저는 자신이 없습니다. 어느 샌가 교만해져 있고, 돌아보면 자기 의로 취하고 있고 옛 사람의 말과 행동이 배어져 나오고 있고… 그래서 하나님을 부릅니다. 죄인 위해 오셨다고 하셨으니 저를 불쌍히 여겨주셔서 그 말씀의 신실하심을 보여주시는데 포함시켜주시길 간구드립니다. 살아온 게 죄였고 살아가는 게 죄일 수밖에 없었고, 썩어 문드러져 형체도 없이 흘러내리는 고름 같은 존재가 저였고, 영성학교에서조차 내 기준을 들이대며 지체들에게 많은 상처를 주며 죄를 지었는데도 말씀드릴 때마다 용서해주시고 회복시켜주시고, 일곱 귀신 들려 흑암에 있던 저에게도 기회를 주시고 죄의 쇠사슬을 끊어주신 하나님, 이 모든 기적의 시작은 갓난아기처럼 시장에서 엄마 잃어버린 아이처럼 오직 전심으로 하나님을 부를 때 시작되었습니다. 하나님 감사합니다.

❖ 57 ❖
열등생의 기도 훈련

_ 가을향기**

　2013년 초여름 결혼과 동시에 연락이 끊겼던 친구와의 전화 통화로 내 인생은 새로운 길을 가게 됐습니다. 가끔씩 하는 우리의 통화는 기본 1시간 이상 이어졌고 교회 다니는 친구는 그동안 살아오면서 겪은 놀라운 간증과 하나님에 대해 저에게 많은 얘기를 해줬고 나도 그 하나님을 만나고 싶다는 마음을 품기 시작했습니다. 어떤 날은 너무 감동이 되어 눈물을 글썽였고 이 친구는 하나님이 나에게 보내준 천사구나 하는 생각도 들었습니다. 교회에 가고 싶어졌고 혼자 갈 용기도 나지 않았습니다. 날 교회에 데려가는 사람도 아무도 없었습니다. 몇 개월이 지나고 문득 하나님이 날 많이 기다리시겠구나 하는 생각이 들었고 해가 바뀌고 2월쯤 작은 사건이 하나 생기면서 세상에 내 편은 아무도 없음을 실감하고 교회에 나가기로 결심하고 교회 간 첫날 기도해야 하는데 기도를 어떻게 해야 되는지 몰라서 그냥 하나님 하고 불렀습니다. 가슴이 뜨거워지면서 눈물이 쏟아졌고 하나님을 향한 마음이 커져갔습니다. 어느 날 기도가 하고 싶어 방에서 기도를 하는데 문틈 사이로 누군가 쳐다보고 있는 섬뜩한 느낌이 들고 무서워서 기도는 집에서 하는 게 아닌가 보다 생각했지만 기도하고 싶은 마음은 계속 들었습니다. 새벽예배에 갈까도 생각했는데 초신자가 새벽예배까지 드린다는 건 주변 시선 때문에 조금 부담이 되었습니다. 얼마 후 특새가 있었고 기회다 싶어 좋았습니다. 예배시간보다 기도하는 시간이 너무 좋았습니다. 맘껏 기도했습니다. 회개도 나왔고 가족 중보기도도 눈물로 기도했습니다. 내가 하는 게 아닌 것 같았습니다. 내 입에서 고급진 단어들도 나왔습니다. 스스로도 놀랐습니다. 2개월 지난 어느 날부터 기도할 때 5일 중 두세 번씩 이상한 증상이 나타났습니다. 몸이 화끈거리고 가려웠습니다. 아무리 애쓰고 발버둥쳐도 기도를 이어갈 수가 없었습니다. 왜 그러는지를 알 수도 없고 답답했습니다. 3~4개월 지속됐습니다. 우리 쉰목사님을 만나기 전까진 다른 교회 다닌 믿음 좋은 집사님께 증상을 얘기했더니 내 죄가 많아서 하나님께서 내 기도를 안 받으신다네요. 그 무렵 이 교회에는 하나님이 안 계신 걸 알게 됐고 다른 교회를 알아보는 중에 목사님 칼럼을 다른 블로거를 통해 알게 됐고 눈이 번쩍 뜨였습니다. 계속 칼럼만 읽다가 증상이 또 나타나서 카페 가입 즉시 전화를 드렸습니다. 목소리가 쉰 목사님께서 무슨 문제가 있냐고 물어봤고 "기도가 너무 힘들어요"라고 얘기했습니다. 하나님 예수 피만 하라고 짧게 통화하고 끊었습니다. 기도 중에 증상이 또 나타났습니다. 예수 피를 속으로 외쳤습니다. 그랬더니 증상이 더 심해져 앉아 있기도 힘들었고 그만할까 생각도 들었지만 '그래, 네가 이기나 내가 이기나 한번 해보자' 하고 계속 예수 피를 외쳤습니다. 미칠 것 같았습니다. 한참을 그렇게 외치니 갑자기 몸과 마음이 편안해졌습니다. 신기했습니다. 그 이후로 증상은 나타나지 않았습니다. 얼마 지나지 않아 교회도 옮기고 기도 훈련에 집중하지 않고 시간을 보내다가 다시 시작하기를 반복하며 지금까지 훈련 중에 있습니다. 지지부진한 기도와, 남편과의 심한 갈등, 몸과 마음이 많이 지치고 힘들었고 목사님을 의지하면서 영성학교를 오랫동안 다녔습니다. 어떤 날은 가기 싫은 발걸음으로, 안 가면 될 터인데 억지로 옮겨가며 하루하루 버틸 때도 있었습니다. 어떤 때는 꿈에서의 상황이 나를 영성학교로 가게 만들 때도 있었고 나약하고 의지가 약한 나는 영성학교에 맞지 않는다는 것을 잘 알고 있으면서도 여기를 떠나는 것이 두려웠고 겁이 났습니다. 웃고 있어도 마음속에서 항상 슬펐고 한숨만 나왔습니다. 여행을 가도 즐겁지가 않았습니다. 어느 순간 이런 마음이 사라졌습니다. 나를 좋아해주고 챙겨주는 사람들도 있어 좋습니다. 불행한 결혼생활, 옛날 생각을 하면 한번씩 미울 때도 있지만 남편도 피해자라는 생각이 들었고, 시간은 많이 흘렀고, 아직까지 이렇다 할 열매도 없지만 모든 상황은 예전하고 비교할 수 없을 만큼 좋아졌습니다. 기도의 끈을 놓지 않게 저를 이끌어주셔서 감사하고 하나님께서 저를 불쌍히 여기셔서 여기까지 오게 되었고 목사님이 저에게 보여주신 사랑은 지금까지도 잊을 수가 없습니다. 죄송하고 감사하고 존경하고 사랑합니다.

내 영혼을 깨우는 77人의 기도 훈련 체험담

✢ 58 ✢
하나님의 사랑

_ Let there be light

어느 날 우연치 않게 인터넷에서 어떤 글을 봤습니다. 매우 마음에 와닿는 글이었기에 페이지를 넘기며 여러 글들을 봤습니다. 그런데 어떤 글은 매우 마음에 와닿았는데 상당수의 글들은 마음에 와닿지 않고 별로였습니다. 그래서 한 사람이 쓴 글이 왜 이렇게 다른지 이상하였습니다. 알고 보니 글을 올린 사람이 자기가 마음에 드는 여러 목사님의 글들을 누군지 밝히지 않고 마구잡이로 섞어서 올렸던 것이었습니다. 그래서 마음에 드는 글을 문장으로 검색해서 보니 영성학교 신 목사님 글이었습니다. 그 당시에는 몰랐는데 지금 생각해보면 참 기이한 일이었던 것 같습니다. 목사님의 칼럼을 통해 제 삶을 뒤돌아보았고 분명히 하나님께서 함께하시지 않은 삶이었다는 걸 깨닫는, 인생의 큰 해답을 얻었습니다. 또한 목사님이 해왔던 이 기도만 하면 하나님이 함께하신다는 이야기에 큰 희망을 가지고 기도 훈련에 참여하게 되었습니다. 기도 훈련을 하면서 어렸을 때에 이해가 안 되었고 지나치고 잊었던 것들이 다시금 생각나면서 지금은 많이 이해가 되고 있습니다. 지금은 대다수의 교회에서 전혀 들을 수 없는 이야기인 것 같은데 초등학교

243

때 교회에 가면 "회개 안 하면 지옥 간다. 기도를 많이 해야 한다." 이런 이야기를 매주마다 지겹게 많이 들었던 것 같습니다. 단어와 문장은 한글인데 기이하게도 무슨 말인지 몰랐는데, 이제는 왜 그분들이 이런 이야기를 했는지 이해가 되고 있습니다. 그리고 중학생 때 들었던 이야기도 생각났습니다. 교인분들이 교회 앞에서 잡담을 하고 있었는데, 그 내용은 다른 교회 전도사님이 자신이 기도의 강을 건너는데 마귀들의 방해가 심하다고 성도님들에게 중보기도를 요청하였다는 내용이었습니다. 그 뒤로 잊고 있던 기도의 강이란 단어를 영성학교에서 듣게 되어서 놀랐고, 완전 잊고 지냈던 단 한번 들은 이 단어를 듣는 순간 그때의 기억이 생생하게 생각나는 것도 기이했습니다. 사실 그때는 목사 하려면 그런 강도 건너야 하는구나, 나는 목사 안 할 거라 다행이라고 생각했던 게 기억이 났습니다. 하지만 평신도도 건너야 한다는 사실을 이제는 알게 되었습니다. 매도 빨리 맞는 게 낫다고, 그때 건널 수 있었다면 좋지 않았을까 하는 생각이 들었습니다. 그리고 고등학교 때인 것 같은데, 예수님께서 십자가에서 죽으심을 자신을 위해 한 것으로 받아들여야 한다는 걸 들었습니다. 물론 이전에도 많이 들어왔던 이야기였지만 당시에는 그게 이해가 안 되었습니다. 예수님께서 인류를 위해 십자가에 죽으신 건 받아들이겠는데, 저 자신을 위해서라는 내용이 뭔지 모르게 기이하게도 마음에 와닿지 않았습니다. 인류에 제가 끼어 있으니까 그런 것도 같고 하는 느낌이었습니다. 지식으로는 받아들이지만 마음으로 받아들이지 못한다는 말이 그때의 느낌이었다는 걸 이 기도를 하면서 알게 되었습니다. 물론 저는 몇 년 동안 기도 훈련을 했지만 아직도 많이 부족합니다. 목사

내 영혼을 깨우는 77人의 기도 훈련 체험담

님 코칭 내용에서 기도 끝나고 고개만 들면 다시 죄를 지어서 안 된다는 이야기를 비유로 받아들였는데 지금은 비유가 아니라 팩트라는 걸 뼈저리게 깨닫고 있습니다. 예수님 십자가 앞에서 어느 순간 마음에 자리한 저의 더러운 탐욕도 내려놓아야 하고, 어쩔 때는 분노가, 어쩔 때는 근심이 어느 순간 제 손에 들려 있어서 매일 매일 그때마다 내려놓아야 합니다. 때론 좌절에 사로잡히기도 합니다. 하지만 그만둘 수 없음은 성경말씀에서 베드로 사도의 말처럼 영생의 말씀이 주님께 있기 때문이며 이 말씀을 받으려면 기도로 계속 나아가야 한다는 걸 알았기 때문입니다. 하나님의 불꽃같은 눈동자가 무섭고 부담스럽게 느껴지기도 했지만 지금은 그 말할 수 없는 거대한 불꽃이 하나님의 사랑임을 알게 되었습니다. 그 사랑을 예수그리스도의 십자가를 통해 받을 수 있게 해주심을 무한히 감사드립니다. 수많은 사람들이 하나님의 사랑을 깨닫고 하나님을 부르는 이 기도를 통해 하나님과 함께 하게 되기를 소원합니다. 이로 말미암아 주님께서 무한한 영광을 받으시길 소원합니다.

❖ 59 ❖
기도 훈련 체험담

_ 함박웃음

영성학교를 처음 알게 된 건 엄마를 통해서였다.

2018~2019년 즈음인가 엄마가 외삼촌을 따라 시골에 있는 교회에 다녀왔는데, 기도를 하던 중 환상을 보셨다고 하셨다. 그 교회 목사님이 이사야서 말씀처럼 숯불에 입술을 대서 입가가 빨갛다고 얘기하셨다. 1년 반 정도 지나서 나도 그 교회에 나가게 될 줄은 당시에는 몰랐다. 그 이듬해에도 엄마가 외삼촌 집에서 기도모임을 하는데 그곳 기도가 다르다고 하셨다. 기도를 할 때 아주 간절하게 온 호흡을 다해 하나님을 부른다고 하기에, 적어도 하나님이 그 배경에 관계없이 당신을 간절히 찾는 사람을 만나주신다는 것을 나는 막연히 믿고 있던 터라, 괜찮은 곳 같다고, 혼자 잘 다니라고 얘기해주었다.

2019년 상반기에 나는 대학을 졸업하고 집에서 백수로 지내고 있었다. 대학에 다니며 넉넉지 않은 가정 형편에 장학금을 타고자 열심히 공부하고, 일하는 것에 몰두하였다. 덕택에 잔병치레를 꽤

나 하였고, 늘 불안하고 부정적인 생각을 품고 살았는데 시험기간 때 처음으로 단어가 머리에 떠다니기 시작했다. 이후 심할 때는 지시형의 단어가 머릿속을 부유했고 그에 따라 움직였다. 지금 생각하면 조종당한 것이다. 면역도 약한 터라, 스트레스를 받으면 쉽게 치아가 부식되었다. 신경치료를 종종 했고, 이미 신경치료를 한 치아의 경우 뿌리가 잇몸 뼈와 함께 녹아서 입안에 고름이 많았다. 뼈 이식 수술도 여러 차례 받았다.

마음도 몸도 이대로는 버티기가 힘들어서 집 근방 기도원에 가서 사는 게 참 힘들다고 잠깐씩 기도를 드렸다. 다행히 몇 주 지나지 않아 지인을 통해 학교에서 직장을 구하게 되었고, 마침 외삼촌 집과 가까운 곳으로 이사를 가게 되었다. 곧 삼촌과 숙모가 일용할 양식과 생필품을 한가득 들고서 집들이를 오시더니 기도를 배워보겠냐고 권하셨다.

당시만 하더라도 하나님에 대한 간절함으로 진실의 실마리가 보이면 이단, 삼단 가리지 않았다. 20살 무렵에 소위 이단종교(JMS)에서 하나님을 경험했지만, 그곳에서의 신앙생활이 순탄치 않았던 관계로 그곳을 떠나왔다. 하나님에 대한 생각도 점차 옅어지고 신앙을 갖는다는 것 자체에 대한 두려움이 마음에 가득했다. 하지만 어릴 적부터 엄마가 임사체험과 자신의 유년기에 만났던 하나님을 얘기해주곤 하셔서, 그분은 미지의 궁극적인 존재였고 다시 만나 경험하고픈 분이셨다.

여하튼 이후 삼촌 내외와 함께 거의 매주 영성학교에 가게 되었다. 삼촌께서 내 속사정을 들으시고는, 내가 아프다는 얘기도 목사님께 전해주셨다. 덕택에 2019년 11월부터 일요일 축출기도시간 때마다 앞에서 목사님과 코치님들께 기도를 받았다. 이듬해부터 입안의 고름들이 모두 사라졌고, 강박증에 대해서도 하나님께 의지하며 많이 옅어지기 시작했고, 요새는 없어졌다.

영성학교에 오면 병이 낫는 게 가장 쉬운 일이라던데 내 경험을 돌아보면 그것은 사실인 것 같다. 내 경우 육체의 질병은 몇 개월 되지 않아 곧 사라졌다. 그러나 기도를 할 때 졸리거나, 생각이 끝없이 몰아치거나 하여 집중이 되지 않고, 기도 밖의 삶에서 생활의 습관이나 태도가 바뀌는 건 그에 비해 많이 늦었다. 아직도 시작 단계이지만 그 이유를 생각해보면 다음과 같다.

강박적인 이미지는 어느새 머릿속에서 사라졌지만, 그 이미지를 따르던 내 행위와 습관에서 벗어나서 행동할 수 있는 자유는 내가 선택하지 않으면 오지 않는다. 난 하나님이 날 바꿔주신다는 걸, 열심히 앉아서 기도하면 '뾰-롱' 하고 어느 순간 바뀌어 있는 것으로 이해했다. 그것이 아니었다. 지금의 내 행동 하나하나가 사실은 내가 원하고 바라서 내 선택의 결과로 만들어진 '나'라는 사실을 인정하고, 경건하지 못한 생각이 탐욕과 절망 덩어리인 내 마음에서 비롯되었다는 걸 인정하고, 하나님께 '어떡해요' 하고 매달리고, 바꾸어달라고 요청하는 게 의지를 발현하는 단초였다. "여태까지의 내 삶 전부 잘못했어요. 바꾸고 싶어요. 긍휼히 여겨주세요"라고 기도하라는 목사님의 가르침을 최근에야 깨닫고 있다. 내가 이 말을 깨닫지 못한 이유는 내가 죄인임을 인정하고 싶지 않아서라는 것과 여태껏 스스로에게 하나님을 앞에 두고 정직해본 적이 없어서란 걸 이제야 조금 알았다.

그 외에도 영성학교에 와서 변화된 점을 꼽자면, 성경을 읽으며 하나님이 내게 말씀해주신다는 걸 체험하게 된 것이다. 이후부터 읽을 때마다 다르게 다가오는 성경구절도 생기고, 그 안에서 하나님의 족적이 일관되게 읽히기 시작했다. 예전엔 하나님이 이상하고, 아주 많이 나쁠 때도 있고, 평생 가도 이해 못 할 분이셨지만, 이제는 작은 이의 신음을 외면하지 않으신다는 것과 행하신 모든 일에 선한 의도가 깃들어 있음을 보게 되었다. 주님이 선하신 분이란 사실이 믿어지니, 그분께 맡기고 생각하고 행동하는 게 시작되었다. 매 순간 불안에 휘청거리던 마음이 견딜 만해졌고, 세상살기가 한결 편해졌다. 미래를 모르는 채로 놔두고, 주님이 이끌어주시길 기다리는 것이 가능해졌다. 외려 마음을 졸이는 일이 하나님을 믿지 않는 죄라는 것을 이제는 체험으로 안다. 마음 졸이는 게 습관이 된 다른 사람들에게도 말해주고 싶다. 그러지 않아도 괜찮다고. 아니, 그러지 마시라고.

아직 마냥 행복하기만 하지는 않지만, 내가 왜 사는 거지 하며 울적해하던 모습이 바보같이 느껴진다. 이제는 부정적인 생각이 들면 예수 피를 외치며 악한 영을 쫓아내라는 코칭이 마음에 새겨져 있다. 사소한 경험을 통해서도 이제껏 보지 못했던 내 모습을 하나님 앞에서 볼 수 있는 것은 그분이 안전한 분인 것을 믿기 때문이다. 어린 시절 왕따를 오랜 기간 당해와서, 항상 내가 피해자라고 생각하며 어딜 가나 소외감을 많이 느껴왔다. 물론 주변 사람들이 눈치 채지 못하도록 다른 사람에게도, 나 자신에게도 내 감정을 잘 숨겨왔다. 그런데 어느 날 요셉이 형제들을 용서한 성경구절을 읽고, 기도 마지막에 주기도문을 외우는데 무심결에 날 왕따시킨 사람들을 용서한다고 중얼거려보니, 내가 왕따를 당할까 봐 외면해온, 내 친구였던 사람들도 줄줄이 생각났다. 난 항상 피해자였는데, 가해자였던 경험들도 생각났다. 이런 식으로 인생의 질곡을 하나님께서 하나씩 다뤄주시는 걸 경험하고 있다.

'누가 양심이 사랑으로부터 태어나는 게 아니라는 것을 아는가?'라는 말이 있다. 안전한 하나님 안에서 내면의 성냥불 하나가 치익하고 타오르기 시작했다.

마지막으로, 이전에 내 기도 테이블을 받아주셨던 외삼촌과 곁에 계셔주시는 코치님께 참 감사하다고 지면을 통해 말씀드리고 싶다. 말귀도 잘 못 알아먹고, 잠수를 많이 타서 힘드셨을 것이다. 판단하지 않는 사랑과 존중으로 정죄함 없이 날 대해주셔서 정말 감사하다. 덕분에 신뢰하며 내면을 보여드리고, 하나님 안에서 수용할 내 모습과 바뀌어나갈 것을 구분하게 되었다.

Becoming 크리스천

_ 윤혜

그러나 너희는 택하신 족속이요 왕 같은 제사장들이요 거룩한 나라요 그의 소유가 된 백성이니 이는 너희를 어두운 데서 불러내어 그의 기이한 빛에 들어가게 하신 이의 아름다운 덕을 선포하게 하려 하심이라(벧전2:9).

사모님, 안녕하세요. 오늘이 2021년 9월 중순, 지나간 시간들이 생각납니다. 사모님 기억나서요? 우리가 처음 만난 2015년 늦봄이 지나고 여름 그리고 어느 가을 배론성지에서 만나 산책하며 저에게 말씀해주신 거요. 사모님께서 저녁기도 중 성령님 오시어 말씀을 주셔서 성경을 막 뒤지며 찾았는데 베드로전서 2장 9절이었다는 거. 그때 저는 '하나님이 오셔서 말씀하셨다고? 토씨 하나 안 틀리고 똑같이 말씀하셨다고? 어떻게 그런 일이 일어나지?' 하며 눈을 동그랗게 뜨고 건조하게 바라봤습니다. 지금 생각해보면 이 어마어마한 하나님의 은혜를 감히 알 수도 없을뿐더러 이 크나큰 사건을 경험한 사모님을 내 눈앞에서 만나고 있다는 사실이 얼마나 감격인지 정말 몰랐어요. 그러나 지금은 우리 사모님을 만나주신 성령님을 저도 사모하며 '그 은혜의 말씀 제게도 허락해주세요' 하고 기도하고 있습니다. 사모님, 사모님께선 지금과 같이 달빛이 환한 어느 겨울날 영성학교 상수리나무 밑에서 '으~ 으~ 으~ 추워~' 하는 저의 떨리는 소리에 '나는 깊은 겨울밤의 칼바람이 얼굴에 닿는 이 느낌이 좋다'고 하시며 '시장에 다니면서 차디찬 바람을 많이 쐬어서 그런가봐'라고 하셨어요. 그날 저는 하나님께서 우리 사모님께 아름다운 외모를 주시고 강인한 영성학교 어머니로 훈련시키셨다는 것을 느꼈어요. 사모님, 저는 목사님과 사모님을 만난 것은 제 인생의 큰 전환점이며 전적인 하나님의 은혜라고 추호도 달리 생각해본 적이 없어요. 왜냐하면 50년 돌아돌아 하나님을 만났기 때문이에요. 사모님, 저는 지난 세월 뭔지 모르게 힘들었어요. 그냥 마음이 무겁고 웃으면 죄짓는 것 같은, 희한한, 지금 생각해보면 말도 안 되는 자책을 하며 살았어요. 무표정에 무관심에 늘 화난 사람처럼. 그러나 끊임없이 저는 '나 여기 있어요~'를 무한 반복하며 젊은 날을 보냈어요. 애기들이 울음을 울며 의사표현을 하잖아요. 그럼 엄마가 급히 달려와 배고픈지, 기저귀가 젖어 찝찝한지 살펴보잖아요. 그런데 저는 아무리 울어도 "많이 힘들구나"라는 위로 한번 받지 못했어요. 그야말로 존재감 제로(Zero)였어요. 남편을 만나 아이 둘을 낳고서도 외로움은 가시질 않았어요. 여전히 꿈속에서의 북받치는 설움이 새벽녘 웅크리고 있는 어른아이로 이어졌어요. '눌려 있는 자아?' 인지도 못 했어요. 누가 성가대복 단추 하나 채워주는 손길에도 눈물이 왈칵 쏟아지는 유리 멘탈이었어요. 내가 하나님을 만나는 신앙인이 되었으면서도 왜 자기연민에 빠져 지내는지 고민한다는 건 사치일 뿐, 일상에 밀려, 양

내 영혼을 깨우는 77人의 기도 훈련 체험담

육에 밀려 저 구석에 찌그러진 깡통처럼 구겨져 버려진 채로 있었지요. 아마 모르긴 몰라도 그러고 있는지도 모르는 상태이지 않았을까 싶네요. 그러면서 아이들은 커나가고 내 생명과도 같은 아이들을 바라보며 나는 아이들을 나처럼 키우지 말아야지 하면서 아이들에게 사랑을 포장한 억압사탕, 통제아이스크림, 비난초콜릿으로 누르고 비틀어 넣어 먹이며 키웠어요. 사랑이 뭔지도 모르면서…. 또 지하철을 타면 '쟤는 치마가 왜 이렇게 짧아, 그러니 성폭행을 부르지', '오! 저 신발 멋진데? 나도 신어봐야지'라며 하나님 싫어하는 생각을 채우며 살았어요. 죄가 뭔지도 모르면서…. 남편을 이해한다? 어림없는 얘기였습니다. '이해하다'라는 것은 낮은 자세(Understand)로 상대방을 경청하고 바라보는 거라고 하는데 그러나 저는 '내가 이러는 건 당연해. 그러니 나는 옳고 남편은 다 틀려.' 이러한 마음으로 남편을 대하니 늘 팽팽한 긴장과 비난 속에서 살게 되었습니다. 사모님, 저는 계명이 뭔지도 모르고 알려고 애쓰지도 않았던 것 같아요. 지금에야 목사님의 코칭을 들으며 그것은 하나님을 못 만나게 하려는 미혹의 영이었다는 것을 깨닫게 되었지만요. 사모님, 이런 제가 가족의 중심에 떡 버티고 있으니 저와 가족들 모두는 불행했습니다. 가까이 가면 갈수록 저는 고슴도치가 되어 가족들을 찌르는 거예요. 그럼에도 저는 제가 뭘 어떻게 해야 하는지도 모르고 지냈습니다. 가족들과 거리를 두고 바라보며 나의 상태를 파악하고 악에서 돌아서야 했는데…. 영성학교 없는 우리 가정은 생각하기도 싫어요. 완전히 친밀하다고 나만 말할 뿐 다른 식구들이 나를 바라볼 때 지겹고 힘든 사람이었다는 걸 영성학교에서 기도하며 나중에 알게 되었습니다. 균형이 뭐고

적절이 뭐고, 정말 아무것도 모르는 사람이었습니다. 개념 없이 의존적이며 스스로 착한 사람이라며 자기 꿀단지에 빠져 살았고 나에게 부당한 처우를 한다고 생각하면 화부터 내고 논리적으로 말하지 못하고 속으로 끙끙거리며 살았습니다. 그러면서 행복이라는 이중적 가면을 쓰고 살았습니다. 하나님이 기뻐하신다는 정직함도 없었고 늘 변명과 자기 사랑으로 하나님 말씀 하나 비집고 들어올 틈이 없었습니다. 이 모두가 나의 속사람인 것입니다. 열등감이 많아 분노를 꾹꾹 누르며 만만한 아이들에게, 남편에게 표출하며 살았습니다. 아이들을 내 소유물로 생각하며 저의 체면을 위해 병풍처럼 두르곤 했어요. 경쟁이 과열된 상태에서 지극히 평범한 아이들에게 경쟁에서 살아남으라고 채찍질하지만 모두가 열심히 뛰는 이 마당에 저와 아이들은 제자리걸음만 하더라구요. 사모님, 저는요, 그동안 훈련을 하면서 내게 무슨 악한 것이 있길래 내 속내가 이런지, 왜 평안이 없고 하나님은 어디 계시며 무엇이 이런 문제를 지속시키는지 코칭을 통해 알게 되었으니 얼마나 큰 은혜인지요. 저는 어이없는 상황에 맞닥뜨렸을 때나 오해받을 때 유연하게 대처하지 못하고, 또 열등감으로 인한 뿌리 깊은 분노 때문에 조그마한 일에도 화를 내고, 누가 참견하거나 개입하고 평가할 때 참 싫어하는 제가 있는 거예요. 그리고 이런 문제들이 발생했을 때 나를 바라봐야 하는데 상대를 보는 나의 습성이 있다는 걸 알게 되었어요. 나를 변호하고 상대를 신뢰하지 못하고 일단 의심하는 습성과 내 잣대가 항상 옳다고 확신하는 자아가 하나님을 믿는다면서도 변화되지 못하는 원인이라는 걸 알게 되었어요. 이 고집을 아주 조급하게 문제 해결을 하지 말고(하나님 의지하지 않고 내가 조

내 영혼을 깨우는 77人의 기도 훈련 체험담

급하게 처리하려고 했을 때 꼭 부작용이 따른다능) 완급을 유지하며 차분히 상대에게 물어보며 논의하는 시도와 실행을 하려고 해요(저는 정말 이 부분이 어렵거든요). 그랬더니 오랜 세월 나와 동행하였던 분노가 내 안에 일지 않는다는 걸 알게 되었어요. 할렐루야! 부추기려고 발악을 하는 악한 영들을 마주할 때도 있지만 하나님께서 그때마다 분별의 영을 허락하셔서 은혜를 주십니다. 정말 놀라운 비밀이에요. 또 감사한 것은 영성학교의 기도 훈련을 통해 불통이 소통이 되니 가족들이 많이 웃고 평안한 마음입니다. 이제는 억눌려 우는 어린 꿈속의 나는 더 이상 나타나지 않고 잠을 잘 자게 되었어요. 열등감요? 제가 하나님의 모집된 군사인데요? 당연히 남아나지 않죠. 그러나 자기변명과 자기 사랑은 제게 가장 약한 부분이에요. 그래서 넘어질 때도 있지만 우리의 무기인 예수님의 보혈이 있잖아요? 계속 하나님 의지하며 발전이 있도록 할게요. 그래서요, 사모님, 지금도 하나님 이름을 부르며 내 안을 하나님이 지배하고 있는가, 수다한 영혼들을 구원의 강가로 데려갈 능력을 하나님께 구하고 있는가, 모집된 군사로 오늘도 무장하고 있는가 잊지 않고 기도합니다. 하나님께서 주신 트랙을 따라 인생 여정을 달려갈 때 어쩌다 딴 길로 가면 채찍으로 트랙 안으로 몰아넣으시는 하나님의 구속이 너무나 좋습니다. 왕이요 제사장이요 거룩한 나라요 하나님의 소유물로서 하나님의 아름다운 덕을 선포하라고 부르심을 받았기 때문입니다. 어둠에서 빛으로 인도하신 하나님을 찬양합니다. 사모님, 요즘 아침저녁으로 쌀쌀하네요. 감기 조심하시고 곧 추석 연휴가 시작되어요. 추석 달빛이 황홀한 저녁에 하나님 이름 부르는 특별함이 너무 기대돼요.

✤ 61 ✤
천국을 누릴 수 있는가?

_ 백의민족

　몇 년 전 어느 기독교 카페에서 쉰목사님의 글을 우연히 보게 되었고, 예사롭지 않은 칼럼에 화답이 되었습니다. 목마른 심정으로 기도 코칭이 시작되었고 한두 달, 과도기를 거치면서 전심으로 하나님의 이름을 부르는 기도에 익숙해져갔습니다. 영성학교 오기 전 저의 영적이고 정서적인 상황을 먼저 간략히 나누고 싶습니다. 고등학교 시절 저는 심한 우울증으로 대인관계가 어려웠을 뿐 아니라 지적 능력이 떨어져 정상적으로 공부를 할 수 없을 정도였습니다. 청년이 되면서 조금 나아지기는 했으나 대인관계에 소극적이었고 늘 어두운 정서가 있었습니다. 복잡한 내면을 알고자 심리학적 접근과 내적 치유에 열심이었습니다. 부모 가정의 영향이 크다는 것을 알 수 있었고 어느 정도는 도움이 되었으나 근본적인 해결은 어려웠습니다. 신혼 초에 이러한 저의 성향으로 아내가 참 힘들어했던 기억들이 납니다. 오랫동안 알 수 없는 어두운 정서가 항상 저를 괴롭히고 있었습니다. 전심으로 기도에 힘쓰다 보니 이것은 악한 영으로 인한 영적인 문제라는 것을 분명히 깨닫게 되었습니다. 그리고 내면의 부정적인 생각과 감정들이 올라올 때마다 예

　　　　　　　내 영혼을 깨우는 77人의 기도 훈련 체험담

수 피로 대적하면 사라지는 것을 경험했고 어느덧 괴롭혀왔던 어두운 정서가 없어졌다는 것을 발견하게 되었습니다. 이 기도를 통해 배운 것은 악한 영이 생각과 감정에 관여함으로써 사람을 불행에 빠뜨린다는 것이었습니다. 영적 전쟁은 마음에서 벌어지고 주안에서 마음을 지키는 것이 신앙의 본질임을 알게 되었습니다. 그리고 기도와 말씀이 아니면 스스로 마음을 지킬 수 없는 자임이 고백되었습니다. 또한 내가 얼마나 용서받을 수 없는 죄 덩어리인지 구체적으로 보이기 시작했습니다. 선악을 알게 하는 나무의 열매를 먹은 아담의 후손은 사람들을 판단하고 정죄하는 탁월한 은사가 있다는 것을 세상과 교회에서 늘 보아왔습니다. 그러나 그들을 비난하는 저 역시도 나의 옳음을 세워 다른 사람들을 늘 판단하고 정죄하고 있는 자였습니다. 성경에서 말하는 모든 불의, 추악, 탐욕, 악의가 가득한 자요, 시기, 분쟁, 사기, 악독이 가득한 자요, 수군수군하는 자요, 비방하는 자요, 교만한 자요, 악을 도모하는 자요, 우매한 자요, 배약하는 자요, 무정한 자요, 무자비한 자가 나 자신임을 인정할 수밖에 없습니다. 죄의 종이요, 세상의 종이요, 자아의 종이요, 마귀의 종이었던 저를 구원하시기 위해 십자가 지신 주님의 사랑이 가슴속 깊은 곳에서 밀려오면 흐르는 눈물로 마음이 먹먹해지고 감사와 찬양을 드리지 않을 수가 없습니다. 기도와 말씀으로 거룩하신 하나님 앞에 서면 여전히 죄인이고 늘 부끄럽고 죄송하고 용서를 구하고 가난한 심령이 일어납니다. 그리고 십자가의 사랑을 의지하여 하나님의 긍휼을 구하지 않을 수 없습니다. 그리고 씻을 수도 벗을 수도 없는 타고난 죄인이기에 자기를 부인하지 않고는 주님을 따를 수 없는 자라는 것을 인정하게 되었

257

습니다. 관계 안에서 여전히 자기를 부인하지 못하고 자기중심적인 태도로 실패할 때가 많지만 십자가의 도가 멸망하는 자들에게는 미련한 것이요 구원을 받는 우리에게는 하나님의 능력(고전1:18)이기에 한 걸음씩 순종하며 나아가고 있습니다. 천국(하나님의 나라)은 죽어서 가는 곳이라 배웠지만 성경(예수님과 사도의 가르침)의 대부분은 이 땅에서 누리는 곳이라 말씀하고 있음을 알게 되었고 이 기도와 말씀을 통해 그의 나라를 조금씩 누릴 수 있음에 감사가 되었습니다. 기도는 영적 호흡(쉬지 말고 기도)이요 말씀은 영적 양식이 되어 생활하는 참된 그리스도인이 되도록 신앙의 자생력을 키우는 것이 제자 양육임을 쉰목사님을 통해 배울 수 있었습니다. 서로 상처를 주고 미움이 오갔던 가족이 이 기도를 통해 상처를 치유하며 화목해지고 신뢰와 사랑이 오가는 가족으로 변했습니다. 첫째 딸이 이 기도와 말씀으로 신앙의 자생력이 자라는 모습에 감사가 되고, 한 달 전쯤 "너 자신을 주님께 드릴 수 있니?"라고 물었는데 "Yes, I can"이라 하니 흐뭇한 즐거움을 맛봅니다. 둘째 딸도 약간의 좌충우돌을 겪지만 신앙의 자생력을 가진 자녀로 자라리라 기대하며 가족의 신뢰와 사랑 안에서 매주 가족모임을 갖고 있습니다. 이렇게 천국을 조금씩 누릴 수 있도록 영적 아비가 되어준 쉰목사님과 함께 지지해주고 격려해주신 교수님과 김 코치님, 지체들에게 감사를 담아 전합니다.

✤ **62** ✤
난 기도하고 있으니까

_ 오늘!!

　식도를 심하게 울리며 올라오는 트림, 뱃속 깊은 곳에서부터 목구멍을 심하게 때리며 올라오는, 멈추지 않는 심한 기침, 맑은 시냇물이 흐르는 뱃속, 이미 한 몸이 되어버린 매우 커다란 구렁이의 격하고 끝없는 꿈틀거림. 내가 내 육체를 제어할 수 없어 흔들리고, 어지러워 쓰러지고, 던져지고, 답답하고, 괴성을 지르고, 온몸에 올라오는 원인 불명의 심한 두드러기를 동반한 가려움⋯. '이렇게 사람이 미칠 수도 있구나⋯' 이렇게 귀신들의 존재가 드러나며 성령님의 응급처치와 수술을 통해 도려내고 잘라내며 귀신들은 뜯겨져나갔습니다. 그런데도 난 여전히 게으르고 악한 종이였습니다. 더욱더 강력한 미혹의 영은 나에게 완전 밀착되어 죄를 깨닫지도 못하고, 전혀 싸울 생각이 없게 하고 하나님의 뜻을 분별하지도 못하게 합니다. '난 기도하고 있으니까⋯' 이 미혹은 매우 강력하여 그 무엇도 받아들이지 못하게 했습니다. 뒤늦게 깨달았습니다. 내가 왜 귀신인지, 내가 하는 생각은 왜 모두 귀신의 생각인지를. 하나님을 두려워하지 않고 인정하지도 않았던 삶이기에 본질상 진노의 자식이기에, 자기 의와 자기만족으로 살았고, 교만, 시기, 질투, 성냄, 짜증, 편견, 고정관념, 상대를 판단하고 평가하고, 내가 인정받아야 하고, 내가 계획하고, 내가 하고 싶은 대로만 해야 하고, 내 말이 이루어져야 하고, 남의 탓을 하며 살았습니다. 박 코치님의 고백처럼 아벨이 의롭다고 인정받는 꼴을 못 보는 가인, 하나님이 함께하시는 다윗이 잘되는 꼴을 못 보는 사울 왕, 하나님께서 영광 받으시는 꼴을 못 보는 사탄이었습니다. 영성학교에서조차도 지체들을 힘들게 하였습니다. 마음의 중심에 하나님만이 계시기에 커다란 돌직구도 서슴없이 던져주시는 사랑하는 우리 목사님, 사모님, 코치님들, 동역자분들과 우리 사랑하는 지체들께 죄송하고 죄송합니다. 용서해주세요. 하나님께 철저하게 회개기도 드리며, 생각을 끊는 훈련을, 왕의 자리에 앉아 왕 노릇하고 있는 나를 가장 낮고 낮은 종의 자리에 끌어내리는 훈련을, 십자가를 지는 자기부인의 훈련에 하나님의 도우심을 구하며 목숨 걸겠습니다. 사울이 다메섹에서 예수님을 만나 회심하신 것처럼, 목사님께서 비오는 그날 밤 회심하신 것처럼, 지금 이 순간 순종하는 마음으로 회심하고 싶어 몸부림치며, 하나님께 도우심을 간절히 구하며 이 글을 씁니다. 나는 일이었습니다. 일이 좋고, 일로 인해 행복하고, 나의 존재감과 인생의 성취감과 만족감을 느끼기에 일은 최고였습니다. 이제 하나님을 기쁘시게 하는 사람으로 하나님을 사랑하며 내 가족과 이웃을 사랑하며 살 수 있도록 하나님께 도우심을 간절히 구하며 하늘로 난 문을 열고, 세상으로 난 문을 닫습니다. 어린 시절부터 풀리지 않았던 의문들, 선악과, 자유의지, 선택론, 죄인들을 가차 없이 죽이시는 하나님… '그럼 지옥은 사람을 보내려고 만드셨을까? 인간을 사랑하신다면서… 그래서 예수님

내 영혼을 깨우는 77人의 기도 훈련 체험담

을 이 땅에 보내셨다면서…' 여름철 시원한 냉수처럼 명쾌한 해답
은 영성학교에 와서야 찾을 수 있었습니다. 하나님! 저는 천국 가
는 그날까지 영성학교에 꼭 붙어 있을 겁니다. 제 손 놓지 마세요.
인간에게 주신 최고의 선물 자유의지! 저도 놓치지 않을 겁니다.

혼돈과 공허와 흑암의 권세에서 빛의 나라로

_ 기쁨과 감사

> 그 눈을 뜨게 하여 어둠에서 빛으로, 사탄의 권세에서 하나
> 님께로 돌아오게 하고 죄 사함과 나를 믿어 거룩하게 된 무리
> 가운데서 기업을 얻게 하리라 하더이다(행26:18).

먼저 이곳 영성학교로 기도 훈련을 할 수 있도록 이끌어주신 하나님과 어린양 예수님께 영광을 돌려드립니다. 또한 제가 이 기도 훈련에 무사히 안착하여 사탄의 어둠의 장막을 걷고 빛을 볼 수 있게 기도 훈련을 이끌어주신 목사님과 사모님, 교수님과 코치님들께, 저 뿐만이 아니라 아내와 자녀들도 변화시켜주셔서 진심으로 감사드립니다. 목사님께 이런 기도 훈련을 기뻐하신다는 것을 성령님께서 말씀하셨고 방황하고 유리하는 양들에게 이 기도 훈련을 시키라고 직접 말씀해주셨음을 기도 훈련 받으면서 체험하게 되었습니다.

† 자녀 문제

아이가 5살 때 다른 아이와 다르다는 것을 다니던 유치원 선생

님께 처음 들었고 정밀검사를 받아보라는 권유가 있었으나 대수롭지 않게 생각했습니다. 증상이 나타나기 시작하자 불안해져 병원에서 ADHD 관련 종합검사 후 ADHD 판정을 받았습니다. 매사에 급하고 참을성과 인내심이 부족하며 중요한 일이 무엇인지 모르고 하고 싶은 일만 하며 정서적으로 미숙해서 감정과 충동조절이 어려운 모습을 보였습니다. ADHD 자녀를 둔 부모로써 어떻게 치료하고 키워야 할지 막막했습니다. 병원을 찾아가 정신과 의사와 상담을 해도 흥분된 정신을 가라앉히는 신경안정제의 처방이 전부였습니다. 약물을 끊을 수 없어 약기운으로 의기소침하며 무기력한 아이를 보면서 늘 마음이 아팠습니다.

† 본인의 신앙과 재정문제

저는 초등학교 때부터 여의도 순복음교회 권사님이신 어머니 밑에서 신앙생활을 하였고 은혜가 없었던 것은 아니었지만 형식적인 신앙으로 하나님을 진심으로 만나지 못한 채 군대 제대 후 젊은 시절 교회 청년부에서 짧은 시간의 영접기도를 받고 하나님의 자녀가 되었다고 생각했습니다. 구원의 필수과정인 회개로 나가는 자리를 교단 구원론으로 대체하고 죄 사함을 받지 못했는데도 구원받았다는 평안함과 자기 확신으로 신앙생활하며 하나님을 섬긴다는 명목으로 주일이 되면 하루 종일 교회에 살다시피 하며 2부 성가대 및 남성 성가대 찬양으로 봉사하였고 남선교회, 구역예배에 참여하며 신앙생활을 하였습니다. 지금 생각해보면 마음의 할례로 드리는 애통한 심령의 제사가 아니라 하나님께 눈도장만 찍으면 예배드린 것이라고 착각하는 마귀의 생각이었음을 깨닫게 되었습니다.

너희가 내 앞에 보이러 오니 이것을 누가 너희에게 요구하였느
냐 내 마당만 밟을 뿐이니라(사1:12).

대부분의 교회들이 영혼의 회개를 위한 복음을 선포하지 않고 교회의 성장과 행사에 비중을 두고 교인들의 영혼보다는 교회를 알리는 데에 더 큰 관심과 사역을 두고 있다는 것을 기도 훈련 하면서 깨닫게 되었습니다. 부흥으로 위장한 마귀의 번영신학과 기복신앙으로 세상 사람들처럼 육신의 정욕과 안목의 정욕과 이생의 자랑을 가치관으로 삼으며 먹고 마시고 사고파는 세상일에 바쁘면서도 정작 회개는 하지 않고 지옥은 절대 가지 않을 것이라 확신하며 살았습니다. 한편으로는 신앙에 대한 갈망을 채우려고 관련 책들과 유명한 목사님들의 설교를 들어봐도 순간적인 영혼의 만족일 뿐 제안에 올바른 성도의 행실이 전혀 나타나지 않았고 기쁨과 감사가 넘치는 새로운 삶과 행동으로 변화될 수 없었습니다. 저는 점점 더 세상에 빠져 회사에서 받는 월급에 만족하지 못하고 탐욕의 마귀가 부추기는 대로 주식에 투자하여 많은 재산을 탕진하였습니다. 이때 자살하는 사람들의 심정을 조금이나마 알 것 같았습니다. 삶의 희망이 사라졌고 의욕이 없어졌으며 절망과 좌절에 빠져 하루하루를 보냈습니다. 이유 없이 아내에게 화풀이를 하면서도 아내에게 미안한 마음이 교차했었습니다. 그러던 중 아내와 교회 교우였던 자매님의 권유로 아내가 기도 훈련을 시작하자 저도 영성학교 기도 훈련을 시작하게 되었습니다.

† 기도 훈련과 맞춤코칭

기도는 정말 신앙생활에서 중요하지만 정작 어떻게, 얼마나 기도를 해야 하는지 이전에 출석했던 교회에서는 실천할 수 있는 구체적인 방법을 전혀 제시해주지 못했습니다. 이 영성학교 기도 훈련은 자세부터 마음까지 성경적인 근거와 방법으로 일대일 코칭을 받게 되었고 기도의 실제를 배울 수 있었습니다. 영성학교의 기도 방법은 크게 두 가지인데 첫 번째로 목사님께서 영성학교 식구들에게 가르쳐주신 기도 필살기는 팔을 몸에 붙인 채 팔을 흔들며 진동하며 기도하는 것입니다. 적당한 긴장감으로 졸음을 쫓고 해이해지는 몸과 마음을 다잡고 집중력이 배가되어 영적인 기도의 몰입이 가능하였습니다. 두 번째로 아랫배 힘을 주는 기도는 복식호흡과 연결되어 생수 되시는 보혈을 몸속 가득히 채우는 기도였습니다. 이 두 기도의 공통점은 전심으로 혹독하게, 빡세게 하나님만 찾는 기도였습니다. 저는 지금도 이 두 가지를 병행하고 있습니다. 이 영성학교 외에는 대한민국을 넘어 세계 어디에 가도 이런 기도 훈련 방식은 없지 않을까 하는 생각이 듭니다.

† 회개로의 새로운 삶

저희 가족의 기도가 시작되었고 처음에는 목사님께, 후에는 교수님께 레포트를 제출하여 영적 상태를 점검받았습니다. 이것이 타 교회와 구별되는 특징이었고 저의 상태를 정확하게 보는 계기가 되었습니다. 기도 훈련 초반에 저는 제가 할 수 있는 만큼만 기도하여 기도의 진도가 나가지 않았습니다. 목사님께서 우리 부부를 부르시고는 미혹의 영이 가득하다며 돌멩이를 던지는 훈계의 말씀을 하셨습니다. 죽기 살기로 혹독하게, 하나님을 감동시킬 수 있는 기도, 100퍼센트 마음을 드리는 전심의 기도를 하라고 요구하셨습니다. 기도하면서 목이 아프고 기관지가 아프고 부었습니다. 손바닥과 무릎에 빨간 멍이 생겼지만 아프진 않았습니다. 피부 조직으로 마귀들이 나가는 증상이라고 하셨습니다. 코치님으로 계신 교수님의 영과 혼과 관절과 골수를 찌르는 토요 성경말씀은 기도 훈련에 박차를 가하는 동기부여가 되었고 코치님들의 맞춤형 코칭은 실제 성품의 변화와 행함의 열매를 맺은 경험들이 고스란히 배우는 훈련생들에게 전달되었습니다. 이 기도 훈련은 인간의 지성과 감성을 자극하는 성경 지식이 아닌 영적 전쟁의 전쟁터에서 싸우며 겪어가는 영생을 위한 생존 전쟁의 한 부분이었고 저는 제가 마귀의 자녀임을 깨닫게 되었습니다.

> 너희는 너희 아비 마귀에게서 났으니 너희 아비의 육심대로 너희도 행하고자 하느니라(요8:44).

이사야 55장 말씀을 깊이 묵상하라는 교수님의 권면의 메시지를 받고 읽으면서 탄식과 눈물이 나왔습니다. 애통한 회개가 나오고 사악한 죄인임을 깨닫게 되었고 더 회개하게 되었습니다. 하나님을 사랑하는 것이 인간의 힘으로 안 되는 육체의 소욕, 자아를 아주 조금씩 내려놓을 수 있었습니다. 아내를 사랑하고 감사하지 못한 것, 이전에 죄인 줄 몰랐던 사소한 것들이 죄로 느껴져 회개하게 되었고 회사에서도 긍휼과 인내로 동료들을 대하게 되었습니다. 매일의 삶이 기쁘고 감사했으며 기분이 들떠서 행복한 것이 아니라 영혼이 평온하고 강건해진 것 같은 평강이 지배를 하게 되어 기뻤습니다.

† 마귀의 공격을 막아주심

인천에서 울산으로 회사가 이전하여 근무하던 중이었습니다. 공장 내 큰 도로에 적재된 물건들이 쌓여 있어서 지게차가 접근하는 것을 보지 못하고 도로를 건너는 중에 갑자기 제 몸이 뭔가 전기에 감전된 것처럼 한 발은 땅에, 한 발은 공중에 있는 상태로 3초 정도 멈추게 되는 초자연적인 현상을 경험하였습니다. 그 순간이 지나자 지게차의 바퀴는 제 오른발을 밟고 멈춰섰습니다. 제가 3초만 빨리 앞으로 몸이 나갔더라면 죽을 수도 있었겠구나 생각하니 소름이 끼쳤습니다. 그리고 하나님께 감사했습니다. 병원으로 옮겨져 오른발 뼈 골절 진단을 받고 2개월을 병원에 입원하여 개인 기도의 시간을 허락해주셨습니다. 비록 마귀는 저를 불행의 지옥으로 끌고 가려 했지만 알 수 없는 하나님의 능력으로 저를 지켜 보호해주신 은혜에 감사하며 병원에 있는 동안 기도와 말씀의 기간으로 채울 수 있었습니다. 아무리 좋은 설교를 듣고 책을 읽고 보아도 머리로는 알지언정 절대 마음으로는 깨닫지 못하며 눈물을 흘리며 애통하며 전심으로 혹독하게 배에 힘을 주고 부르짖는 회개의 기도를 하지 않으면 절대 가슴으로 하나님 말씀이 내려오지 않고 성령님이 찾아오시지 않는다는 것을 깊이 깨닫게 되었습니다. 변하고 싶고 감사하고 싶고 기뻐하고 싶고 기도하고 싶지만, 기뻐할 수 없었고 감사할 수 없었고 기도도 할 수 없도록 만들었던 마귀의 육신의 법을 깨뜨리고 마음에 새롭게 새겨지는 신비의 성령의 법을 입는 유일한 방법은 오직 전심으로 혹독하게 회개하고 기도하는 영성학교 기도 훈련을 체험하지 않고는 경험할 수 없음을 절실히 깨닫게 되었습니다. 초등학교 3학년 때까지만 해도 약을 먹었고 내성으로 인하여 약을 먹어도 절제하지 못하던 승원이. 학교에서도 선생님께 지적받으며 아이들과 어울리지 못했던 승원이가 영성학교의 기도 훈련으로 정상적인 아이가 되었음을 제 눈으로 확인하기까지 이르게 되었습니다. 기도 훈련을 시작한 지 5년이 지난 지금 중학교 2학년인 승원이는 꿈이 생겼습니다. ADHD, 자폐아, 틱장애, 정신지체 장애 학생들을 도와주고 치료하는 특수교육 선생님이 되어서 의술이나 인본적인 방법이 아닌 자신을 치료하신 예수님을 전하는 사회봉사자가 되겠다는 결심을 하고 열심히 공부합니다. 승원이뿐만 아니라 저희 모든 가족은 예수님께 삶을 치료받고 나음을 받았기에 저희들이 해야 할 일은 기쁨으로 예수님의 복음을 전하는 일이라 생각합니다. 지금도 미혹의 영은 주위를 맴돌면서 틈을 노리고 언제든 공격 태세를 갖추고 있지만 언제나 깨어서 예수 보혈을 의지하여 죽기 살기로 싸우며 나가겠습니다. 저와 제 가족이 목사님과 코치님들을 만나뵙지 못했더라면 영과 혼과 육이 지금도 세상 지옥에서 살고 있을 것입니다.

그런즉 아볼로는 무엇이며 바울은 무엇이냐 그들은 주께서 각각 주신 대로 너희로 하여금 믿게 한 사역자들이니라 (고전3:5).

❖ 64 ❖
하나님 바라보기

_ 심플

늘 삶과 마음이 어수선해 단순하게 살 수 없을까 인터넷을 검색하다 우연히 목사님 칼럼을 보게 되었습니다. 그런데 그 내용이 기존 교회서 듣지 못한 글이라 신선했고 좀 충격적인 느낌이었습니다. 칼럼에 쭉 있는 내용 중 텔레비전, 쇼핑중독 등 세상 즐거움에 빠져 살면 지옥 간다는 글을 보면서 두려웠고 그 칼럼을 본 것이 계기가 되어 매일처럼 읽다가 다음 카페 회원으로 가입하여 열심히 읽었습니다. 칼럼대로 기도해보려고 밤에 식구들 다 잠든 후 혼자 의자에 앉아 힘주며 하나님을 불렀는데 잦은 트림과 하품이 기도 중에 나왔고 온몸이 오싹하며 너무 무서운 느낌이 들었습니다. 그렇게 혼자서 밤마다 몇 번을 기도하다가 그런 상황이 부담스럽고 싫어서 그만두고 칼럼만 읽으며 나도 기도 훈련 신청하고 싶긴 한데 아직 애들이 어려서 좀 더 크면 하자는 마음으로 미루다가 기존 교회의 주일학교 교사, 구역목자를 해 바뀌기 전에 안 하겠다고 하고 이후 예배만 드리고 집으로 바로 왔습니다. 어느 하루는 정확하게 제목이 기억나지 않지만 '칼럼만 읽고 눈팅만 한다'는 제목에서 '눈팅'이 눈에 쏙 들어왔고 뜨끔하여 왠지 올 것이 왔네 하고 마음먹으며 며칠 미루다가 목사님께 기도 훈련 받고 싶다는 신청을 하였고 집에서 기도 훈련을 시작하여 문자로 코칭 받으면서 귀신이 내주해있다는 걸 알게 되고 축출기도 받고자 영성학교로 아이들과 오게 되었습니다. 칼럼 보는 제게 이단 단체들에 대해 말해주면서 안 좋게 보는 남편에게 단기간만 가서 기도 받고 졸업만 하면 된다고 남편에게 허락을 받고 매주 남편이 왔다갔다 태워주다가 이후로 미안해서 충주 갈 때만 태워달라고 하고 집으로 올 때는 대중교통으로 왔습니다. 영성학교 매주 와야 된다는 코치님의 말씀을 마음에 새기고 졸업해도 계속 와야 하는구나, 안 그러면 떠내려갈 수밖에 없구나 하고 알게 되었고 졸업은 안 되었지만 영성학교는 계속 다녀야겠다고 여기고 남편에게 계속 더 다녀야겠다고 말하니 싫어하면서도 큰 반대 없이 남편은 그냥 의무적으로 태워주었습니다. 남편은 집에서 내가 기도하는 모습을 볼 때 서늘한 눈빛으로 저를 안 좋게 보곤 했습니다. 한번은 화가 나서 차라리 충주에서 원룸을 얻어 기도하러 다니라고 하며 처음으로 저와 이혼하겠다고 했습니다. 그러면서 며칠 지나고 금요일에 회사 마치면 또 의무적으로 영성학교에 데려다주고 갔습니다. 지금 다시 돌이켜보면 하나님이 기도 훈련 할 수 있게 계속 간섭하고 계셨음에 정말 하나님의 사랑에 감사를 드립니다. 초기에는 축출기도시간에 예수 피 하는데 내 목구멍에서 우글우글 아주 여러 명인지 많은 존재의 남자 악령 같은 목소리가 올라와서 희한하고 내 안에 귀신이 우글거리고 있음을 또 알게 되었습니다. 일상에서 간혹 내 생각과 의지와는 전혀 상관없이 욕이 생각나고, 밤에 자려고 누우면 피곤하긴 한데 금방 잠들지 않고 온갖 잡생각이 가득

하여 잠이 잘 안 들고, 가위도 심하게 자주 눌렸습니다. 또 자려고 누워서 잠이 들려고 할 때 귀에서 크고 선명한 사람 목소리의 민요 곡조가 나고 일상에서 한 번씩 귀에서 파르르 하는 소리, 사람들과의 대화 중에 멍 때리는 느낌이 자주 오고 대화 소리를 잘 못 들어서 상대방에게 다시 무슨 말했냐고 묻거나 이해가 잘 안될 때가 많았습니다. 기도하는데 배에서 꿈틀대는 느낌, 그렇게 내 안의 귀신의 존재가 명확했습니다. 그렇지만 그런 귀신들에 대해서 예수 피 초강력 무기로 제대로 못 싸우고 부정적인 생각을 계속 받아들이고 또한 충주에서 잠잘 때나 성경공부 마치는 시간에 맞춰 악을 쓰며 우는 작은아이 때문에 민폐를 어마어마하게 끼치고 지옥은 가면 안 되니 기도를 매일 숙제처럼 했습니다. 모태신앙인 저는 어릴 때부터 부친이 목회를 하시면서도 하루가 멀다 하고 화를 자주 내시며 분노하는 모습을 볼 때에 항상 불안과 두려움, 걱정이 있었습니다. 그리고 늘 가난한 삶에서 나온 부를 동경하는 마음은 세상에서 성공하고 싶다는 마음으로 자리 잡고 있었습니다. 이러한 가운데서도 하나님의 은혜로 내가 왜 불행하게 살아왔는지 모르다가 악한 영에게 속아서 영원한 고통으로 던져질 운명이었는데 크리스천 영성학교를 알게 해주시고 남편도 같이 기도 훈련 받게 해주시고 정화조에 빠져 절체절명의 위기에 있던 큰아이를 건져주시며 자녀들의 마음을 만져주셔서 공부에 흥미가 없던 큰아이가 공부를 열심히 하려고 하며 답답하고 걱정되었던 친정과의 문제를 하나님께 드릴 때에 우려스러웠던 문제가 안 생기고 잘 해결해주신 하나님께 감사드립니다. 가장 가까운 이웃인 남편과 같이 기도 훈련하면서 정죄하고 미워한 죄를 돌이키려고 회개하며 구체적으로 남편과의 관계에서 껄끄럽고 불편한 것을 찾아 나의 속내를 찾으며 이런 저를 죽이는 훈련을 하고 있고 남편과 자주 대화도 하고 남편은 좋아하지만 제가 싫어하여 거의 하지 않는 음식도 하며 같이 산책도 자주 하려고 합니다. 아이들에게 자주 분노를 표출하는 대신, 일상에서도 어둡고 부정적인 말들 대신 아이들 입장에서 생각해보고 아이들과의 대화도 자주 하며 귀 기울여 들어주려고 합니다. 그리고 제 안의 부모님에 대한 원망도 하나님께 구체적으로 감사의 기도로 올렸습니다. 목사님이 제게 엄청 자아가 두텁다, 벽이 단단하다 등의 말씀을 하셨는데 늘 지지부진한 훈련생으로서 '난 안 돼, 진짜 안 되는 사람은 안 되는 건가' 그런 귀신이 주는 생각은 받아들이지 않고 그래서 죄인 살리시려고 오신 하나님 십자가 보혈의 공로와 사랑 하나만 붙들고 오늘이 나에게 마지막이라는 마음으로 지금 또 넘어지더라도 얼른 돌이키고 하나님을 향해 부르는 기도를 붙들고 전진하겠습니다.

> 높음이나 깊음이나 다른 아무 피조물이라도 우리를 우리 주 그리스도 예수 안에 있는 하나님의 사랑에서 끊을 수 없으리라(롬8:39).

내 영혼을 깨우는 77人의 기도 훈련 체험담

드디어 찾은 하나님

_ 미사엘

†기도 훈련 이전의 삶과 하나님

먼저 저는 기도 훈련을 시작한 지 4개월 정도 된 20대 중반입니다. 모태신앙으로 가족 모두 교회를 다녔으나, 평생 몇 번 받아본 은혜를 제외하고는 성령의 능력을 경험하지 못했으며, 가족 모두 세상 사람들과 다를 바 없는 생활과 성품으로 살아왔습니다. 그래서 어린 시절엔 하나님이 존재하는 것을 믿지 않고 교회생활을 했습니다. 등 떠밀려 찬양팀 활동과 봉사 등을 했지만 별다른 의미를 찾지 못했습니다. 그러다 성인이 된 후, 어린 시절부터 이상하게도 내가 하려는 일마다 기가 막히게 실패하거나 결과가 좋지 않았다는 것을 깨달았습니다. 10대 때부터 나름대로 잘살아보기 위해 열심히 노력했으나 전부 실패뿐이니, 모두 포기하고 폐인 생활을 했습니다. 저는 인생이 무너지고, 우울증과 불면증, 비만 및 여러 가지 질병이 심해져 일상생활이 불가능해지고 나서야 하나님을 열심히 찾기 시작한 거머리의 딸이었습니다.

✝ 기도 훈련을 시작한 계기

그간 성경의 내용대로 내 삶엔 성령님이 함께하지 않으셨다는 것을 인정하고, 성경대로 내 인생을 구원해줄 하나님을 만나고 싶었습니다. 그래서 몇 년간 매일같이 인터넷을 뒤지며 어떻게 해야 하나님을 만날 수 있는지 찾아 헤맸습니다. 그러다 멋모르고 영적 세계에 발을 들여, 신사도 운동에 빠져 아까운 세월을 몇 년이나 날리기도 했습니다. 제 삶과 영혼은 갈수록 피폐해져 매일같이 자살하고 싶고, 내일이 오지 않았으면 좋겠다고 생각했습니다. 어릴 때 사고사로 죽은 사람들을 부러워하는 지경에 이르렀습니다. 그러던 어느 날 새벽, 어김없이 인터넷을 뒤적거리다 목사님의 칼럼을 발견하고 무슨 병이든 낫고 인생이 형통해진다는 칼럼의 내용에 귀가 솔깃해 영성학교에 찾아왔습니다.

✝ 기도 훈련 과정

막상 기도 훈련을 시작하니 하품과 침이 끊임없이 나오는 것을 보고 이 기도는 진짜 뭐가 있나보다 생각했습니다. 귀신들이 드러나니 제가 귀신들에게 꽉 잡혀 살았다는 것도 모르고 살아왔단 것을 깨달았습니다. 중증 우울증으로 정신을 장악당한 것도 모르고, 환청과 환각도 심각한 것인지 모르고 살았습니다. 첫 두 달은 영성학교에서 한 훈련을 빼고는 집에서 기도를 제대로 하지 못했고, 매번 내쫓길 위험에 처하며 겨우겨우 훈련을 지속해 나갔습니다. ㅎ 너무 힘들고 우울증에 빠져, 힘들어서 지푸라기라도 잡는 심정으로 왔더니 이게 무슨 고생이냐 하며 처지 비관으로 하루하루를 보냈습니다. 그러다가 세 달쯤부터는 조금 습관이 들었습니다.

† 기도 훈련 후 이전과 달라진 점

처음 두 달까지는 제가 기도를 죽기 살기로 열심히 하지도 않았고, 불면증이 조금 나아진 것과 하품과 가래, 침이 질질 나오는 것 외에는 큰 변화를 못 느꼈습니다. 그러다 세 달째부터 어느 순간 체중은 그대로인데 몸이 가벼워지고, 잠을 잘 잘 수 있게 되었습니다. 세 달쯤부터 집에서도 기도를 제대로 하기 시작했고, 억지로 감사하다고 외쳐도 늘 미움과 분노, 원망이 가득했던 마음에 정말로 감사와 기쁨이 조금씩 생기기 시작했습니다. 만성적인 불안과 비관적인 생각들도 많이 사라졌습니다. 내가 그동안 얼마나 죄를 많이 짓고 살아온 죄인인지 다시금 깨닫게 해주셨고, 안되던 회개도 잘되기 시작했습니다. 목사님의 칼럼을 읽고, 코칭을 받을수록 하나님을 더욱 알고 싶고, 얼른 죄의 종에서 벗어나 하나님의 종이 되고 싶어졌습니다. 통제할 수 없던 우울증 증상들(갑자기 자살충동이나 우울감이 밀려오는 등)도 사라졌습니다. 전에는 몰랐는데 머리가 맑아지고 정신이 돌아오는 느낌이 들었습니다. 물론 이 모든 것은 제가 하나님을 만났다거나, 죽기 살기로 기도해서 하나님의 마음을 움직여서가 아니라 목사님과 코치님들께서 축출기도로 귀신들을 뽑아주시고, 하나님께서 은혜를 베풀어주신 것이라고 생각합니다. 아직 갈 길은 멀지만 더욱 힘을 내서 꼭 하나님을 만나고 싶습니다. 언젠가 목사님과 코치님들처럼 하나님의 종으로 쓰임 받는 그날까지 죽기 살기로 하나님을 찾겠습니다. 저를 불쌍히 여겨주셔서 이곳으로 보내주신 하나님과 목사님, 코치님들과 영성학교 식구 분들께 감사합니다.

�֎ **66** ✎
마음의 성장, 신앙의 성장

_ 빵공장장

　남들에게 차마 말하지 못할 모습으로까지 나 자신을 추락시키고 또 그 안에서 허우적대던 때, 그때의 제 모습 분명 밑바닥입니다. 사람들은 그런 이야길 많이 합니다. 밑바닥을 경험한 자들은 그 밑바닥으로 곤두박질치지 않기 위해 더욱 노력하고 간절해진다고. 하지만 제가 그 이후에 가족들에게 보여주었던 모습은 간절함과는 사뭇 거리가 있었던 것 같습니다. 혼자 지내던 생활을 청산하고 가족의 권유로 영성학교와 신 목사님을 알게 되었으며, 그로인해 내 안의 진짜 내 모습과 내 몸을 지배하고 있는 짙은 안개와도 같은, 혼미하게 만드는 귀신들의 존재도 알게 되었습니다. 초반 목사님께 돌멩이와 같은 비수를 수없이 맞을 때도 간절함이 더 생긴다든지, 내가 더 기도에 박차를 가해야겠다는 도전의식이 생기지 않고 머리에 뭐가 쓰인 것처럼 1시간 후면 가졌던 간절함도 싹 사라지는 것입니다. 내 역량을 발휘할 수 없도록 무언가 방해하는 존재가 있기라도 한 것처럼 평소 무엇을 배우고, 어떤 직장에 있든 그저 시키는 일만 하는 어린아이처럼 깊은 집중력과 지혜를 발휘할 수 없었던 기억이 납니다. 그렇게 부족하지만 자기부인과 영성학교에서 요구하는 신앙, 기도의 자세와 습관을 생활화하면서 아직까지도 혼미한 영과의 싸움은 현재진행형이지만 영성학교에 오게 된 시점부터 지금까지 나 자신의 모습을 돌아본다면 변화된 것이 참 많습니다. 저의 역량을 드러낼 수 있고, 주변 동료들과 의논, 모색을 하는 직장생활을 할 수 있는 것부터가 큰 변화인 것 같습니다. 특히 자유로운 의견 개진은 먼 나라의 이야기였습니다. 또한 정말 신기할 정도로 초반부터 다양하게 여기저기 배우고 그만두고, 배우고 그만두고를 반복했던 여러 요소들이 지금 제가 하는 일에 하나같이 도움이 되는 부분으로 작용한다는 것입니다. 분명 그 시절엔 배우거나 일을 하면서 부족함에 허덕이고, 실망스러운 결과를 안겨주어 주문자들을 민망케 하기 일쑤였는데, 지금의 제 자신이 드러낼 수 있는 경험의 밑바탕으로 든든하게 쌓이고 있었던 것입니다. 내 스스로가 생각하고 사유할 수 있는 사고 형태의 범위를 넓혀주신 하나님께 너무나도 감사드리며, 공허한 감사와 회개가 아닌 변화된 모습을 체감하는 현재의 내가, 그리고 이후에 내가 드릴 회개와 감사를 기쁘게 받으실 것에 더욱 기대감을 품으며, 이후 더욱 하나님이 원하시는 나 자신을 드릴 수 있는 성령의 사람이 될 수 있도록 더욱 정진하겠습니다. 이렇게 되기까지 도와주시고 응원해주시고 여러 부분에서 복합적으로 경험이라는 귀한 그릇을 채워주신 영성학교 식구들과 목사님, 그리고 부모님께 감사드립니다.

✤ 67 ✤
내 인생 최고의 횡재
_ 그리스도의 신부

영성학교가 세워진 지 얼마 되지 않았을 때였던 2015년 4월에 영성학교에 방문한 적이 있었습니다. 시골의 농가 주택에 사람들로 가득 차 있었고 어린 아이들도 함께 마치 군가처럼 빠르고 집중력 있게 찬양을 몇 곡 부르고 나서 축출기도를 했는데 온갖 괴상한 소리와 움직임으로 기도를 하는 사람들을 보며 깜짝 놀랐던 기억이 납니다. 남다른 포스를 풍기시는 신 목사님과는 사뭇 다른 상냥한 사모님께서 정성껏 차려주신 밥을 정말 맛있게 먹었던 기억도 있습니다. 집에 돌아가 예수 피를 부르는 기도를 해보았지만 며칠 하지 못하고 포기했습니다. 이렇게 힘든 기도를 평생 할 자신이 없었고, 내 안에 성령이 없고 귀신이 있다는 것이 믿기지 않았기 때문이었습니다. 신 목사님의 말씀대로 한국교회가 정말 문제가 많긴 했지만 우리 교회는 다르다고 생각했습니다. 그때 가정교회 해보겠다고 큰 교회에서 목사님과 몇 가정이 나와서 교회를 시작한 지 얼마 되지 않았기 때문에 교회를 세워야 한다는 일념으로 가득 차 있을 때였습니다. 그렇게 영성학교를 뒤로하고 아이 셋 키우며 교회 세워보겠다고 열심히 살아왔습니다. 그러나 저의 삶은 점점 더 지쳐갔고 남편과의 관계는 풀지 못한 숙제였으며 하나님과 관계는 식어져서 제 영혼은 점점 메말라가고 있었습니다. 작년에 코로나로 인해 남편이 갑작스럽게 직장을 잃게 되자 하나님께서 우리 가정에게 돌이키라는 신호를 보내고 계신 것이라는 깨달음이 왔고 무엇을 어떻게 돌이켜야 할지 찾기 시작했습니다. 저를 불쌍히 여기셨는지 하나님께서는 저를 처음 영성학교로 인도해 주었던 지인을 통해 다시 영성학교를 찾게 하셨습니다. 지난 6년 동안 영성학교에는 정말 많은 열매가 있었음을 알게 되었고, 지푸라기라도 잡고 싶은 심정이었던 저와 남편은 기도 훈련을 받게 되었습니다. 하나님을 부르는 기도를 시작하자마자 하나님이 가까이 느껴졌고, 그 크신 분 앞에서 저의 죄들이 마구 떠올라 회개가 터져나왔습니다. 저는 죽을 수밖에 없는 죄인이고 제 안에 성령님이 계시지 않는 게 확실하고 그동안 귀신의 종으로 귀신의 소리에 충성하며 살아왔음을 깨닫게 해주셨습니다. 돌아보니 제 안에 어두운 정서가 있었고 비판과 독설의 달인이 되어 내 생각이 맞다는 굳은 신념으로 다른 사람들을 판단하고 정죄하며 살아왔고, 내 이웃을 사랑하지 않았고 저의 유익만을 위해 살아왔습니다. 하나님은 두려워하지 않으면서 사람들의 시선에 신경 쓰며 사람들에게 인정받기 위해 애쓰며 살아왔습니다. 하나님이 주신 모든 것에 감사하지 않고 늘 부족하게 여기며 불만족스러워했습니다. 저는 정말 더러운 죄인임을 인정할 수밖에 없었습니다. 출애굽하며 하나님의 보호하심과 수많은 기적을 경험하고도 하나님을 거역했던 이스라엘 백성들이 바로 저였고, 예수님을 십자가에 못 박아 죽인 유대인들이 바로 저였습니다. 마귀의 앞잡이로 살며 하나님을 무시하고 내가 주인 되어 지옥행 급행열차 맨 앞 칸에 타고 달리고 있었습니다. 그동안 제 삶이 불행했던 이유를 이제야 알게 되었습니다. 정기적으로 한 번씩 몰려오는 우울감과 죽고 싶다는 생각, 남편과의 관계가 어려울 때마다 이혼하고 싶다는 생각이 그냥 생겼던 것이 아니었습니다. 표정이 굳어 있고 말투가 딱딱하고 감정표현이라고는 화, 걱정, 짜증 등의 부정적인 표현이 대부분이었던 저의 모습을 그때서야 직시하게 되었습니다. 신 목사님께서 저를 보자마자 표정이 드라이하다고 말씀하셨을 때, '그동안 왜 아무도 나에게 이런 말을 해주는 사람이 없었을까, 정말 내 표정이 그렇구나.' 그때 알았습니다. 기도를 시작한 지 얼마 안 되었을 때 가족 모임 중에 아들이 "엄마가 이제야 사람같이 느껴진다"고 말했습니다. 그동안 제가 가족들에게 딱딱하고 차갑게 대했던 것이 정말 미안했습니다. 미혹이 드리워져서 제가 어떻게 사는 줄도 모르고 다른 사람들만 판단하며 사람 같지 않게 살아왔습니다. 이제 더 이상 기도 훈련 전으로 돌아가고 싶지 않습니다. 비록 지금 남편과 저 둘 다 무직인 상태로 남편은 사업을 해보겠다고, 저는 교원임용시험을 두 달여 앞두고 고군분투하며 살고 있지만 우리 가족이 매일 하나님을 부를 수 있어서 정말 감사합니다. 내게 하나님이 계셔서 너무 든든합니다. 저의 모든 짐을 대신 져주시는 예수님 의지하며 예수님만 붙잡고 나아가렵니다. 아직도 갈 길이 멀고 멀지만 먼저 가신 목사님, 코치님들 따라서 한 걸음 한 걸음 가보렵니다. 여전히 미혹과 귀신의 속삭임이 많으며, 자기부인 하지 못하고 죄에 넘어가곤 하지만 죄가 보이면 하나님 앞에 나아가 무릎 꿇고 용서해달라고 빌며, 몸이 아프거나 마음이 어두워지는 것이 감지되면 기도하며 마음이 밝아질 때까지 싸우려고 애씁니다. 무엇보다 크게 달라진 점이라면, 사랑받을 줄도, 사랑할 줄도 몰랐던 제가 남편과 자녀들이 사랑스럽게 느껴지고, 예전에는 제가 남편이랑 살아주는 것이라고 교만하게 생각했는데 이제는 허물 많은 저와 지금까지 같이 살아준 남편에게 진심으로 감사한 마음이 든다는 점입니다. 교만과 위선으로 똘똘 뭉쳐 있는 죄 덩어리를 버리지 않으시고 긍휼하신 하나님께서 저와 남편에게 다시 한 번 기회를 주셨으니 이 기회 놓치지 않고 끝까지 믿음으로 싸우겠습니다. 제 인생은 이제 제 것이 아닙니다. 하나님, 저를 단련시키시고 주님의 용사로 사용해주세요. 이 소원을 붙들며 나아가겠습니다. 성경이 살아 움직이는 영성학교와 참 목자이신 신상래 목사님을 만나게 된 것이 제 인생 최고의 횡재입니다.

❖ 68 ❖
할렐루야!

_ betojung

　부채로 인해 삶이 너무 괴롭고 고통스러워서 지푸라기라도 잡는 심정으로 영성학교에 오게 됐습니다. 처음 서울 모임에 방문했을 때 축출기도시간인 것 같았는데 첫 느낌은 이단 비스무리 한 것 같다는 이상한 인상을 받았고 잠시 서서 그냥 갈까 고민하다가 내가 죽게 되었는데 이단이면 어떻고 삼단이면 어떠냐, 문제 있는 사람은 다 오라고 하셨으니 상담이나 받고 그때 판단하자고 마음먹고 기도시간이 끝나기를 기다린 후 목사님과 수석코치님께서 상담해주셨습니다. 그 후에 영성학교에 찾아가게 되었고 수석코치님께서 기도하는 자세와 방법에 대해서 자세히 설명해주셔서 본격적으로 하나님을 부르는 기도를 시작하게 됐습니다. 처음 기도할 때는 기도 자세를 잡고 1시간씩 기도하기가 너무 힘들었는데 몇 달 하다 보니 몸이 적응이 되었습니다. 기도는 했어도 여전히 부정적인 생각이 끊임없이 들어와 무척 힘들었는데 어느 토요일 아침에 일어나 평상시와 같이 기도를 시작했고 기도를 마치고 앉아 있는데 갑자기 '왜 이렇게 마음이 평안하지'란 생각이 들었고 그렇게 들어오던 부정적인 생각이 들어오지 않고 찬양을 흥얼거리고 있는 나를 보게 되었고 확실히 평소와는 다르다는 것을 느끼며 하나님을 부르는 기도에 뭔가 있기는 있구나 하고 느끼게 되어 더욱더 기도에 박차를 가하기 시작했습니다. 저도 처음에 하나님을 부르는 기도를 했을 때 헛구역질이 많이 나왔고 계속 기도하니 가려움증, 복부 통증 그리고 그 후에는 머리 쪽의 압박과 뭔가 꿈틀거리는 현상이 나타나곤 했습니다. 현재는 다른 증상은 나타나지 않고 가끔 머리 압박 증상만 나타나곤 합니다. 그러나 기도는 빼먹지 않고 나름 열심히 했으나 대출로 인한 부채가 여전히 문제였습니다. 대출금 만기는 다가오고 때마침 코로나로 인해서 세상이 흉흉했으며 그로 인해 회사의 매출도 하락했고 그 여파로 나가는 직원, 잘리는 직원 등 회사 분위기도 아주 안 좋게 흘러갔고 나도 회사에서 언제 잘릴지 모른다는 생각으로 인해서 걱정이 들어오기 시작했습니다. 그래서 영성학교에서 가르쳐준 부정적인 생각이 들어오면 예수 피로 생각을 처내라고 하셔서 부정적인 생각이 들어오는 족족 열심히 예수 피로 처냈습니다. 신기한 부분은, 걱정이 되긴해도 기도를 하고 있어서 그런지 예전처럼 부정적인 생각의 강도도 약했고 하나님께서 해결해주실 거란 믿음이 생겼던 것 같습니다. 그래도 대출금 만기는 다가왔고 여기저기 알아보다 마침 국가기관에서 대출해주는 것을 알게 됐고 다행히 자격이 되어서 지난번보다 저리로 대출을 갈아탈 수 있게 되었습니다. 할렐루야! 그렇게 급한 불은 끄게 되었지만 일 년이 넘도록 집은 팔리지 않았고 이번에는 당연히 팔릴 것으로 여길 때도 있었지만 안될 때 실망도 했지만 기도 덕분인지 하나님께서 역사해주실 것을 의심하지 않았습니다. 우여곡절 끝에 저희 집을 유독 마음에 들어하신 분을 만나 좋은 가격에 매매가 돼서 나를 옥죄는 큰 부채에서 벗어나게 되었습니다. 할렐루야! 나중에 어머님을 통해 듣게 되었는데 같이 교회 다니시는 성도님들께서 우리 집은 팔리기가 정말 쉽지 않은 집이었다고, 하나님이 역사해주신 거라고 이구동성으로 어머님께 말씀해주셨다고 저에게 말씀해주셨고 집이 팔린 것도 다 너의 기도 덕분인 것 같다고 말씀해주셨습니다. 현재는 빚을 갚고도 얼마의 돈이 남아서 작은 집을 사서 이사하게 되었고 회사에서도 일하기 편한 부서로 옮겨주셔서 그전보다 여유 있고 편하게 근무하고 있습니다. 목사님께서 이 기도를 하면 행복해지고 있어야 한다고 하셨는데 기도하기 전보다 비교할 수 없을 정도로 행복해진 건 맞는 것 같습니다. 이제는 성공을 좇고 사람의 눈에 들기 위해 몸과 영혼을 혹사하고 사는 어리석은 자가 아니라, 어떻게 하면 하나님을 기쁘시게 할지, 어떻게 하면 하나님께 인정과 사랑을 받을지만 고민하며 애쓰는 삶을 살기를 간절히 희망하며 소망해봅니다.

❖ 69 ❖

어두운 내 눈 밝히사

_ 화분이

"인생의 목적이 무엇이냐? 나를 만나고 섬기는 게 아니겠느냐! 영생을 얻는 게 아니겠느냐!" 모태신앙으로 저의 생활은 항상 교회와 함께 있었습니다. 하지만 교회에서 배웠던 것들은 습관적으로 따라오는 것일 뿐 그 이상도 이하도 아니었습니다. 영적으로 무지했습니다. 해답이 나오지 않는 질문들이 많았습니다. 어디서 답을 찾아야 할지 몰랐습니다. '나는 무엇이지? 하나님은 사랑이시라고 했는데, 불행한 사건이나 사고는 왜 일어나는 거지? 이렇게 교회만 다니면 정말 천국에 갈 수 있는 건가? 실컷 울면서 찬양하다가 설교 시간만 되면 마음이 식는 것은 뭐지? 세상의 임금은 마귀라고? 천국은 침노하는 자의 것이라고 했는데 예수님만 믿으면 다 가는 거 아닌가? 내 방언은 성령님이 주신 것 같지 않아. 내 안에 성령이 계신다고?' 영성학교에서 해답을 찾았습니다. 영적 전쟁터, 눈에 보이지 않는 세계에 대해 알게 해주셨습니다. 해답이 퍼즐처럼 맞춰졌습니다.

아…!

나는 귀신 덩어리입니다.

나는 죄 덩어리입니다.

나는 먼지입니다.

나는 하나님의 자녀가 아니었습니다.

예수 보혈만이 나를 살게 해줍니다.

보잘것없는 저에게, 이토록 놀라운 비밀을 알려주셔서 감사합니다. 감사합니다.

❖ 70 ❖

구원의 방주에 들어가다

_ 기도의 강

　대학교에 들어가서 영접하기만 하면 구원받는다는 복음(?)을 듣고 기뻐하며 선교단체에서 열심히 성경을 공부하고 암송하고 전도하며 훈련하는 삶을 성실히 살았습니다. 같은 선교단체에서 신실하게 그리스도의 제자의 삶을 살고 있던 남편을 만났으며 아이들을 낳고 더없이 단란한 가정생활과 선교활동을 감당하며 기쁘게 살던 2012년 어느 날, 내가 믿고 전하고 있던 복음이 진리가 아니라는 것을 깨닫고 회개할 때, 성령의 열매가 없이 외적 활동으로 만족을 삼고 인정받으며 살아온 위선자였던 저의 모습을 보게 되었습니다. 구원받을 수 없는 저의 모습을 직면하고 보니 하나님을 만나야만 했습니다. 지금까지 해왔던 방법으로는 안 된다는 것을 알았고, 기도를 통해 하나님을 만나는 방법을 찾고 찾았습니다. 남편이 먼저 신 목사님의 칼럼을 읽고 관심을 가지게 되었고, 2014년 8월 함께 대전에 계신 신 목사님과 사모님을 찾아뵙고 난 다음 날부터 기도 훈련이 시작되었습니다. 하나님의 이름을 부르는 기도는 생소해 보였지만 성경을 읽고 목사님께서 주신 '성경적인 기도 가이드' 책을 몇 번이고 읽으면서 배를 쥐어짜며 하나님을 부르다

287

보니, 일주일이 못 되어 내가 원하는 기도를 할 때와는 달리 하나님을 부르기 싫어하는 내가 보였습니다. 지금까지 하나님이 아닌 내가 주인 되어서 살아왔던 것을 깨닫고 통곡하며 회개가 시작되었습니다. 말씀은 꿀같이 달고 기도는 힘들었습니다. 삼 개월이 지난 어느 날 충주에 영성학교가 세워졌고, 기도에 몰입을 못 하던 저는 축출기도를 하고, 코칭을 들으면서 예수 피로 죄와 싸우는 훈련, 죄를 짓는 속내와 동기를 살피며 자기를 부인하는 훈련을 했습니다. 잠복해 있던 귀신들이 소리를 지르며 나가고, 더욱더 민감하게 깨닫게 해주시는 죄들을 회개하면서 귀신들은 더욱 힘을 잃는 것을 알게 되었습니다. 함께 훈련하던 지체들의 삶에 크고 작은 기적들이 일어나고 귀신들이 일으키는 공격들을 극복하며 강을 거스르는 연어처럼 훈련하는 모습은 저에게 격려와 도전을 주었습니다. 저에게서 귀신이 나가는 모습을 지켜보던 남편과 자녀들도 이 기도 훈련에 동참하였습니다. 이 기도 훈련을 하는 지체들은 시간이 지나면서 한결같이, 그들의 가족들도 기도 훈련에 동참하며 죄와 싸우며 좁은 문으로 들어가기를 힘쓰는 일들이 일어나는 것을 보았습니다. 기존에 교회 생활을 열심히 하면 가족들이 싫어하며 하나님께 거부감을 갖게 되는 일들이 일어나던 것과는 반대로, "주 예수를 믿으라 그리하면 너와 네 집이 구원을 얻으리라" 하신 말씀이 살아서 역사하는 것을 보게 되었습니다. 성경에만 있지 현실에서는 볼 수 없던 영적 세계의 일들이, 십자가 보혈의 능력으로 말미암아 흑암의 권세에서 빛으로 옮겨지는 구원이, 이곳 영성학교에서는 생생하게 일어나고 있었습니다. 이 훈련 과정을 거치면서 죄를 인지하지 못하고, 죄와 싸워 이기지 못하면 천국은 없다는 것을 실감하게 되면서 영성학교에서 신 목사님께서 하고 계신 기도 훈련은 나와 내 가족을 구원으로 이끄는 방주임을 알게 해주셨습니다.

† 가족 구원

아이들은 영성학교에 오면 늘 잠부터 잤습니다. 이것이 미혹의 영임을 나중에 알게 되었습니다. 스마트폰에 빠져서 눈빛이 사나웠던 큰아이는 스스로 스마트폰을 2G폰으로 바꿔달라고 하였으며, 동생들의 기도 훈련도 챙겨서 도왔으며 둘째 아이는 왕의 이름을 부를 수 있게 된 놀라운 특권을 깨닫고 기도하며 관심이 없던 학업에 열심을 내게 되었습니다. 기도하며 예수 피로 죄와 싸우는 삶을 자연스럽게 배워가며 늘 영성학교에 가는 것을 즐겁게 생각합니다. 막내는 착한 마음으로 성실히(?) 기도하였습니다. 지난 7년 동안 많은 영적인 공격과 넘어짐과 극복을 통해 아이들은 연단되고 있습니다. 친정 어머니는 시집올 때부터 교회만 가면 머리가 멍해지면서 설교를 하나도 못 듣고, 마음과 뜻이 안 맞는 남편 때문에 불행한 결혼생활을 해오셨는데 기도 훈련에 동참하게 되었습니다. 자기 고집과 의가 강한 어머니가 기도 훈련을 통해 여러 어려움과 공격을 극복하고 기도 훈련을 하시면서 순한 양같이 성품이 바뀌고 성경책을 10독 이상 하시면서 하늘의 소망을 품고 사시며 주위 어르신들에게 좋은 영향을 주며 하나님의 이름을 부르는 기도를 소개하고 가르치는 모습은 기적 중의 기적이 아닐 수 없습니다. 언니는 말끝마다 귀신 얘기냐며 소리를 지르며 싫어했던 여동생과 제부도 하나님의 만지심으로 기도 훈련을 하면서 성품과 가치관이 바뀌며 하나님의 형통한 인도하심을 경험하며 성령의 사람이 되기 위해 훈련하고 있습니다.

† 죄와 싸우기 및 자기부인 훈련

예수 피를 속사포로 치면서 귀신들의 공격을 무력화시키는 것, 죄가 들어오는 것이 인지될 때 0.5초 안에 선제공격을 하는 것, 무력화될 때까지 끝까지 쳐내는 전투력("이놈들의 눈깔을 빼서 믹서에 갈아먹겠다는 마음으로 치세요!"라는 목사님의 멘트는 늘 생동감이 넘쳤습니다) 등을 배우면서 예수 보혈의 권능을 체험하며 영적 전쟁에서 승리하는 삶은 어디서도 배울 수 없는 믿음의 비밀이었습니다. 죄에서 반드시 승리하기를 소원할 때, 기도하는 전심이 끌어올려지는 것을 알게 되었습니다. 그러나 기도의 강을 건너서 경험했던 평안과 기쁨과 자유함이 저절로 계속 누려지는 것은 아니었습니다. 깨어 쉬지 않고 기도하며 천국을 침노하는 태도로 마음과 생각을 지키는 훈련이 되어 있지 않으면 성령과 동행은 불가능한 것이었음을 배워갔습니다. 어느 순간부터 예수 피로 쳐내도 잘 안 되는 영역들이 생겨나기 시작했습니다. 아예 칠 생각도 못 하고 덤벙덤벙 짓는 죄들은 바로 자아로부터 흘러나오는 '자기 의', '자기 유익과 만족을 추구하는 자아'였습니다. 나는 미혹의 영 자체였습니다. 속내와 동기를 파면 팔수록, 땅속에서 감자덩이들이 줄줄이 나오는 것처럼, 사방에서 죄인된 모습들이 양파껍질이 계속 벗겨지듯이 끝없이 드러났습니다. 다른 사람이 아닌 나를 보고, 내 입장에서가 아닌 하나님의 관점으로 나를 볼 때 비로소 내가 바로 처절한 죄인임을 인정하게 되며, 십자가에서 자신을 내어주신 주님을 떠올리며 나의 의지를 꺾고 순종하기를 선택할 때 자기를 부인할 힘을 얻게 되고 순종하는 삶으로 나아가는 것을 배우게 되었습니다. 신 목사님께서 보여주신 본을 따라, 내 생각과 내 판단과 내 감정을 믿지 않고 '나는 기도하는 기계', '순종하는 기계'라는 정체성을 붙들고 그리스도를 죽기까지 따르기를 원합니다.

❖ 71 ❖
기도 훈련 체험담

_ 주의 사랑

　저는 오랜 기간 교회에서 새벽 찬양대, 주일 찬양대, 수요예배 찬양대, 찬양인도, 중창단, 속장, 여선교회회장 회계 등 일주일 대부분의 시간을 봉사와 섬김의 헌신적인 신앙생활을 해오면서 하나님과 동행하는 삶을 산다고 여겨왔습니다. 그래서인지 언니 부부가 오랫동안 몸담은 선교단체에서 나와 새로 다니기 시작한 영성학교라는 곳이 이상한 곳으로 여겨졌으며, 오히려 제게 "성령이 네 안에 없다! 기도해라!"라는 언니의 말에 제대로 된 교회 좀 다니라며 핀잔을 주었지만 그럴 때마다 언니는 한결같은 모습으로 영성학교의 하나님 부르는 기도를 권면했습니다. 성령이 내 안에 없다는 얘기는 받아들이기 싫지만, 하나님 부르는 건 좋은 거니까 결국 언니의 오랜 권유 끝에 하루에 5분을 목표로 하나님을 부르기 시작했습니다. 그렇게 기도를 시작한 지 일주일도 되지 않아서 커다란 뱀이 몸을 조이는 꿈, 피라냐가 내 몸을 뜯어먹는 꿈 등을 시작으로 복통, 설사, 이명, 두드러기, 두통, 알러지 등 갖가지 증상들이 나타났습니다. 태어나서 처음으로 겪는 이런 증상들이 귀신이 드러나는 것이라는 사실을 깨닫고 겁이 나기도 했지만, 언니의 코칭을 믿고 하나님 부르는 기도를 포기하지 않았더니 감사하게도 나의 몸이 회복되기 시작했습니다. 이유도 없이 항상 몸이 아팠지만 아픈 것을 당연하게 여기고 있었는데 그것은 'XRCC1' 유전자가 변이되어 있기 때문이었습니다(이 유전자는 DNA를 재생하는 기능을 함). 몸이 스스로 회복하는 기능이 떨어지기에 값비싼 영양제, 통증 클리닉, 병원들을 늘 다니며 허리가 너무 아파 옆으로 돌아눕기도 힘들고, 뒷목도 고질적인 통증으로 일상생활이 어려울 정도였습니다. 몸이 낫기를 기도하지도 않았는데, 하나님만 불렀을 뿐인데, 회개만 했는데 건강을 되찾기 시작했습니다. 그리고 가정의 불화를 늘 남편의 탓으로 돌렸던 저의 이기심과 교만함을 보게 하시며, 부정적인 생각과 걱정, 근심으로 가득 차 남편을 비판하고 못마땅하게 여기던 마음과 싸우며 사랑하고 순종하게 하심으로 가정을 회복시키셨습니다. 나 자신밖에 모르고, 내 생각이 옳다며 지냈던 날들이 부끄럽기만 합니다. 내가 살아온 날들을 돌이켜보면서 잘했다고 생각되는 것은 하나님을 불렀던 순간들밖에 없습니다. 세상의 즐거움으로 살았던 지난날로 돌아가고 싶지 않기에, 오늘도 하나님을 부르며 나를 영성학교로 이끄신 하나님의 은혜에 감사하며, 하나님의 뜻대로, 예수님의 증인으로, 영혼 구혼의 도구로 살기를 소망합니다.

❖ 72 ❖

제가 죄인이라는 것을 깨달았습니다

_ 김정범

2021년 3월 말, 아내의 지인을 통해 영성학교에 발을 들이게 되었습니다. 직장을 잃고 막막한 마음으로 이 기도 훈련을 시작할 때 아랫배에 힘을 주고 팔을 흔들며 기도 자세를 익히는 것이 쉽지는 않았습니다. 하지만, 직장을 잃고 특별히 내가 할 수 있는 것이 없는 상황이었기에 지푸라기라도 잡는 심정으로 일단 하라는 대로 하려고 하였습니다. 처음에 집에서 기도할 때 힘을 주다 보니 안압이 올라가서 눈에 실핏줄이 터져 눈이 충혈되기도 하고, 늘 땀으로 범벅이 되곤 했습니다. 영성학교에서 기도 훈련을 할 때는 아침에 2시간씩 기도를 하고, 저녁에 축출기도로 예수 피를 외치며 1시간 기도를 한 후에 자기 전에 1시간 기도를 하는 게 만만치 않았습니다. 나름 새벽기도에 열심을 낸다고 했지만, 출근 시간에 맞춰서 길어야 30~40분을 기도하다가 하루에 4시간 이상 기도를 할 때는 이렇게 계속 기도를 할 수 있을까 하는 생각이 중간중간에 들어왔습니다. 영성학교에서 귀신의 존재를 알게 되었기에, 그런 생각들이 귀신이 주는 생각이라는 것을 알고 아무 생각이 나지 않을 때까지 더 몸에 힘을 주며 예수님 보혈, 하나님께 마음을 모으려고 하였습니다. 그렇게 기도하는 동안 알게 되었던 것은, 내가 그동안 얼마나 내 생각, 즉 귀신이 주는 생각에 붙들려 살았는지 실감하게 된 것입니다. 머리로는 목사님, 코치님, 교수님께서 전해주시는 말씀이 정말 성경 속의 하나님께서 우리에게 전해주고 싶은 내용이라는 것을 깨달으면서도, 틈만 나면 현실적인 문제로 불안과 내가 원하는 바를 이루고 싶은 기대감 속에 헛된 마음을 품기가 일쑤였습니다. 그전에는 머리로만 알고 있던 저의 문제, 즉 고집이 세고, 불순종하며, 교만한 것이 머리가 아니라 마음으로 깨달아지면서 저에게 소망이 없다는 것을 더 절실하게 느끼게 되었습니다. 그러는 와중에서도 하나님께서 은혜를 베풀어주셔서 10년 이상 끊었던 담배에 손을 댄 지 1년이 좀 안 되어가고 있다가 다시 끊을 수 있게 되었으며, 저녁마다 먹던 와인 한두 잔도 끊을 수 있었습니다. 홈스쿨링 하던 아이들을 다시 학교로 보낼 수 있는 마음을 주셨고, 자녀들이 부모에게 순종하는 자세를 가지게 되었습니다. 예전에는 인격적으로 자녀를 대해야 한다는 생각에 아이들의 생각을 존중해야 한다고 생각하여 아이들이 자기주장을 하는 것이 좋은 것이라 생각하였는데 죄된 자아만 키우고 있다는 것을 깨닫고 자신의 생각을 꺾고 부모에게 순종하는 것이 자녀에게도 복이라는 성경의 말씀을 실천할 수 있게 되었습니다. 무엇보다 결혼생활 15년 동안 아내와의 관계는 살얼음판을 걷기 일쑤였는데 이 기도를 하면서 관계가 많이 편안해지고 대화도 많아졌는데 실직하여 불안정한 가정 형편을 생각하면 너무나 감사한 일입니다.

영성학교에 와서 머리로는 진리를 알아간다고 생각하지만 저의 몸은 하나님께 나아가기를 기뻐하지 않고, 의무감 혹은 내 문제를 해결하려는 절박함에 밀려 마지못해 기도의 자리에 앉고 내가 좋아하는 생각들, 행동으로 내 만족을 채워나가고 싶어 하는 자아를 보면서 내가 귀신의 종이라는 것을, 정말 이 기도를 하지 않았더라면 평생 귀신의 종으로 살면서 속수무책으로 당하기만 했을 것을 생각하면 아찔하면서도 정말 정신 차리고 기도에 전념해야겠다고 다짐합니다. 저의 다짐이 믿음이 가지 않는 만큼 기도의 습관을 들이기 위해 훈련시켜주시는 영성학교 목사님, 사모님, 코치님, 교수님과 성도님의 사역이 너무나 귀한 것 같습니다. 내 안의 죄와 귀신과의 싸움이 쉽지 않고, 늘 넘어지고, 여전히 하나님이 기뻐하지 않는 모습이지만 끝까지 포기하지 않고 주님이 주시는 열매를 맺을 수 있는 기도의 습관을 통해 이 땅에서 하나님의 자녀로서의 삶을 살고, 천국 가는 그날까지 영혼 구원하는 정예용사로서 쓰임받기를 소망합니다.

❖ 73 ❖

처음에는

_ Anab

영성학교에 오기 전 다니던 교회가 WCC에 가입한다기에 무작정 나오게 되었습니다. 그 당시에는 WCC가 반기독교적인 것이라고 유튜브에서 보았기에 그냥 그 교회를 나왔습니다. 알고 보니 지금은 거의 모든 교회가 이단적이라는 것을 부인할 수 없습니다. 그 교회에서는 죄와 회개를 이야기하고 자기부인과 변화가 설교 때마다 화두였지만, 방법이 인본적이고 이성적인 방법을 사용하였습니다. 영성학교에 오게 된 것은 아내가 먼저 카페를 접하고 저보고 보라고 했습니다. 차일피일 미루다가 한번 카페에 들어가보니 교회를 비방하는 완전 이단(?)이었습니다. 교회를 비방하는 일은 이단이라고 교육을 받았기 때문에 그렇게 생각했습니다. 그러나 계속 카페 글을 보니 지금까지의 신앙생활이 잘못되었다는 것을 알게 되었습니다. 그래서 영성학교에 가까이 와서 빨리 기도의 강을 건너서 하나님이 기뻐하시는 사람이 되어야지 생각하여 이사를 오게 되었습니다. 그러나 거리적으로 가까이 있는 것이 중요한 것이 아니라, 기도할 때 중요한 것은 마음이라는 것을 이사 온 후 얼마 되지 않아서 알게 되었습니다. 영성학교의 스케줄이 있는 시간마

297

다 참석할 수 있는 이점도 있었습니다. 교인들이 어떤 문제나 방법을 담임목사들께 물어보면 거의 모두가 하는 말이 "기도해봅시다" 하는 것을 많이 경험했습니다. 답답해서 문제 해결 방법을 물어보았는데 대답은 동문서답이었습니다. 그러나 영성학교의 쉰목사님은 어떤 문제를 질문하더라도, 그 자리에서 성경적인 해답을 주는 지혜로운 답변에 놀랐습니다. 이전까지 바로 답변을 준 목사님을 만나보지 못했습니다. 어느 날 우리 부부 사이에 다툼이 있어서 목사님을 만났을 때, 제가 "부부가 살다 보면 다툴 수도 있지 않느냐"고 말하니 목사님 말씀은 "하나님은 성경에서 그렇게 말하지 않는다"라고 대답하셨습니다. 그때에 '아! 나는 잘못된 신앙생활을 하고 있었구나'라는 생각이 저의 머릿속을 때렸습니다. 지금도 그 말씀대로 잘하지 못하고 있지만요. 영성학교를 나오면서 개인 가게를 그만두면서 아침 일찍부터 저녁까지 힘든 일을 그만두게 되었고, 새로운 직장을 인도해주셔서 육체의 고단함을 벗어나고 예전에 개인 사업을 할 때보다 적은 수입인데도 경제적으로도 우리 가족이 넉넉히 쓸 만큼 안정이 되었습니다. 아직은 우리 가족이 가야 할 길이 멀지만, 한 걸음씩 발걸음을 떼면서 일곱 번 넘어져도 여덟 번 다시 일어나서 가겠습니다.

바위를 깨는 심정으로

_ 미니7

　저는 유치원 때부터 교회에 다니시는 엄마를 따라 예배당 장의
자에 앉아 목사님의 설교시간 동안 엄마 옆에서 언니와 과자를 까
먹으며 지루함을 달래던 시절부터 초등부, 중고등부, 대학부를 거
쳐 성인이 되기까지 거의 한 주도 빠지지 않고 교회에 출석했습니
다. 중2때 어느 날 갑자기 '난 구원을 받았나?' 너무 심각하게 고민
이 되어 주일학교 선생님이 주신 사영리 책자를 집에 들고 와 책상
앞에 앉아 쪽지에 적힌 기도문을 진지하게 소리 내어 하나님께 드
리며 예수님 영접기도를 했지만 마음이나 삶의 변화는 없었습니
다. 미술 전공으로 진학한 고등학교는 미션스쿨이었는데 고1때 선
교부장을 맡아 일주일에 한 번씩 학급 예배를 인도하면서 예수님
의 십자가 구원에 대한 메시지를 반 아이들에게 전한 후 몇 달간
회개와 감사의 눈물이 나오고 친구들을 보면 긍휼과 사랑의 마음
이 쏟아져나와 제 스스로 신기하게 여겨졌었는데 시간이 지나면
서 곧 잊혀졌습니다.

　고3 여름에 약 7년간 입원과 퇴원을 반복하며 늘 몸이 아프셨던

엄마께서 어느 날 갑자기 돌아가셨고 처음으로 하나님이 살아 계신 것이 의심이 되었으나 대학 입시가 코앞에 다가온 시점에 그 문제로 고민하고 있을 수가 없어 거의 감정 없는 사람처럼 메마른 상태에서 입시에 매진하였고, 대학 입학 후 다시 구원 문제가 심각하게 다가와 한 대형 전도집회에 참석했다가 집회를 인도하는 사역자의 진행에 이끌려 십여 년 교회에 다녔다는 체면도 뒤로 하고 예수님을 영접하겠다며 자리에서 일어서서 다시 예수님을 받아들이는 기도를 했습니다. 대학 시절 내내 빈 마음을 채울 길이 없어 이리저리 방황을 하다 4학년 졸업을 앞둔 시점이 되어서야 제가 그동안 고민하던 하나님과의 관계를 해결받지 못해 삶이 방향 없이 흔들리고 있다는 것을 정확히 인지하게 되어 4학년 1학기를 마치고 부모님 반대를 무릅쓰고 휴학을 했습니다. 본격적으로 교회의 각종 기도모임, 봉사활동에 참여하며 하나님을 만나기 위해 제 시간과 노력을 쏟기 시작했습니다. 휴학한 지 서너 달이 지나도록 이 문제를 해결하지 못하자 길을 걸으며 허공에 대고 "하나님, 절 만나기만 해주세요. 그러면 저처럼 하나님 못 만난 사람들을 위해 살겠습니다"라고 기도했던 기억도 있습니다. 저는 휴학한 해 여름에 교회에서 공단 봉사활동을 갔다가 지금의 남편을 만났는데 남편은 제가 하나님을 못 만나서 고민이라고 말하자 저를 "솔직하고 정상이다"라고 말해주며 응원을 해주었습니다. 대부분의 교회 동료, 선후배들은 저의 고민을 잘 이해하지 못했는데 남편은 이런 제가 지극히 정상이라고 하니 너무나 힘이 되었고 그런 남편과 결혼까지 고려하는 사이가 되었습니다. 복학을 몇 개월 앞둔 1998년 3월 저는 기도 중 성령님께서 강권적으로 시키시는 회개를 쏟아내며 하나님 앞에서 불신앙으로 점철된 저의 삶을 돌이키는 회개기도를 했고 그날 이후에 기도 자리에 앉으면 하나님이 눈에 보이지는 않지만 늘 제 앞에서 제 기도를 듣고 계신다는 것을 알게 되었고, 성경을 읽으면 이전과 달리 말씀이 성경책에서 튀어나오듯 입체적으로 깨달아졌습니다. 그동안 숨 막힐 듯 답답했던 삶의 의문이 풀리고 하나님 살아 계신 것을 확실하게 믿게 되어 살 것만 같았으나 그것도 얼마 못 가 곧 과거의 경험이 되어버렸고 저는 다시 서서히 갈급해졌지만 그 이유를 알지 못했습니다. '천로역정'이라는 책을 읽으면 주인공이 천국에 도달하기까지 구원의 길은 정말 험난하고 끊임없는 영적 싸움의 과정을 거치는데 저의 삶에는 왜 그런 것이 없는지 이상하다는 생각이 들었지만 누구도 이런 문제에 대해 얘기해주지 않으니 안개 속에서 길을 헤매는 답답한 사람의 심정으로 힘없는 종교 생활을 계속할 뿐이었습니다.

6년 반 전 영성학교에 와서 처음 기도 훈련을 받을 때쯤 저희 가정은 심한 비바람에 깨지고 부서져서 너덜너덜해진 천정에서 물이 새고 바닥이 뚫려 물이 차오르고 창문은 군데군데 깨져 바람이 들어오는 집과 같은 상태였습니다. 부모님의 심한 반대를 무릅쓰고 밀어붙인 20년간의 결혼생활은 순탄하지 않았고 "하나님이 함께 하시면 난 잘살 수 있다"고 부모님께 큰소리를 치고 집을 나와 결혼을 강행한 만큼 힘들어도 티를 낼 수 없는 고난의 연속이었습니다. 대학 시절 미술사를 더 공부해 큐레이터가 되고 싶다는 꿈이 있었는데 남편과 결혼을 결심하게 되면서 생계 문제 해결을 위해 교직에 몸담게 되면서 제 속에서 갈등이 시작되었습니다. 결혼 초반에 몇 년 정도 하다가 그만두고 제 꿈을 위해 공부를 시작해 보겠다는 생각으로 온갖 노력을 다 했지만 시간이 갈수록 제가 직업을 그만둘 수 있는 방법은 없었습니다. 희망이 보이지 않자 결혼 전 제 공부를 서포트하겠다고 약속하셨던 남편과 시부모님에 대한 원망, 그리고 저를 유학 보내주시겠다면서 앞날이 불투명한 남편과 헤어지라는 말을 서슴없이 던지시는 친정 아버지에 대한 화와 복수심을 해결하지 못해 결국 큰 사고를 쳤고 온갖 마음의 상처와 부정적인 감정, 생각으로 똘똘 뭉친 거대한 좀비가 되었습니다. 저는 결혼 후 두 아들을 낳았는데 둘째를 낳고 몸이 제대로 회복되지 않은 상태에서 갑자기 생긴 막내딸을 낳는 과정에 큰 의료사고가 나서 죽을 고비를 넘긴 후 제 몸과 마음은 만신창이 상태가 되었습니다.

저희 부부는 영성학교에 오기 전 결혼 15년차까지 근본적 갈급함이 해결되지 않아 평균 3년에 한 번 꼴로 이 교회 저 교회를 전전했습니다. 아이들이 어렸을 때는 주일 예배만 간신히 드리고 집에 오기도 힘들었지만 아이들이 커감에 따라 차츰 주일학교 교사봉사, 성가대, 전도활동에 기회가 되는 대로 참여하였고 교회 목사님 설교뿐 아니라 교계에 유명한 선교사님, 목사님, 해외 목사님들 설교까지 섭렵하며 말씀을 듣고 은혜가 되는 말씀을 찾아 가족들과 공유하며 때로는 동네에서 알게 된 목사님을 따라 온가족이 주기적으로 금식기도를 하기도 하며 그렇게 세월을 보냈습니다. 오스트리아에 사는 언니의 소개로 처음 영성학교를 알게 되었을 때 '성령이 내주하시는 습관을 들이는 기도'라는 한 가지에 불이 켜

내 영혼을 깨우는 77人의 기도 훈련 체험담

저 영성학교에 온 대부분의 사람들과 달리 목사님 칼럼조차 제대로 한번 읽어보지 않은 채 하나님을 부르는 기도 훈련을 결단하였습니다. 기도 훈련 과정에서 아주 어렸을 때부터 제 속에 들어갔던 우울함과 부정적인 감정들이 정체를 드러냈고, 자라나면서 인본적인 교육환경 속에서 제 속에 들어가 있던 세상적인 자아가 끊임없이 튀어나오며 기도 훈련의 필수 코스인 자기부인을 가로막았고 하나님 앞에서 제 모습을 보려 하기보다는 영성학교 안에서 인정받기 위해 자꾸 제 기도를 판단하는 위치에 서는 오류를 범하며 시간을 낭비하기도 했습니다. 남편은 이 기도가 하나님께서 주신 마지막 기회라며 초반 8개월 동안 일도 하지 않고 이 기도에만 올인을 하더니 그 후에도 틈만 나면 영성학교에 가서 시간을 보내 남편을 영성학교에 빼앗긴 것만 같은 느낌도 들었습니다. 기도 훈련 첫 3년 동안은 이 기도 훈련의 진가를 제대로 알지 못한 채 꾸역꾸역 주어진 기도시간을 채우는 데 급급했는데 3년이 다 되어갈 무렵 하나님께서 저를 정예용사로 쓰시려고 이곳에 보내셨다는 것을 마음에 받아들이게 되었고 그 이후로는 기도 훈련에 수동적인 태도에서 능동적인 태도로 임하게 되었지만 여전히 제 속의 자아는 딱딱한 바위처럼 깨질 줄을 몰랐습니다. 하지만 시간이 흐르면서 일어난 제 삶의 변화는 시간이 갈수록 근본이 변화되고 있음을 고백하지 않을 수 없습니다. 가장 고질적인 문제였던 남편과 큰아들 사이의 벽이 허물어져 웃으며 농담을 주고받는 사이가 되었고 결혼 전 저의 인생을 다 걸 만큼의 큰 사랑을 경험한 남편과의 관계에 결혼 후 20년 동안 깜깜하고 두꺼운 벽이 생겼었는데 기도 훈련 5년 차가 지나면서 벽이 점점 투명해지더니 이젠 벽 사이가 듬성듬성 깨져 서로 얼굴도 마주보며 깔깔 웃기도 하고 깨진 벽 사이로 손도 잡고 서로 애틋해 보고 싶어하는 관계로 다시 회복되고 있습니다. 과거 원치 않는 교직이라는 일터에서 사랑으로 아이들을 가르치고 싶으나 아이들 속에 있는 귀신의 정체를 알지 못하니 늘 생활지도가 두려웠고 특히 담임은 피하고만 싶은 업무였는데 이 기도를 통해 귀신의 정체를 알게 되면서 차츰 아이들을 지도하는 것이 두렵지 않고 시간이 더해갈수록 예수 피 기도의 위력을 실감하게 되며 더 이상 힘든 아이들 생활지도에 스트레스를 받기보다는 하나님의 역사를 체험할 수 있는 기회로 여기며 자신감이 붙기 시작했습니다. 학교 선생님들과의 관계가 이전과는 비교할 수 없을 정도로 부드러워지고 그 전에 보지 못했던 다른 선생님들의 장점이 보이기 시작하면서 그들의 좋은 점을 배워 내 것으로 만들려 노력하니 무기력하던 교직생활이 점차 보람 있고 즐거워지고 있습니다. 저의 연약함을 아시는 하나님께서 목사님을 통해 영성학교 동역자로 불러주셔서 부족하지만 그만큼의 과분한 사랑을 받으며 이 기도 훈련을 받고 섬길 수 있는 위치에 놓이게 하셨음이 놀랍고 감사할 뿐입니다. 이 기도 훈련이 저에게 준 가장 큰 성과는 구원의 길을 구체적으로 알게 되어 더 이상 영적으로 방황하지 않게 되었다는 것입니다. 쉬지 않고 성령님과 동행하기 위해 교만한 제 자신을 내려놓고 회개하며 하나님께 전심을 드릴 때 하나님은 저의 세상적인 자아를 한 꺼풀씩 벗기시며 저를 무늬만 크리스천인 세상의 자녀에서 하나님 자녀의 삶으로 인도하고 계시기에 저는 이 기도를 놓지 않는 이상 하나님께서 저를 천국으로 인도하실 것임을 확신하게 되었습니다. 이전에 큰 문제만 터지면 기도

했고 그 문제가 해결되면 다시 예전으로 돌아가는 생활을 반복하며 도저히 풀리지 않던 영적생활에 관한 의문이 하나님을 쉬지 않고 부르는 기도를 수년간 지속하면서 하루 24시간 동안 하나님 자녀가 성령과 동행하지 못하도록 체계적으로 역사하는 마귀 조직의 실체가 존재함을 알게 되었습니다. 마귀는 지난 6년 반 동안 제가 하나님을 부르는 이 기도만 놓으면 자신들의 목적을 달성할 것을 알고 끊임없이 이 기도를 중단시키고 예전의 종교생활로 저를 돌리기 위해 모든 수단과 방법을 동원했습니다. 아직 깨지지 않은 저의 육신의 연약함을 알기에 저의 옛 자아를 십자가 위에 올려놓고 바위를 깨는 심정으로 이 기도를 하고 있습니다. 바울이 자신의 약함을 통해 오히려 그리스도가 드러남으로 자신의 약함을 자랑했듯이 저는 하나님을 부르는 이 기도를 정으로, 예수 피를 망치로 삼아 커다란 바위와 같은 자아가 깨지고 하나님의 도구로 사용되기까지 저를 다스려달라고 애원하며 하나님만 영광받으시기까지 이 기도를 계속해나갈 것입니다.

✤ **75** ✤
제가 저지른 죄를 잊지 않겠습니다

_ 메신저

이 시대의 바리새인과 서기관이 나 자신이라는 불편한 진실을 맞닥뜨렸을 때 저는 깊은 탄식과 통곡으로 하나님께 긍휼과 자비를 구할 수밖에 없었습니다.

20대 후반의 지난날 저는 사도행전 1장 8절 말씀을 읽으면서 말씀처럼 성령의 능력이 없다는 것을 하나님께 고백하고, 예수님의 증인이 아니라는 것을 인정하였습니다. 그리고는 하나님께 기도를 했습니다. "하나님, 저는 성령의 능력이 없습니다. 그리고 사람의 생명을 다루는 세상의 의사도 전문의 면허를 취득하기 위해서는 본과 실습생부터 시작하여 인턴, 레지던트까지 수료하여야 의사가 되는데, 저는 능력도 없고 지혜도 없는데, 어떻게 제가 예수님의 제자가 될 수 있겠습니까?" 하고 스스로에게 면죄부를 줄 수 있는 작은 회피 구멍을 만들고, "저는 평신도로서 세상 경험을 하면서 살고 싶습니다!" 하면서, "하나님 저를 종으로 부르신다면 40대에 저를 다시 불러주세요!" 하고 하나님을 떠나 세상으로 떠나갔습니다. 그런 저에게 최고의 스승을 붙여주셔서, 영성학교라는 최

내 영혼을 깨우는 77人의 기도 훈련 체험담

고의 수술방에서 실습생의 신분으로 훈련과 수업에 동시에 참여할수 있게 해주신 은혜와 기적을 베푸신 하나님께 감사를 드립니다. 저를 부르신 하나님의 뜻대로 정예용사가 되기를 사모하면서 계속해서 전진하고 있습니다.

30대 중반 유학 기간 중 졸업을 앞둔 마지막 학기에 집에서 공부하는 중에 하박국 3장 17~18절 말씀이 문득 떠올랐습니다. '비록무화과나무가 무성하지 못하며 포도나무에 열매가 없으며 감람나무에 소출이 없으며 밭에 먹을 것이 없으며 우리에 양이 없으며 외양간에 소가 없을지라도 나는 여호와로 말미암아 즐거워하며 나의구원의 하나님으로 말미암아 기뻐하리로다.' 간헐적이면서도 지속적으로 떠올라서, 공부를 하던 중 집안 거실에서 기도를 하게 되었습니다. "이 고백은 하박국 선지자의 고백이지, 저의 고백은 아닙니다. 그리고 저는 아이 셋이 있는 중년입니다. 그러니 적당한 돈도필요합니다"라고 고백을 하였지만, "나중에는 저도 그렇게 되고 싶어요. 하나님께서 이렇게 만들어주세요"라고 고백을 한 후, 이 말씀 구절들이 소름끼치도록 놀랍게 영성학교에서 기도하고 있는 저에게 이루어져가고 있습니다.

40대에 파탄난 가정 경제로 인하여 삶의 의미를 잃어버린 채 살아가던 중 설상가상으로 유학 시절 동문의 집에 잠시 어학연수를보낸 둘째아들의 엄청난 의료비 문제로 좌절의 현실 속에서 허우적거리기 시작했고, 저는 제 자신이 예수님이 말씀한 대로 물과 성령으로 거듭난 사람이 아니라는 것을 인정할 수밖에 없었습니다.

저에게 주신 은혜와 기적의 사건들은 하나님에게 찾아오라는 강력한 신호였던 것을 영성학교에서 올바르게 알게 되었습니다. 지난날 하나님을 찾아야겠다는 생각으로 하나님과 동행하는 사람을 찾아 서울, 전라북도, 예산, 괴산 등등 여러 곳을 찾아다니게 되었는데 그 과정에서 저는 1여 년간 종말론에 빠지게 되었습니다. 그즈음에 외국에서 사는 처형이 영성학교 기도를 하러 한국에 온다는 소식을 듣게 되었습니다. 저는 처형에게 잘못한 것도 생각이 나서 영성학교에 데려다주기로 했습니다. 짐을 내려놓고 쉼목사님과 대화를 나누는 중에 아이들을 홈스쿨링 시키고 있다고 말하는데 "그것이 하나님의 계획입니까?"라는 목사님의 질문이 저에게 크게 다가왔습니다. 또한 성령 내주에 대한 말씀을 하시면서 제가 갖고 있는 은혜는 곧 사라질 거라는 말씀을 해주셨는데, 이것을 고민하던 저에게는 엄청난 반향이 일어나는 사건이었습니다. 하나님이 저에게는 함께하시지 않는다는 것을 직면하게 되었습니다. 이 기도를 시작하면서 모든 삶의 영역이 바뀌기 시작했습니다.

† 달라진 인생관

남은 인생은 하나님이 주인이십니다. 또한, 자신의 정체성을 올바르게 세워주신 하나님을 찬양합니다. 이전에는 내가 누구이며 어떠한 삶을 살아야 할지 몰랐는데, 지금은 하나님을 만나며 하나님을 섬기는 것이(하나님의 명령대로 순종하는 것) 인생의 목적이라는 것을 알게 되었습니다. 하나님의 소유물로 되어서 하나님의 통치를 받는 것을 갈망하는 마음으로 받아들이게 된 것입니다. 기본적인 나의 권리나 행동을 주장하지 않고 하나님께서 시키신 일인 사역(使役)을 즐거운 마음으로 받아들이게 되었습니다. 또한 하나님의 목적과 그분의 계획에 순종하는 사람 되기를 갈망하는 자세로 바뀌게 되었습니다. 또한 자기중심적인 사고에서 하나님 중심의 생각으로 바뀌게 된 것이 가장 크게 바뀐 부분입니다.

† 죄와 싸우기 및 자기부인 훈련

미래와 일에 대한 계획을 세우는 것을 버리고, 그러한 유혹이 올 때 계속해서 생각을 쳐내고 집중하려 하지 않습니다. 신학교 출신이기 때문에, 온갖 부조리한 교계와 신학교 교리 및 목사들에 대한 판단들이 수시로 들어올 때마다 나도 그러한 사람이지 하면서 판단의 자리에 올라가지 않으려고 계속해서 나의 모습을 보면서 그러한 생각들을 받아들이지 않으려 예수 피로 싸웁니다. 자녀는 나의 소유가 아니며, 하나님의 자녀라는 것을 종종 잊을 때가 있습니다. 인생의 주인이 되어서 내 계획대로 내 의지대로 아이들에게 나의 뜻을 강요하고 억압했던 것을 회개하며 하나님께 맡기고, 그들의 영혼을 위해서 같이 싸우고 돕는 자가 되려고 기도하고 있습니다. 나 자신도 모르는 속내와 동기, 나 자신도 인지 못 하는 잘못된 습관과 행동, 이러한 불편한 진실을 맞닥뜨릴 때마다 받아들이고 하나님께 나아가 고백하고 자백하기를 기도로 싸우고 있습니다. 하나님은 나의 죄를 용서해주시고 기억하지 않으신다고 하지만, 나 자신은 지난날의 내가 저지른 죄를 기억하고, 내가 어떠한 죄인인가를 늘 잊지 않으려 합니다.

❖ 76 ❖
나에 대한 환상에서 깨어나며

_ 주의 기쁨

† 훈련을 시작하며

사람들이 삶의 온갖 질고를 지고 방황하다 영성학교를 찾아왔다는 목사님의 말씀을 들을 때마다 내 이야기가 아니라고 생각되어 흘려듣곤 하였습니다. 남편의 권고로 영성학교를 찾았고, 바쁜 직장 생활과 더 바쁜 교회 생활에서 놓여 기도 훈련을 하니 이런 호사가 없었습니다. 10대부터 하나님과 교회 생활이 삶의 중심인지라, 내게 주신 온갖 재주(?)는 교회를 섬기는 일에 쓰라고 주셨다고 생각하니 하나님을 위해 헌신하는 사람이 제일 좋아 보였습니다. 그래서 사역자의 아내가 되었고 남편 따라 참으로 여러 곳에서 여러 일들을 하였고, 힘에 부칠 만큼 살았던 터라 이제 기도만 하고 사는 삶이 조용하고 평안하다 못해 편안해졌습니다. 20대에 부모님이 3개월 사이로 돌아가셨던 일도, 무보수로 4년 동안 선교단체에 있으며 형님네 빚으로 집이 날아가버리며 겪었던 경제적 어려움도, 사역, 교회, 남편과의 갈등 등 이미 다 흘린 눈물로 인해 더이상 눈물 흘릴 일이 없는 듯했습니다. 이사한 새집에서 거실 밖으로 보이는 하늘과 산을 보며 날마다 하나님께 감사하며 찬양하며

내 영혼을 깨우는 77人의 기도 훈련 체험담

이제는 레위인도 50세가 되면 은퇴했듯 모든 의무에서 벗어난 삶을 즐기고 있었습니다. 시어머님이 암 진단을 받기 전까지는….

† 나를 직시하며

항암을 위해 거의 매일 서울 아산병원에 동행하며 어머님을 위해 기도하고 간병하는 일은 육체적으로 힘들진 몰라도 오히려 하나님을 경험하는 시간이 되었기에 병원에서 돌아오는 시간이면 할렐루야를 외치며 하나님의 섬세한 돌보심에 감사한 시간들이었습니다. 극도로 부정적인 시부모님 안에서 역사하는 악한 영들을 예수 피로 쳐내고 묶지 않으면 안되었기에 눈물 콧물 흘려가며 방바닥에 굴러가며 내 것을 내려놓고 하나님의 마음이 오기를 기도했던 시간들이었습니다. 더 큰 일은 다른 곳에서 터졌습니다. 입원하신 어머님을 간병해야 했기에 밤에 집을 비우다 보니 고3에 올라간 작은딸이 코로나 시기와 맞물려 차일피일 등교가 미뤄지고 우왕좌왕하는 사이 밤새 친구들, 인터넷에 팔려 떠내려가고 있었습니다. 아무리 시부모님이 버거워도 자식이 속을 썩이는 것과는 그 안타까움이 비교할 수가 없었습니다. 그때부터 시작된 아이의 반항과 거역이 저를 절망에 빠지게 하였습니다. 돌아오지 않는 아이의 침대에 누워 있으면 이 모든 무거운 짐을 포기하고 싶고, 주님 계신 그곳에 가고 싶고, 살고 싶지 않은 마음에 삶을 포기하라는 사단의 속삭임이 느껴졌습니다. 죽을힘을 다해 예수 피로 감정과 생각을 치고 주님의 도우심을 애가 타도록 구했습니다. 모든 상황에서 나 자신을 살펴보라는 코치님의 조언에 따라 아이의 문제를 나의 문제로 여겼습니다. 아이가 기도 훈련을 따라오지 못하고 세

상적인 태도를 보일 때마다 엎드렸습니다. 내가 온전히 하나님을
사랑하지 않는 것을 회개하고, 미적지근한 나의 신앙을 점검하고,
세상을 즐기는 나를 회개하고, 나와 우리 가정을 세상으로 끌고
가려는 사탄을 대적하며 교만하고 불순종하고 거역하고 거짓되고
음란하고 나를 즐겁게 하는 것을 우선으로 삼게 하는 미혹의 영을
대적하며 나와 우리 가정에 하나님께서 다스리시는 하나님의 나라
가 임하기를 기도했습니다. 내가 버려야 할 것은 무엇인지, 내가 하
고 있지 않은 것은 무엇인지 삶의 태도를 살피며 회개하고 돌이키
는 훈련에 임했습니다. 그전에는 코치님의 가르침과 조언을 받으며
'내 나이가 몇인데 언제까지 해야 하나?' 하는 마음이 들기도 했지
만, 작은아이로 인해 휘저어진 '나'라는 존재는 그동안 스스로 만
족해왔던 모습이 전혀 아니었습니다. 내가 부족한 사람이라고 옆
에서 작은딸이 날마다 깨닫게 해주었습니다. 선한 사람이라는 나
에 대한 환상이 깨지는 순간이었습니다. 사사건건 부딪쳐야 하는
아이와의 관계에서는 나의 부족함이 여실히 드러났습니다. 그리고
훈련에 순종하는 것이 마땅하고, 완고해져가기 쉬운 이 나이에 귀
한 기회라 여겨졌습니다. 그때부터 '그럼에도 불구하고'라는 도구
를 사용하기 시작했습니다. 다른 사람과의 관계에서 내게 일어나
는 감정과 생각을 일단 인정합니다. '나로서는 기분 나쁠 수도, 화
가 날 수도, 억울할 수도 있지', '그건 나의 것이고, 그럼에도 불구하
고 하나님은 무엇을 원하실까?' 내 것이라고 여겨지면 마땅히 버려
야 할 것으로 인지되었습니다.

† 결과물

우선 아버님과의 관계가 정리되었습니다. 작년 10월에 어머님이

돌아가시고부터 아버님과의 관계가 너무나 껄끄러웠습니다. 어머님의 병원바라지 중에 아버님이 제일 문제였습니다. 병원 의료팀과 다투시고 자기 고집대로 되지 않으면 분노를 폭발시키고 의료적 문제로 저를 적대시하고 어머님에게 폭력적이고 이기적으로 행동하고, 심지어 자식들 사이를 이간질하시고 등등 다시는 얼굴도 보기 싫었지만, 측근에 홀로 사시는 아버님을 안 돌아볼 수도 없었습니다. 이 문제로 기도를 하는데 여전히 나의 옳고 그름의 기준의 잣대가 아버님을 판단하고 정죄하고 있다는 것을 알았습니다. 아버님의 잘잘못은 하나님께서 판단하시고 처리할 문제이며 하나님께서는 내가 취할 태도를 보게 하셨습니다. 그리고 감정과 생각을 내려놓고 내가 할 바를 알게 하셨습니다. 신기한 것은 아버님도 TV 설교말씀을 들으시면서 변화되고 계십니다. 작은아이와의 관계도 정리가 되었습니다. 하루는 영성학교를 둘이서만 가게 되었는데 출발하면서 아이가 심하게 화를 돋우는 행동을 하기 시작했습니다. 그런데 어떤 행동을 할지 보였습니다. 아이 안에서 누가 생각과 감정을 넣어주는지도 보였습니다. 그래서 감정의 동요가 일어나지 않았고 "엄마 기분 나쁘라고 이렇게 행동하는 거지?"라고 묻고 속으로 예수 피로 대적하며 기도하기 시작했습니다. 아이는 점점 격해졌지만 저는 더 강력하게 기도하기 시작했습니다. 영성학교 오는 내내 한마디도 안 하며 아이는 제풀에 지쳐 잠이 들고 저는 내내 기도했습니다. 도착해서는 둘 다 아무 일도 없었던 것처럼 회복되었습니다. 그리고 성경공부 시간에 말씀이 쏟아졌습니다. 별빛이 쏟아지는 것처럼 성경말씀이 마음에 쏟아졌습니다. 나와 닮은 기질을 가진 작은아이를 보면서 나의 부족함이 보였습니다. 부족함을 지적받는 것을 극도로 싫어해서 그런 소리 듣지 않으려고 최선을 다해 노력하거나 감추거나 피하는 교만한 내 모습이 보였습니다. "코치나 리더의 지적에 화를 내는 사람은 회개의 기회를 잃어버린다. 실수와 연약함을 즉시로 인정하고 빛 되신 주님께 나와 정직하게 회개하고 순종하면 빛 가운데 행하게 되고 성도의 기업인 영원한 하나님의 나라에 들어갈 수 있게 된다"는 말씀 앞에 엎드렸습니다. 교만의 죄를 평생 짓고 살았던, 그래서 리더들에게 온전히 순종할 수 없었던 내 모습. 아이들에게 좋은 신앙인으로 자라기 바라는 내 기대가 아이에게 짐이 되고 아직은 성숙을 향해 걸어가고 있는 아이에게 높은 신앙의 잣대로 나도 모르게 숨 막히게 하는 가정을 만들고 있었으니 집이 얼마나 가시방석 같았을까 깨닫게 되었습니다. 얼마 전 가족모임에서 작은아이가 "내가 이 집에서 그리 사랑스러운 사람은 아니잖아?"라고 고백하는데 마음이 아팠습니다. 저의 기대로 아파했을 아이에게 그대로 미안함을 전했습니다. 그리고 좋은 둘째의 엄마가 되는 것, 돌아오고 싶은 따뜻한 집이 되는 것이 지금 소망인 것을 전했습니다. 저의 눈빛이 달라서인지 아이의 태도가 많이 바뀌고 있습니다. 나를 사랑하고 내가 판단하고 그런 나를 주장하는 것이 죄의 뿌리라는 것을 보게 하시고, 자기를 부인하지 않고는 주님을 왜 따를 수 없는지 철저히 알게 하시고 훈련하게 하시고, 그때부터 하나님을 사랑하고 사람을 사랑하게 되는, 행복하고 평안한 천국의 삶이 주어지는 이 자리에 올 수 있게 인도하신 하나님께 감사하고 목사님을 위시한 모든 리더들에게 감사하고, 늘 저의 영적 리더가 되어주는 남편에게 감사하고, 사랑스런 두 딸에게 감사합니다. 비로소 나의 이 평안함을 죄와 죽음에 종노릇하는 이웃에게 전하고 싶은 소망이 생겼습니다.

더럽고 망가진 인생 끝자락에서 건져내어주신
하나님의 은혜

_ 하랑&리엘 아빠

평생 하나님을 떠나 방황하며 온갖 죄악으로 병들고 망가져 지옥의 문턱까지 갔던 저를 불쌍히 여겨주시고 저희 가족에게 너무나 큰 은혜를 베풀어주신 하나님께 영광을 올려드립니다.

안녕하세요. 이젠 두 아이 아빠가 된 민혁 형제입니다. 벌써 영성학교 온 지 3년 반이란 세월이 흘렀습니다. 시간이 얼마나 빠른지요! 저희 가족 모두 다음 주 토요일에 캐나다로 돌아가게 되었습니다. 그동안 저희를 너무 사랑해주신 영성학교 식구분들 진심으로 감사드립니다.

헤어진다 생각하니 마음이 아프지만 한편으론 하나님의 인도하심과 캐나다에 영성학교를 세워주실 것에 감사드리며 설레고 기대가 됩니다. 영성학교에서 진작 쫓겨났어야 마땅한 저를 끝까지 사랑해주시고 기도해주신 목사님과 사모님, 교수님, 코치님들, 그리고 저희 가족을 사랑해주신 형제, 자매님들께 너무나 감사드리고 큰 은혜를 입었습니다. 꼭 기도의 강을 건너 성령의 사람이 되어 보답할 수 있기를 소원합니다.

  저는 사실 이곳 영성학교에서 훈련을 받으며 기도를 할 자격이 도저히 없는 죄인입니다. 모태신앙으로 평생 교회 마당은 밟고 있었지만 예수님이 하나님이라는 믿음조차 없었으며 하나님을 떠나 내 삶의 주인이 되어 온갖 죄악으로 영혼과 몸이 망가질 대로 망가져 죽음의 문턱까지 갔던 사람입니다. 지금 생각하면 저희 부모님의 기도가 있었기에 저를 불쌍히 여겨주시고 회복시켜주신 것이라 생각합니다. 그동안 영성학교를 통해 하나님께 받은 은혜를 조금 나누길 원합니다.

  영성학교에 처음에 왔을 때 온몸이 종합병원이었고 원장님께서는 몸의 반이 죽은 시체라고 하셨습니다. 하나님도 만나지 못했고 병도 낫지 않은 상태에서 다시 캐나다로 돌아가야만 하는 참담한 상황이었는데 기적적으로 한국에 정착할 길이 열렸고 다시 영성학교에 남아 기도 훈련을 계속 받게 되어 너무나 감사했습니다. 그 후에 하나님의 은혜로 건강도 많이 회복시켜주시고 좋은 직장과 집과 물질도 채워주셨고 귀한 두 생명까지 주셨습니다. 도저히 받을 자격이 없는 죄인인데 왜 이렇게 큰 은혜를 주시는지 주님께 감사하고 죄송한 마음뿐입니다.

  하나님께서 그동안 기도하는 것과 죄와 싸우는 것에 집중할 수 있도록 삶에 필요한 모든 걸 채워주셨고 하나님께서 함께하시는 기적들을 너무나 많이 경험하게 해주셨습니다. 2년 전엔 저희 부모님도 영성학교로 인도해주셔서 기도 훈련을 함께 할 수 있게 해주셨고 그동안 부모님의 건강을 기적적으로 다 회복 시켜주셨습니다. 할렐루야~!

얼마 전에는 성희 자매가 캐나다 가면 미용 쪽에서 일을 하고 싶다며 처음으로 네일 기술을 배웠는데 기적적으로 국가기술 자격증까지 취득하게 되었습니다. 저도 시험날 같이 갔는데 큰 실수가 있어 당연히 떨어졌다고 생각했는데 합격이라는 결과가 나왔을 때 너무나 기뻤습니다(20명 중에 3명만 합격시키는 시험이어서 더욱 떨어졌을 거라 생각하고 재시험을 준비하고 있었는데 코로나 때문에 시험이 다 취소되어 다시 볼 수도 없었던 상황). 지난주엔 현재 우리 조건으로는 캐나다에 집을 구하기 어려운데도 기도한 대로 위치도 좋고 기도모임을 하기에도 좋은 집을 허락해주셨습니다. 그리고 코로나 때문에 모든 토론토행 비행기가 취소되었는데 기적적으로 마지막 비행기를 타고 가게 되었습니다. 부모님도 올해부터 연금이 많이 올라 물질의 축복도 주셨다며 기뻐하셨습니다.

그동안 3년 반 동안 너무나 큰 은혜와 사랑을 받고 갑니다. 특히 아무것도 가진 것 없고 힘들었을 때 부모님 이상으로 사랑해주시고 붙잡아주신 목사님, 사모님 너무나 감사드립니다. 부족한 제 모습에 죄송한 마음뿐입니다. 꼭 하나님께서 사용하실 수 있는 의인이 될 수 있도록 기도 부탁드립니다. 캐나다 가서도 떠내려가지 않도록 방송으로 같이 기도하고 매주 모임을 통해 서로 동기부여 해주며 기도훈련을 계속 이어갈 수 있도록 성령님께서 인도해주시길 소원합니다. 더 좋은 모습으로 꼭 다시 만나요!

하나님이 모든 영성학교 식구들과 끝까지 함께 하시길 기도하겠습니다. 모두 건강하시고 행복하세요~!

사랑합니다! 파이팅!

마치며

충주의 한적한 시골에 영성학교가 세워진 지 이제 7년이 되어간다. 처음에는 성령의 명령에 따라 기도 훈련을 하기만 하면 될 거라는 생각이었지만, 첫 주부터 상황이 다르게 돌아갔다. 토요일 늦은 시간에 훈련을 마치게 되어 잠을 자고 나면 주일이 되었다. 먼 곳에서 온 사람들이었기 때문에 어쩔 수 없이 예배를 드리게 되었고, 주일 예배를 드리다 보니 훈련생들이 차츰차츰 영성학교를 교회공동체로 삼아 눌러앉게 된 것이다. 그래서 토요일만 되면 전국에서 찾아온 식구들로 북적거리게 되었다. 그들이 왜 매주 자동차로 두세 시간을 달려와서 영성학교를 교회 공동체로 섬기려고 하는 이유가 무엇인지 아는가? 그들이 영성학교 훈련을 통해 행복해지고 있거나, 이미 행복해졌다는 것을 알아차렸기 때문이다. 정신질환과 고질병이 치유되고, 배우자와 부모, 자녀와의 갈등과 싸움으로 무너진 가정이 회복되며, 반항적이었던 자녀들이 부모에게 순종적이 되며, 평소에 꿈꾸던 직업을 얻게 되고 악성 부채에서 벗어나며, 삶의 갖가지 문제들이 해결되면서 행복이 실제가 되는 삶을 누리게 되었다.

그러나 영성학교를 잘 알지 못하는 사람들은 필자의 주장을 인정하기 어려울 것이다. 또한 자신의 사역을 넓히려고 사람들을 끌어들이려는 교묘한 홍보 전략쯤으로 여기는 이들도 적지 않을 것이다. 그러나 당신의 생각은 잘못되었다. 영성학교는 이미 수백 명의 식구들로 가득 찼기에 더 이상의 공동체 식구들을 수용할 물리적인 환경도 바닥이 나 있는 상태이다. 그러나 성령께서는 항상 전도에도 힘을 써야 한다고 말씀하셨고, 그분이 가장 원하는 것이 영혼 구원이라는 것을 모르지 않는다. 그래서 코로나 팬데믹으로 믿음이 식어져 수많은 교회가 무너지고 우리를 떠난 양들이 유리하고 방황하는 암울한 상황을 외면할 수가 없어서, 그동안 영성학교 식구들이 성령이 내주하는 기도 훈련을 통해 얼마나 행복해졌는지를, 그들의 입을 통해 하나님을 열망하는 백성들에게 진솔한 고백을 듣게 해주고 싶었다. 그래서 다음 카페의 영성학교 게시판에 딱 2주간의 말미를 주고 그동안 영성학교 기도 훈련을 통해 변화되고 체험한 모든 이야기들을 모집하겠다는 광고를 실었던 이유이다. 부끄럽고 수치스런 과거사를 까발리는 이야기를 선뜻 해줄까 하는 생각이 전혀 없었던 것은 아니었지만, 예상은 기분 좋게 빗나갔다. 아이들과 청소년, 혹은 컴퓨터를 능숙하게 다룰 줄 모르는 노년의 식구들을 제외하고는 죄다 자신의 이야기를 올려주었던 것이다. 그렇게 우리들의 이야기가 세상에 나오게 되었다. 지금까지는 필자가 경험한 이야기를 따라 우리 식구들이 성령이 내주하는 기도 훈련에 동참했다면, 이제는 우리 식구들의 이야기를 듣고 세상의 수많은 하나님의 백성들이 이 기도 훈련을 통해 하나님을 만나 고통스러운 각종 고질병에서 해방되고 삶의 지난한 문제가 해결되고 깨진 가정이 회복되어 모두가 하나님의 나라에서 행

내 영혼을 깨우는 77人의 기도 훈련 체험담

복하게 되는 통로가 될 것을 믿어 의심치 않는다. 20여 년 전에 어두워져가는 적막한 낚시터에서 하나님께 한 번뿐인 기회라도 달라고 애걸복걸하던 그 간절한 마음을 하나님이 외면하시지 않으셨듯이, 이제는 사탄의 손아귀에서 고통받는 모든 하나님의 자녀들에게 놀랍고도 기쁜 소식이 전 세계 방방곡곡에 널리 퍼졌으면 좋겠다. 그래서 우리가 하나님의 마음을 시원하게 하는 도구로 살다가 천국에 들어간다면 이보다 더 좋은 인생이 없을 것이다. 끝으로 진솔하게 적은 체험담을 보내주신 모든 영성학교 식구들에게 감사를 드리며, 이 모든 것을 허락해주신 하나님께 영광과 찬송과 경배를 드린다.

충주의 한적한 시골에서
'쉰목사' 신상래